I0251562

www.ingramcontent.com/pod-product-compliance
Lightning Source LLC
Chambersburg PA
CBHW051549020426
42333CB00016B/2166
9781778922107

پویایی در پیوند مهرآمیز

جلد اول

کتایون شیرزاد

سریال کتاب: P۲۴۴۵۱۱۰۲۴۸
عنوان: پویایی در پیوند مهرآمیز جلد اول
نویسنده: کتایون شیرزاد
ویراستارادبی: دکتر علی هاشمی
ویراستار علمی: نغمه کشاورز
صفحه‌آرایی: نرگس تاج‌الدینی
شابک/ ISBN: ۸ -۲۱۳-۷۷۸۹۲ - ۱-۹۸۷
موضوع: روانشناسی، رابطه
مشخصات کتاب: کتاب جلد مقوایی، سایز۵ A
تعداد صفحات: ۱۸۳
تاریخ نشر ادیشن فارسی: می ۲۰۲۵
انتشارات در کانادا: انتشارات بین المللی کیدزوکادو

هر گونه کپی و استفاده غیر قانونی شامل پیگرد قانونی است.
تمامی حقوق چاپ و انتشار در خارج از کشور ایران محفوظ و متعلق به انتشارات و صاحب اثر می‌باشد.

Copyright @ Kidsocado Copyright 2025
All Rights Reserved, including the right of production in whole or in part in any form.

KIDSOCADO PUBLISHING HOUSE
VANCOUVER, CANADA

تلفن: 8654 633 (833) 1+
واتس آپ: 7248 333 (236) 1+
ایمیل: info@kidsocado.com
وبسایت: https://www.kidsocado.com

این کتاب را تقدیم می‌کنم؛ به فرزندان دلبندم
"کنام"، "پارسوا" و "پرس"
و همه آن‌هایی که با جرأت و شهامت
برای شفای کودک درون و کاستن از سنگینی‌های
بار میراث شومی که ناخواسته و نادانسته به آن‌ها
منتقل شده است؛ گام برمی‌دارند. آنها قهرمانان و
پیشگامانی هستند که جهت تغییر و تحول اساسی
خود، خانواده و جامعه نوین جهانی می‌کوشند.

کتایون شیرزاد

سیمرغ ـ کاری از کتایون شیرزاد

پیشگفتار

خانم کتایون شیرزاد، مشاور و هنرمند محترم، مرا در مسیر پر پیچ و خم زندگی بسیار کمک کردند، راهنمای‌های عملی ایشان همان‌گونه که در این کتاب مشاهده می‌فرمایید بسیار کاربردی هست به گونه‌ای که خواننده می‌تواند با به کارگیری راهنمای‌ها و استراتژی‌های ذکر شده کنترل زندگی را دوباره به دست بگیرد. روش شناخت درمانی درمانگر خانم شیرزاد به انسان کمک می‌کند تا فکرهای کهنه و رفتارهای اشتباهی که بر اثر تکرار هر روزه قسمتی از وجود شده است را دوباره بازبینی کند و رفتارهای نو و تاثیرگذار را جانشین قرار دهد. درمانگری که در مسیر دست تو را می‌گیرد و چشمانت را به روی زیبای وجود خودت باز می‌کند. دانش، تجربه و طبیعت منحصر به فرد ایشان به انسان کمک می‌کند تا بتواند خود را بهتر بشناسد.

با تشکر از ایشان برای نوشتن این کتاب ارزشمند

الیسا نازمی، دانشجوی روانشناسی اجتماعی

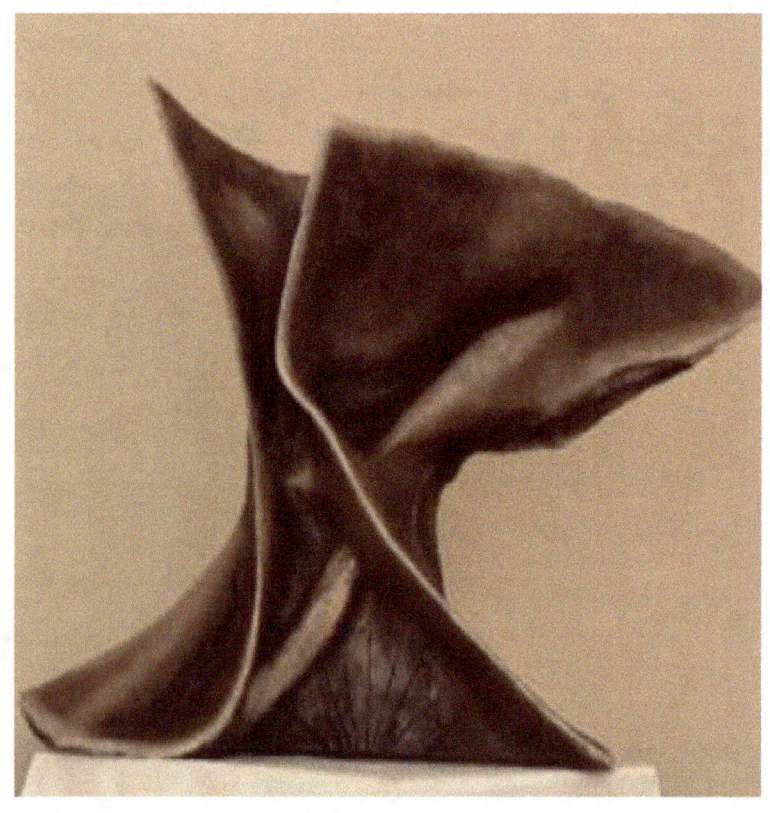

بقای معنوی ـ کاری از کتایون شیرزاد

به نام خالق هستی

نویسنده در خلق یک آفرینش ذهنی و معنوی با تکنیک‌ها و تمرین‌های شناخت درمانی در سم زدایی عاطفی، خواننده را به بلوغ عاطفی هدایت می‌کند، که خود در بلوغ وصال عاطفی با برنامه و اراده راسخ به سوی چالش‌های زندگی رقص وار گام برمی‌دارند. بینش‌ها و راه حل‌ها عملی‌تر و کارآمدتر می‌شوند و تمام این فرایند عبارتند از وحدت بخشیدن پیوند مهرآمیز در ایجاد بهسازی درون با دلبستگی امن با خود و دیگری می‌باشد.

به نام آنکه جان را فکرت آموخت   چراغ دل به نور جان برافروخت

سلسله مقالاتی که به قلم شیوای دوست اندیشمندمان سرکار خانم کتایون شیرزاد تحت عنوان پیوند مهرآمیز، روانشناسی جان آرام، ایجاد انگیزه تعادل رفتار و... در بخش خانواده هفته‌نامه دانشمند ونکوور منتشر می‌شود. نقش سازنده‌ای در جهت آگاهی و روشنگری هموطنان گرامی ایفا نموده و توانست با طرح مطالب سودمند در زمینه عشق آگاهانه در مسیرهای معنوی و ارائه ارزش‌های واقعی در روابط سالم زناشویی در جهت استحکام بنیان خانواده قدم‌ها مؤثری در بردارد. با آرزوی سلامتی و توفیق روز افزون برای این بانوی روانشناس و فرهیخته ایرانی در رسالت ارزنده‌ای که بر دوش گرفته‌اند. پرویز نزاکتی، فارغ التحصیل رشته قضایی حقوق از دانشگاه تهران، فرماندار سمیرم، گلپایگان و بابل. فارغ التحصیل رشته آواز از هنرستان عالی موسیقی ملی ایران، و بیش از ۴۰ سال سابقه تدریس ردیف موسیقی اصیل ایرانی.

خانواده ـ کاری از کتایون شیرزاد

بیوگرافی اجمالی نویسنده:

کتایون شیرزاد متولد شیرگاه از سواد کوه مازندران است، که قریب به چهل سال از زندگی خود را خارج از ایران به سر برده است. او به همراه همسر و سه فرزندش در ونکوور کانادا زندگی می‌کند. کتایون شیرزاد پس از اتمام تحصیلات علمی و روانشناسی خود به مدت بیست سال در زمینه‌های آموزشی و پرورشی با دولت کانادا و هم چنین به مدت ده سال در تلویزیون اُستان بریتیش کلمبیا با افراد کارشناس دولت، همکاری نزدیک و به سزایی داشته است. او در کنار تمام فعالیت‌های اجتماعی سخنرانی‌ها و جلسات آموزشی روانشناسی قابل توجهی نیز ارائه داده است. از کتایون شیرزاد دو کتاب و بیشتر از سیصد مقاله در زمینه‌های روانشناسی و روانکاوی در هفته نامه‌های ونکوور به چاپ رسیده است. او هم چنین چندین نمایشگاه مجسمه سازی در طی چند سال اخیر بر پا داشته است

پویایی در پیوند مهرآمیز

علاقه من به پیوندهای مهرآمیز (بایستی یکدیگر را دوست بداریم یا بمیریم)، سبب گردیده است که در گروه‌ای که دعوت شدم برای سخنرانی آموزشی روانشناسی از خود گروه آزمونی به عمل آورم با سوال اینکه آیا اکنون نیز در پیوندهای‌تان احساس شادمانی و کامیابی می‌کنید؟ و یا پیوندی اولیه با نزدیک‌ترین کسی که در حال حاضر برگزیده‌اید، یا بر پایه‌ای منظم در زندگی روزانه‌تان ناگزیر از برقراری ارتباط هستید؟ سپس از گروه تقاضا شد تا خصوصیات و ویژگی‌هایی را که در راه حفظ و نگهدارندگی پیوندهای بالنده مهرآمیز جنبه اساسی دارند برشمارند. همچنین از ویژگی‌هایی سخن بگویند که در راه حفظ چنین پیوندهایی بسیار مخرب‌اند؟ به علاوه از هر یک از آنان خواسته شده بود که پیوندی مهرآمیز را تعریف کنند. اگر پندی دارند برای آنان که درگیر روند شکل بخشیدن به پیوندهای همیشگی هستند مطرح سازند؟ افرادی که علاقه خود را در پویایی پیوندهای انسانی ابراز داشته بودند، در نهایت شگفتی علاقه هوشیارانه به موضوع بود. این‌ها افرادی بودند که پیش از آن خود را در راه رشد و بالندگی شخصی و تفاهم گام نهاده بودند. پیش از دو سوم پاسخگویان گفته بودند که پیوند اولیه آنان با همسرشان است یا بود و بقیه اعضای خانوادهٔ خود مانند مادر، پدر، خواهر و برادر یا فرزندان به عنوان نخستین فرد پیوند دهنده نام بردند.

گروه بعدی که تعدادی محدودی را شامل می‌شد به پیوندهای خود، که آن را روابط پر معنایی با همجنسان خویش می‌خواندند، شکل بخشیده بودند. گروه کوچکی اظهار داشته بودند که نخستین پیوند آنان با خودشان است. بعضی‌ها حیوانات خانگی مثل سگ یا گربه یا پرندگان را نام برده بودند. تعداد زیادی از آنان در پیوند اولیهٔ شخصی خود بین ۱۱ تا ۲۵ سال زندگی کرده بودند. متارکه کرده و فعالانه درگیر جست و جو برای رابطهٔ تازهٔ پایدارتری بودند، یا خیلی ساده دوره‌ای را می‌گذراندند که آن را دورهٔ بهبود می‌نامند

در پاسخ به معنی پیوند برای گروه عبارت است از ارتباط یا وحدتی پایدار و مورد توافق، که نیازهای معیین افراد درگیر در آن و جامعه‌ای که در آن زندگی می‌کنند، برآورده سازد و سبب افزایش رشد پایدار در عشق می‌گردد

اساسی‌ترین ویژگی‌ها بدین ترتیب ذکر شده بود:

برقرای ارتباط

مهر و محبت

شفقت / بخشایندگی

صداقت و راستکاری

پذیرا گشتن

قابل اعتماد بودن

ذوق طنز و مزاح

رُمانس (تطافت عشق که شامل سکس هم می‌شود)

بُردباری

آزادگی

جالب توجـه کـه اکثر گروه برقراری ارتبـاط مهر و محبت، بخشایندگی و راستی را به عنوان ممتازترین ویژگی‌ها نام برده بودند.

تعریف آنها از برقراری ارتباط این بـود: **بی آلایش بودن، شریک شدن، پیوند خوردن، و فعالانه راز دل گفتن و خوب سخن دیگران را شنیدن.**

نشانه‌های مهر را دل سـوزوندن، فهمیـدن، احترام گـزاردن، نزدیکـی روحـی و جسـمی، تغـذیهٔ عاطفـی و محبت دانسته‌اند.پرسـیده بـوده‌ام منظورتـان از شـفقت چیسـت؟ بـا چنـین کیفیتـی تعریـف شـد: **توانایی حس همدردی، بخشایش، حمایت گر بودن و از "خود" خالی شدن.** همچنین اضافه کردنـد کـه توانایی آشکارسازی احساسات حقیقی در لحظه، بر زبان جاری ساختن ترس‌ها، عصبانیت‌ها، حسرت‌ها و توقعـات.

همچنین گـروه بـا علاقـه ادامـه دادن کـه از ویژگی‌هایـی یـا صفاتـی را کـه موجب

ویرانگری پیوندی بالنده و پر مهر می‌گردد به ترتیب نام ببرند.

بسته بودن درهای ارتباط

خودخواهی، سخت دلی

نادرستی، ناراستی

حسادت

بی‌اعتمادی

کامل‌گرایی، کمال‌گرایی

انعطاف ناپذیری (مقاوم و سرسخت در برابر تغییر)

عدم درک و تفاهم

بی‌احترامی

بی‌اعتنایی

پرسیده بودم که عدم برقراری ارتباط، نادرستی و ناراستی را بیشتر بشکافید؟ **رفتار خودبینانه، فقدان عفو و بخشایش، نداشتن وقت کافی، عدم اعتماد، حسادت، بی‌اعتنایی و بی‌مهری و عدم تفاهم و رفتار قضاوت گرایانه.** بدیهی است که تمام رفتارها و ویژگی‌هایی که همه پیوندهای مهرآمیز انسان‌ها را بارور می‌سازد یکی هستند. اگر طالب آنیم که به همسر خویش، معشوق خویش، کودکان، همکاران، دوستان، همسایگان، یا هر کس دیگر نزدیک شویم، به همان مهارت‌ها، رفتارها و ویژگی‌ها نیازمندیم

پس عاقلانه است که نگاهی عمیق به این ویژگی‌ها بی‌افکنیم، چرا که برای دوست داشتن یکدیگر، چیره شدن بر تنهاییمان و شرکت در تجربیات زندگی روزمره با صلح و شادمانی، باید که نیروی محرکه این ویژگی‌ها را بشناسیم. سپس در میان گروه صدایی نگران بلند شد، "من و همسرم بعد از این همه سال زندگی مشترک نتوانستیم آن پیوند مهرآمیزی که باعث شادکامی ما می‌شود ایجاد کنیم، من از عدم حضور او در منزل شادترم ولی مایلم بیاموزم که این پیوند که سه

فرزندان شیرین داریم به شکل مهرآمیز درآید، آیا عملی هست؟"

البته که عملی است.

پرسیدم: آیا در راه برقراری پیوند مهرآمیز به هیچ مشاور خانوادگی رجوع کرده‌اید؟ یا به هیچ کلاس آموزشی شرکت کرده‌اید؟ یا در طول این چند سال یک بار به شکل جدی درباره این قضیه فکر کرده‌اید؟ پاسخ: (نه خیر، متاسفانه شرکت نکردم ولی مشتاق برای فراگیری عشق و پیوند مهرآمیز به شکل پدیده طبیعی هستم.) پیوند مهرآمیز، شریک شدنی انتخابی است. در آن انسان‌ها با احساس امنیت کامل و اطمینان، قدر یکدیگر را می‌دانند. به یکدیگر اعتماد می‌کنند و نفوذپذیر می‌گردند و یاد می‌گیرند که مهر ورزیدنی است، که در آن برقراری ارتباط، سهیم شدن، ملاطفت و محبت بی‌دریغ نقشی اساسی دارد. پیوند مهرآمیز، پیوندی است که دو انسان صادقانه و بی‌آلایش، بدون هراس از مورد قضاوت قرار گرفتن، با یکدیگر برقرار می‌کنند. در سایه این آگاهی، که هر یک از این دو طرف بهترین دوست دیگری بوده است و هر چه رخ دهد بار هم در کنار یکدیگر می‌ایستند، احساس امنیت به اوج می‌رسد

در پیوند مهرآمیز افراد درگیر رابطه، با نشان دادن عشق و درک و پذیرش تفاوت‌های یکدیگر همواره به رشد دیگری کمک می‌کنند. پیوندی مهرآمیز، تجربه‌ای عرفانی و در عین حال ملموس و پر تحرک است. جاری است. پیش از آنکه وسیله‌ای برای هدف باشد، خود هدف است.در آن دلسوزی متقابل برای رشد و پیشرفت هر دو انسان درگیر، در رابطه موج می‌زند. جایی که خودخواهی به بخشایندگی، دگرخواهی، شریک شدن‌ها و دل سوزاندن‌ها تغییر شکل می‌دهد. جایی که خیر وجود آدم به اوج می‌رسد و بدی، شر وجودشان فرو می‌افتد. پیوند مهرآمیز، پیوندی است که پذیرش بی قید و بند دیگری را به همراه دارد در ادامه یاری دادن به دیگری است تا رشد و پیشرفت کند و به اهداف خویش نایل آید

پیوند مهرآمیز، پیوندی است که در آن هر دو طرف آنقدر در عشق و پذیرش، احساس امنیت می‌کنند که می‌توانند درونی‌ترین احساسات، رویاها، شکست‌ها و کامیابی‌های خویش را، بی هیچ خودداری با یکدیگر قسمت کنند. گونه‌ای داد و ستد است، رابطه‌ای که از احترام متقابل سرچشمه می‌گیرد و سرشار از شأن و وقار

است پیوندی که همواره رشد و بالندگی را می‌پرورد و حمایت می‌کند چونان که کاشانه‌ای مطلوب است که می‌توانی درون آن تماماً خود باشی، تو را درک کنند، پذیرایت باشند و به عنوان وجودی ارزشمند احترام گذارند جایی که هر دو به یادگیری و رشد تشویق می‌شویم. پیوند مهرآمیز، توانایی بیان صریح و صادقانه احساسات با اعتماد و اشتیاق قلبی کودکانه است. هنوز هم مثل سایر تعاریف‌ها ما خودمان به شیوه خود، پیوند مهرآمیز خویش را در ذهنمان تعریف می‌کنیم، و سپس مورد پذیرش کسی قرار گیرد که می‌خواهد با ما پیوندی برقرار سازد.

نیک است که وقتی می‌گویم "دوستت دارم، به زندگی من بیا" به کهکشان‌های هزاران احتمال بی‌اندیشیم.

از افراد گروهی که به آن‌ها مشاوره می‌دادم این سوال را بارها از من پرسیده بودند که ممکن است سوال شما هم باشد:

چگونه می‌توانیم بر پیوسته بودن، دوام و پایداری پیوند مهرآمیز پافشاری کنیم؟ تنها دوام در زندگی، همانند عشق در رشد، جاری و روان بودن و در رهایی است. کوشش کنید زندگی را با شادی و شعف سپری ساخته و شگفتی‌های آن را لمس و احساس کنید. از زندگی توقع نداشته باشید که همه محبتی به شما ارزانی کند، شما هم در قبال آن وظایف و تعهداتی برای خود قائل شوید

به فردی که دوست دارید محبت کنید، برایش ایثار کنید. برای مثال: گفتگو فعال و سهیم کردن تجربه روزانه نه اینکه تو با من نمی‌خندی من نیز با تو نمی‌خندم و ما با هم به آن می‌خندیم. هر چه بیشتر از حرف زدن با همدیگر بپرهیزیم، پیوند میان ما گسسته‌تر و بی‌جان‌تر می‌شود. پیوند مهرآمیز، تجربه‌ای عرفانی و در عین حال ملموس و پر تحرک است و خود هدف است. جایی که خیر وجود هر دو آدم به اوج می‌رسد و بدی و شر وجودشان فرو می‌افتد. برای دوام و پایداری پیوند مهرآمیز، یاری دادن به دیگری تا هر دو نفر رشد و پیشرفت کنند و به اهداف خویش نایل آیند. گونه‌ای در هم آمیختگی اضافه شود، با من بخندد، اما نه به من. با من بگرید، اما نه بخاطر من. زندگی را دوست بدارد، خود را، مرا دوست بدارد. چنین پیوندی بر اساس آزادی و هرگز در قلب حسود نمی‌روید. علاقه من به پیوندهای مهر آمیز (بایستی یکدیگر را دوست بداریم یا

بمیریم)، سبب گردیده است که در گروه‌ای که دعوت شدم برای سخنرانی آموزشی روانشناسی اشاره‌ای از کتاب "ارتباط انسانی" از اشلی مو نتاگیو و فلوید متسون به عمل بیاورم: "ارتباط انسانی، به قول معرف، برخورد نشانه‌هاست و هزاران رمز و اشاره در بر می‌گیرد. اما چیزی ورای وسیله و پیام، اطلاعات و ترغیب وجود، این ارتباط شامل نیازی عمیق‌تر است و در راه هدفی والاتر به کار گرفته می‌شود. این برقراری ارتباط چه روشن باشد، چه تحریف شده، چه پر همهمه و آشوب باشد، چه بی صدا و در سکوت، چه عمدی باشد و چه به شکل کشنده، زمینه برخورد و ملاقات و زیر بنای اجتماعات است. کوتاه سخن آنکه این ارتباط، پیوند اساسی بشریت است.

پس اگر بخواهیم در ارتباط انسانی، پیوندی مهرآمیز بسازی، شاید بد نباشد گاهی با حرف‌هایت، رفتارت و اشاره‌هایت به من بگو که دوستم داری. بر این تصور نباش که من این را می‌دانم. شاید دستپاچه شوم اگر بخواهم به تو بگویم که نیازمند آنم، یا شاید به کل نیازم را به شنیدن "دوستت دارم" از سوی تو منکر شوم، اما تو این را باور مدار و عشق خود را به من نشان بده

اگر کاری را شایسته انجام می‌دهم، مرا تشویق کن و جائی که شکست می‌خورم بی‌اعتبارم مساز. تقویت مثبت و قدردانی تو از من، سبب رشد و دلگرمی من می‌شود.

با آن که دوستت دارم، هنوز هم همیشه نمی‌توانم اندیشه تو را بخوانم. هرگاه که تنهائی یا دلتنگ، به من بگو یا افکار و احساسات پر از شادمانی‌ات را بیان کن، این‌ها به پیوند ما نیروی سرشار حیات می‌بخشند.

لئوبوسکالیا در کتاب زندگی با عشق چه زیبا می‌گوید: "برای رشد و شکوفائی، برای کسب شأن و شخصیت، هیچ محیطی مناسب‌تر از خانه نیست. ابراز مهر و دوستی کار آسانی است. این در واقع ما هستیم که مشکل و پیچیده می‌باشیم. صحبت شروع کار است، اندیشیدن نصف راه حل و بقیه کارها از طریق کوشش و عمل انجام شدنی است

دست‌هایم را بگیر و آغوشت را به رویم بگشا، جسم من با ارتباط بی‌کلام و مهرآمیز تو دوباره جان می‌گیرد. بگذار دیگران نیز بدانند که تو قدر مرا

می‌دانی، تأیید عشق ما در حضور دیگران سبب می‌شود من احساس غرور کنم و خود را خاص بپندارم. این جنبه‌های برقراری ارتباط در واقع سنگ‌های زیربنای پیوندی سالم و مهرآمیز و سازنده زیباترین نغمه‌ها در جهان بشمار می‌آیند

و اینکه دوباره باید اشاره‌ای از کتاب "عشق مورد نظر شما" از دکتر هارویل هندریکس بکنم

"برای رسیدن به هوشیاری پیوند مهرآمیز، به ندرت اتفاق می‌افتد که ازدواج بدون بحران صورت خارجی پیدا کند. تولد آگاهی بدون تألم وجود خارجی ندارد."

تفکر یا اندیشه قدیمی سبب ساز اغلب مشکلات زناشویی ماست. این تفکر قدیمی است که سبب می‌شود کسی را به همسری خود قبول کنیم که شبیه پدر یا مادر ما باشند. این تفکر(ذهن یا مغز) منبع همه دفاع‌های ماست. فرافکنی‌ها، انتقال‌ها، و درون فکنی‌ها تا واقعیت خود و شریک زندگیمان را مخدوش ببینیم. مشکل و مسئله تفکر قدیمی این است که قابل راهنمایی نیست. برای دستیابی از به هدف مهم تفکر قدیمی، باید از اندیشه جدید کمک بگیرد. همان فکری که دست به انتخاب می‌زند، اعمال اراده می‌کند، می‌داند که شرکای زندگی ما والدین ما نیستند، اینکه امروز همیشه نیست و دیروز هم امروز نیست. برای مثال با خوشحالی در حال صرف صبحانه هستید و همسر شما ناگهان از شما به این دلیل که نان تست را سوزانده‌اید انتقاد می‌کند. فکر قدیمی که پاسدار ایمنی شماست بلافاصله شما را به جنگ یا گریز تشویق می‌کند. برای او مهم نیست کسی که از شما انتقاد کرده همسر شماست. به تنها نکته‌ای که توجه دارد شما مورد حمله واقع شده‌اید. ممکن است به همسرتان بگویید: "بله ممکن است نان را سوزانده باشم، اما تو هم شیر را روی میز ریختی" از اطاق بیرون بروید

این دقیقاً همان زمانی است که فکر جدید می‌تواند به کمک بیاید و پاسخ ملایم‌تری ایجاد کند. یکی از کارهایی که می‌توانید بکنید این است که عبارت همسر خود را بطور خالصه تکرار کنید. خشم را تصدیق کنید، اما به سر وقت دفاع‌های خود نروید.

برای مثال: "تو براستی ناراحت هستی که من نان تست را سوزاندم." و همسر شما

می‌تواند بگوید: "بله، ناراحت هستم. من از اینکه در خانه ما تا این اندازه غذا تلف می‌شود، ناراحتم. دفعه بعد بیشتر مواظب باش." و بار دیگر در حالی که هنوز به فکر جدید خود متکی هستید، می‌توانید به شکلی غیر تدافعی واکنش نشان بدهید: "بله حق با توست! غذا در منزل ما زیاد تلف می‌شود. از این به بعد پیش. "توستر می‌مانم تا مراقب باشم که تست نسوزد." حالا همسر شما تحت تاثیر لحن ملایم و منطقی شما خلع سلاح می‌شود و با لحن ملایمی هم می‌گوید:" متشکرم. فکر می‌کنم امروز صبح کمی بی‌حوصله و عصبی هستم. کارهایم عقب افتاده و نمی‌دانم چگونه جبران خواهم کرد." در اینجا شما تبدیل به یک همسر قابل اعتماد تبدیل شده‌اید. در اغلب تبادل‌هایتان با همسرتان وقتی دیوار دفاعی‌تان را پایین‌تر می‌آورید، در امنیت و ایمان بیشتری قرار می‌گیرید. زیرا با این اقدام همسر شما نه در نقش یک تضاد، بلکه در نقش یک متحد برای شما ظاهر می‌شود. این در نهایت یک مثال است که نشان می‌دهد چگونه اتکای بیشتر به انعطاف پذیری و نیروهای تبعیض‌گر فکر هشیار می‌تواند به شما کمک کند تا به هدف‌های ذهن ناهشیار خود برسید. یک ازدواج آگاهانه یا پیوند مهرآمیز، ازدواجی است که سبب بیشترین رشد روانی و معنوی می‌شود. این ازدواجی است که با آگاه شدن و همکاری کردن با انگیزه‌های اصولی ذهن ناهشیار ایجاد می‌شود: در امنیت بودن، التیام یافتن، و کامل بودن.!

از دکتر هارویل هندریکس: "زندگی متحد با زندگی من، برای عمر باقی مانده ما، این معجزه ازدواج است."

ویژگی ازدواج آگاهانه:

رابطه عاشقانه شما، دارای یک هدف پنهان است. التیام جراحات دوران کودکی. بجای آن که صرفاً روی نیازها و امیال ظاهری کار کنید، می‌آموزید تا مشکلات فیصله نیافته دوران کودکی را که احتمالاً زیربنای آنهاست، شناسایی کنید. وقتی به ازدواج این گونه نگاه می‌کنید، تبادل‌های روزانه معنای بیشتری پیدا می‌کند. وقتی به جانب یک ازدواج آگاهانه حرکت می‌کنید، بیشتر به حقیقت شریک زندگی‌تان پی می‌برید. حالا همسرتان را دیگر ناجی در نظر نمی‌گیرید، بلکه او را انسان جراحت برداشته‌ای می‌دانید که برای رسیدن به التیام تلاش می‌کند

شما مسئولیت در میان گذاشتن نیازها و امیالتان را با همسرتان بر عهده می‌گیرید. در یک ازدواج ناهشیار، به این باور دوران کودکی می‌چسبید که شریک زندگی‌تان خود به خود نیازهای شما را برآورده می‌سازد. در یک ازدواج آگاهانه، این حقیقت را قبول می‌کنید که برای اینکه یکدیگر را درک کنید باید کانال‌های ارتباطی روشن ایجاد کنید. در یک ازدواج ناهشیار، بدون اینکه فکر کنید واکنش نشان می‌دهید. در یک ازدواج آگاهانه، خودتان را آموزش می‌دهید که به روش سازنده‌تری رفتار کنید. می‌آموزید که به نیازها و خواسته‌های شریک زندگی‌تان به همان اندازه که به نیازها و خواسته‌های خودتان بها می‌دهید، توجه داشته باشید. در یک ازدواج ناهشیارانه، شما فرض را بر این می‌گذارید که نقش شریک زندگیتان در زندگی این است که به طرز جادویی نیازهای شما را برآورده سازد. در ازدواج آگاهانه، برداشت نارسیستی و خودشیفتگی را کنار می‌گذارید و به نفع نیاز شریک زندگیتان توجه می‌کنید.

در یک ازدواج هشیارانه، شما آشکارا این حقیقت را تصدیق می‌کنید که مانند هر شخص دیگری دارای ویژگی‌های منفی هستید. وقتی مسئولیت این روی تاریک طبیعت خود را بپذیرید، از تمایل خود برای فرافکن ساختن ویژگی‌های منفی خود به روی همسرتان می‌کاهید که این از شدت خصمانه بودن محیط می‌کاهد. در جریان جنگ، بر سر قدرت سرزنش می‌کنید تا شریک زندگیتان را وادار سازید نیازهای شما را برآورده سازد. یکی از دلایل جلب شدن شما به همسر شما این است که او توانمندی‌ها و قابلیت‌هایی داشت که شما فاقد آن بودید. بنابراین وقتی کنار همسرتان قرار گرفتید، به شکل توهم‌آمیز احساس کامل بودن کردید.

در یک ازدواج آگاهانه، به این نتیجه می‌رسید که تنها راهی که می‌توانید به احساس واحد بودن برسید این است که ویژگی‌های پنهان شده در خود را آشکار سازید. از میل و انگیزه خود برای مهر ورزیدن و رسیدن به وحدت و یکپارچگی برای پیوند مهرآمیز استفاده کنید. در ازدواج آگاهانه، طبیعت اصلی خود را باز می‌یابید. دشواری ایجاد یک ازدواج خوب را می‌پذیرید. در یک ازدواج ناهشیار، شما معتقدید که راه رسیدن به یک ازدواج خوب پیدا کردن شریک مناسب است. در یک ازدواج آگاهانه، می‌فهمیم آن کسی که باید اهل و مناسب باشد شما هستید. وقتی برداشت واقع بینانه‌تری از روابط عاشقانه می‌کنید، به این نتیجه می‌رسید که یک ازدواج خوب نیازمند تعهد، نظم و انضباط، و شجاعت رشد و

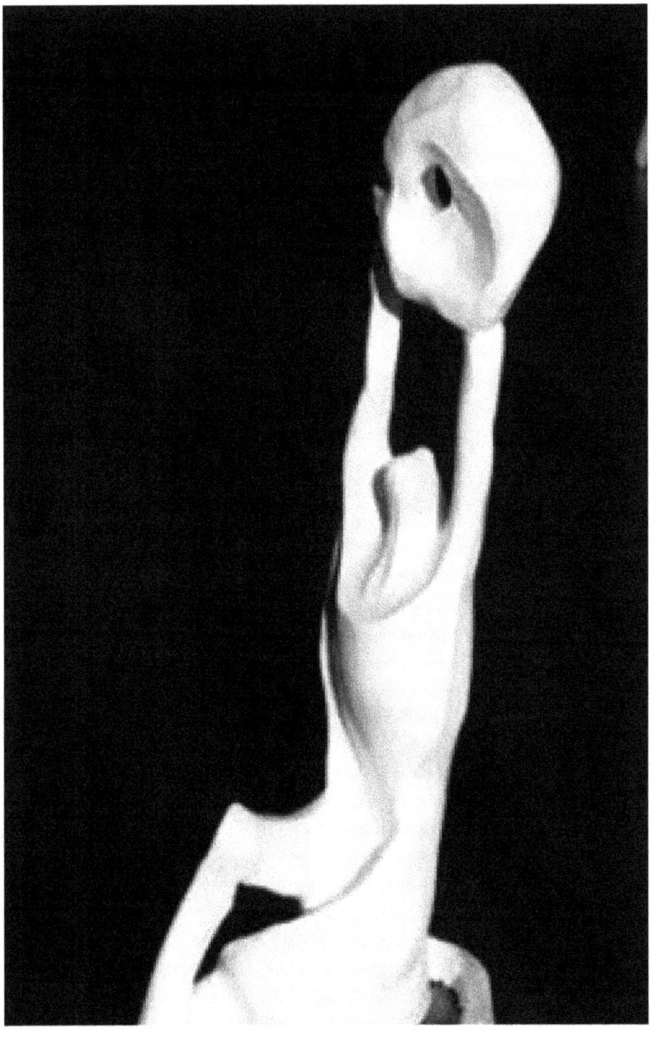

ذهن هوشیار ـ کاری از کتایون شیرزاد

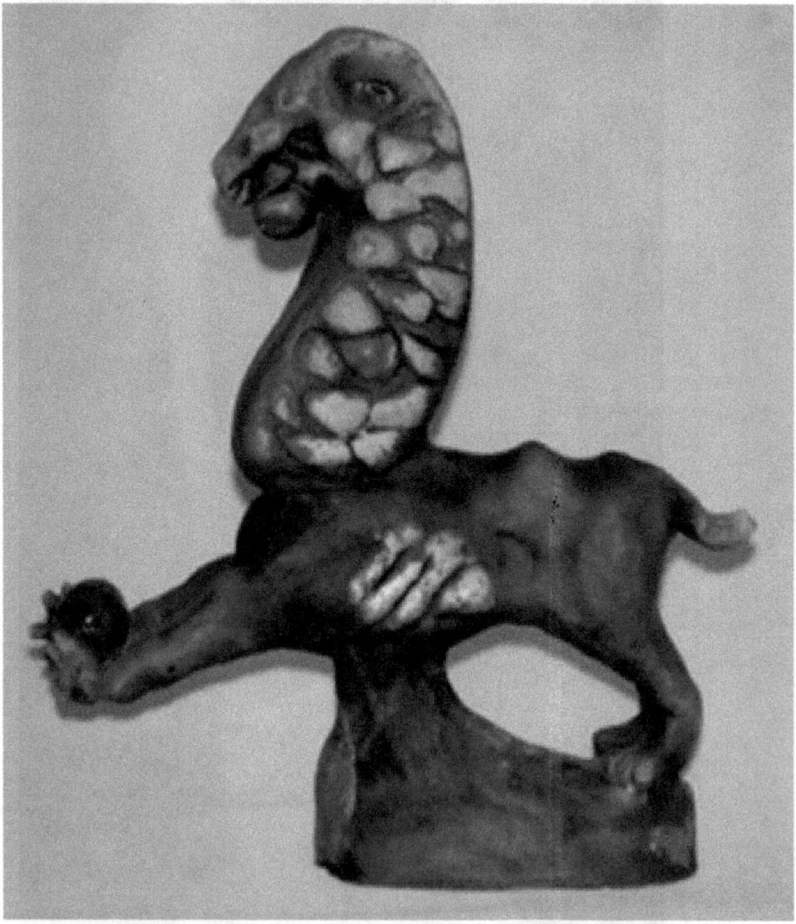

عزت نفس ـ کاری از کتایون شیرزاد

تغییر کردن است.

ازدواج کار ساده‌ای نیست.

"پیرل باک" در تصویر دو ازدواج می‌گوید: چیست که سبب ساز ازدواج شاد و موفق است؟ این سؤالی است که همه مردان و زنان از خود می‌پرسند... به اعتقاد من، جواب این است که آن دو نفری که با هم ازدواج می‌کنند، نیازهای شخصیت یکدیگر را تمیز دهند و در مقام ارضای آن بکوشند. در یک ازدواج هشیارانه، شما آشکارا این حقیقت را تصدیق می‌کنید که عشق کامل یعنی دوست داشتن کسی که از او به احساس ناخشنودی رسیدیم و تلاش کردیم که این احساس ناخشنودی را به خشنودی تبدیل کنیم

سوزان کِرکگارد می گوید:

مشاوره در امور زناشویی برای اینکه موفق باشد، نمی‌تواند به مشکلات سطحی توجه کند. اموری از قبیل پول، نقش‌های زن و شوهر، و رابطه جنسی را در برگیرد. در پس این مشکلات سطحی نیازهای فیصله نیافته دوران کودکی، مهارت‌های ارتباطی و قراردادهای رفتاری نهفته است. ازدواج درمانی برای آن که مؤثر باشد، باید به تعارض‌های اساسی و اصولی از روش شناخت درمانی و انسان دوستانه عمل کند

نیاز به تعهد

از آنجایی که هر ازدواج منحصر به فرد است، مجبورم در برخورد به هر زوجی از تدابیر و نوآوری‌های خاصی استفاده کنم. اگر زوجی به خاطر یک بحران به من مراجعه می‌کنند، بلافاصله به آن بحران توجه می‌کنم

یکی از توافق‌ها باید به سر این باشد که زوج‌ها حداقل در جلسات حضور فعال داشته باشند. آن هم به این دلیل است که زوج‌ها بعد از ۳ تا ۴ جلسه اضطراب را تجربه می‌کنند. این درست زمانی است که مباحث ناهشیار کم کم پیدا می‌شود و اشخاص تا حدی اضطراب را تجربه می‌کنند. همانطور که همه ما می‌دانیم، یکی از راه‌های کاستن از اضطراب اجتناب کردن است. به همین دلیل است که اغلب از زوج‌ها می‌خواهم که متعهد به برنامه تکمیلی مشاورت خانواده بشوند

کار دومی که من با زوج‌ها می‌کنم این است که از آن‌ها می‌خواهم پنداره رابطه‌شان را تعریف کنند. قبل از اینکه همه آن مطالبی را که در ازدواجشان دوست ندارند بشنوم، دوست دارم بدانم آنها می‌خواهند چگونه ازدواجی داشته باشند

زوج‌ها به سادگی تمام می‌توانند این پنداره را شکل دهند. برای اینکه کارشان را شروع کنند از آنها می‌خواهم عبارات مثبتی را با فاعل "ما" بنویسند و بعد بگویند دنبال چگونه رابطه‌ای در زندگی خود می‌گردند. برای مثال: "ما از مصاحبت با هم لذت می‌بریم"، "ما از امنیت مالی خوبی برخورداریم"، "ما به اتفاق کارهایی را که هر دو از آن لذت می‌بریم، انجام می‌دهیم."

خروج ممنوع!

از زوج‌ها می‌خواهم تا اتمام مشاورت (ازدواج درمانی) در کنار هم باقی بمانند. خروج ممکن است حالت فاجعه‌آمیز داشته باشد. مانند: برقراری یک رابطه نامشروع، یا اقدام به خودکشی و یا دیگر کشی، یا حالت غیر فاجعه‌ای آمیز مانند تماشای بیش از حد تلویزیون و یا خیال‌پردازی با افراد دیگری غیر همسر به هنگام عشق بازی با همسر. من به اصل تغییر تدریجی اعتقاد دارم. به عبارت دیگر، زمانی که زن و شوهری گرفتار یک رابطه ناخوشایند می‌شوند. این دو برای پر کردن خلاء‌های زندگی زناشویی خود به دنبال لذت‌های جایگزین می‌گردند.

اجازه بدهید یک مثال برای شما بی‌آورم، خانمی را در نظر بگیرید که کار می‌کند و دو فرزند دارد حال به خروجی‌های آن زن توجه کنیم. علاوه بر مسئولیت‌های شغلی و مسئولیت‌هایی در قبال دو فرزند، او زندگی اجتمایی فعالی دارد. او یکی از افراد جامعه شهر است، برای رسیدن به آگاهی جسمانی تلاشی فراوان می‌کند. هفته‌ای دو بار به کلاس موسیقی می‌رود و در ضمن به خواندن داستان‌های علمی بی‌اندازه علاقه دارد. این فعالیت‌ها به او کمک می‌کنند تا از شدت یأس و نومیدی خود بکاهد، اما انرژی قابل ملاحظه‌ای از او بر باد می‌دهد. و یا شوهر: خواب رفتن روی کاناپه، علاقه نشان دادن بیش از اندازه به ورزش، مشروب نوشیدن در شب، خودداری از عشق بازی، روزی ده مایل دویدن، داشتن آپارتمان خصوصی،

خیال‌پردازی، خودداری از صحبت، کشیدن سیگار ماریجوانا، نواختن گیتار، مجله خواندن، حل کردن جدول کلمات متقاطع، خودداری از ازدواج، رفتن به کافه تریا. این‌ها تلاش‌هایی است که زن و مرد برای اجتناب از صمیمت می‌کنند. با بررسی از این رفتار ممکن است انتخاب می‌نماید که توقف دو فعالیت برای او بسیار ساده است: بجای اینکه هفته‌ای پنج دفعه دویدن، سه بار بدود، و بجای اینکه داستان‌هایش را در شب بخواند آنها را در فرصت نهار مطالعه کند

اما اگر او بخواهد دو تغییر اول را در زندگیش بدهد، هفته‌ای چندین ساعت وقت اضافی پیدا می‌کند که می‌تواند آن را صرف شوهرش بکند. این نقطه شروع مناسبی است. تغییرات دیگر اگر لازم باشد، بعداً اعمال می‌شود. شوهرش هم جریان مشابه‌ای را دنبال می‌کند. بجای انتقاد از همسر، هر یک از طرفین بهتر است به خروجی‌ای خود فکر کنند. انجام این کار به صداقت فراوانی نیاز دارد. زیرا پیوندها تقویت می‌شوند. می‌خواهم زوج‌ها بدانند برای اینکه به حداکثر رشد روانی و معنوی خود برسند، باید با هم زندگی کنند. بلکه باید بخواهند تمام سال‌های باقی مانده عمرشان را با هم بگذرانند. مباحث دوران کودکی از مقوله‌ای نیستند که بتوان آن‌ها را در یک بسته بندی زیبا قرار داد و درباره‌شان تصمیم گیری کرد. این مقولات بتدریج خودشان را نشان می‌دهند و معمولاً سطحی‌ترین آنها ابتدا خودش را نشان می‌دهد. گاه موردی برای اینکه شناسایی شود باید در چندین نوبت مشاورت خودش را نشان دهد. و گاه یک نیاز روانی به قدری عمیق است که باید بحرانی بروز کند تا دیده شود. در نهایت یک زن و شوهر باید عمری زندگی کنند تا مسائل و مشکلات مربوط به دوران کودکی‌شان شناسایی شود

زندگی پر از فراز و نشیب است و ما به عنوان زن و شوهر مسئولیم تا با هم این فراز و نشیب‌ها را محکم و استوار طی کنیم. نه آن که نتوان به تنهایی آن‌ها را پیمود، بلکه با هم راحت‌تر و زیباتر طی می‌شود. "آرمن"

در برخورد با تکرار روزانه رفتارهای مثبتی که فراموش شده‌اند، اندیشه قدیمی همسر در جلسات مشاوره کم کم ارزیابی می‌شود که به شما محبت دارد. جراحات دردناک گذشته جای خود را به تبادل‌های درست می‌دهند و می‌بینید

که شریک زندگی دیگر به عنوان آورنده درد ارزیابی نمی‌شود. او حالا چشمه زندگی بحساب می‌آید. این درهای صمیمیت را می‌گشاید که این تنها در شرایط شادی و ایمنی امکان پذیر است.

برای مثال: وقتی همسر خسته است، گفتن اینکه "من شانه‌های تو را ماساژ می‌دهم زیرا می‌دانم که این کار را دوست داری" این است که به اشخاص کمک کند تا بدانند آنچه آنها را راضی و خشنود می‌کند مربوط به خود آنها است و در این میان شرایط همسرشان کاملاً متفاوت است. اغلب اوقات زنها و شوهرها بدون اینکه به نیازها و خواسته‌های طرف مقابل بها بدهند، نیازها و خواسته‌های خودشان را پیاده می‌کنند.

برای مثال: زنی برای تولد چهل سالگی همسرش می‌خواست جشن بگیرد. او تمام دوستانشان را دعوت کرد، غذای مورد علاقه شوهرش را پخت، موسیقی مورد علاقه شوهرش را آماده کرد، بازی‌هایی برای شرکت کنندگان در مهمانی تدارک دید. در جریان مهمانی، شوهر این زن چنان رفتاری را به نمایش گذاشت که انگار از برنامه لذت می‌برد، اما چند هفته بعد در جریان مشاوره با من به زنش گفت که احساس بسیار بدی دارد. او به زنش گفت: "تو می‌دانی که من دوست ندارم درباره سال روز تولدم سر و صدا راه بی‌ندازم. به خصوص دوست ندارم برای چهلمین سالروز تولدم مراسمی برگذار شود. من ترجیح می‌دادم آن شب را بدون سر و صدا با تو و بچه ها در منزل صرف کنم. اگر یک کیک خانگی می‌پختی و یک کادو هم به من می‌دادی، کافی بود. تو از مهمانی‌های پر سر و صدا و مفصل خوشت می‌آید." سر انجام فایده نهایی تمرین عاشقانه شدن دوباره این است که وقتی زوج‌ها بطور منظم خواسته‌های همسرشان را برآورده می‌سازند، نه تنها فضای ظاهری حاکم بر روابط خود را بهتر می‌کنند، بلکه اقدام به التیام جراحت‌های گذشته می‌کنند.

برای مثال: وقتی که من خوابم، همسرم روکش روی من می‌اندازد، در واقع این اقدام همسرم، مرا بیاد رابطه والد و فرزند می‌اندازد. بار دیگر احساس امنیت و ایمنی می‌کنم. یاد دوران کودکی، به زندگی زن و شویی من مهرو عشق و ایمنی می‌دهد. "دکتر باربارادی" در کتاب "زیبایی عشق میان زوج‌ها" می‌گوید: **عشق**

نیرویی است که از هر نیرویی دیگر پر هیبت‌تر است. عشق را نمی‌توان دید یا اندازه گرفت با این حال آنقدر قدرتمند است که در یک لحظه انسان را دگرگون ساخته و به او لذتی بیشتر از داشتن هر چیزی را عطا می‌کند.

روش‌های تقویت گهگاهی و پاداشت‌های گهگاهی یکی از اصول علم رفتاری می‌باشد. پدیده تقویت تصادفی در زندگی روزانه مثل هدیه‌ای بدون برنامه و غافلگیر کننده به شخص داده شود تولید خوشحالی می‌کند. در مورد تمرین عاشق شدن دوباره هم همین شرایط وجود دارد. وقتی زوج‌ها به شکل ویژه‌ای مورد مهر و محبت قرار می‌گیرند، مثلاً وقتی همه شب پشت یکدیگر را ماساژ می‌دهند، به تدریج لذت کمتری از این عمل می‌برند. به همین دلیل است که توصیه می‌کنم گه‌گاه از اقداماتی که طرف مقابل از آن به کلی بی‌خبر است استفاده کنید. که در واقع باید با دقت روی علائق و خواسته‌های همسرتان که لذت شگفتی ساز استفاده کنید. مثلاً اگر زنی چندین بار به شوهرش گفته از فلان لباسی که در فروشگاه گذاشته‌اند خوشش می‌آید، از اینکه روزی ببیند همان لباس در سایز او در قفسه لباس‌هایش آویزان است به شدت خوشحال می‌شود. مردی که دوست دارد به تئاتر بخصوصی برود، از اینکه ببیند روی میزش پاکتی گذاشته‌اند و زنش به همراه یک کارت دوستت دارم دو بلیط آن تئاتر را گذاشته است، شادی‌اش دو چندان می‌گردد. "تامس کمپل" در مقاله "فکر کردن به تو" می‌گوید: **زندگی در قلب‌هایی که ما از خود بر جا می‌گذاریم، امکان مرگ ندارد.** با گذشت زمان بخش دیگری به جریان عاشق شدن اضافه کردم. از زوج‌ها خواستم نه تنها بهم محبت کنند و اسباب انگیزه عشق و هیجان یکدیگر را فراهم سازند، بلکه هفته‌ای چند نوبت برنامه‌های تفریحی و ورزشی با همدیگر داشته باشند. زن و شوهر برای هم یادداشت‌های مثبت بنویسند که منجر به رشد شخصی بشود. وقتی اطلاعات بیشتری درباره انگیزه‌های ناهشیار خود بدست آورید و این علم و اطلاع را به رفتارهای حمایت‌گرانه تبدیل نمایید، می‌توانید به رابطه هشیارانه‌تر و پاداش دهنده‌تری برسید. با یک شعر عاشقانه به نام "دلبندم تو هستی" از "دیوید ال. ودرفورد" آغاز کنم و سپس مکانیزم‌های مختلف کم کردن فشار عصبی در خانواده بپردازم

آسمان آفتابی من،

بلندای مطلوب من،

بستر بسیار گرم من،

بندرگاه من در هنگام طوفان،

دوست داشتنی ترین هدیه من،

شکوه احساس من،

بهترین دوست من،

تا مرگ..................

الهام بخش من،

مقصود من،

نور تابناک من،

شب و روز من،

شفای قلب من،

فروکش خشم من،

تسکین درد من،

شور هیجان بهاری من،

بهترین موقعیت من،

انرژی بخش من،

هم روح من،

اطمینان خاطر من،

تا بهنگام مرگ

اگر نمی‌دانی.

من ده نوع مهارت رفتاری و گفتاری برای کم کردن فشار عصبی، برای اینکه خانم‌ها از آن استفاده کنند، معرفی می‌کنم که باعث می‌شوند عزت نفس مرد را زیاد کند و واکنش عصبی را کم کند

ده مهارت رفتاری و گفتاری در بانوان، به جهت کم کردن فشار عصبی در ازدواج:

۱-شکایت نکنید

حداقل با صدای بلند شکایت نکنید. بارها در موردش صحبت نکنید. وقتی خانم‌ها خیلی شکایت می‌کنند، مردها مضطرب می‌شوند چون احساس مسئولیت می‌کنند. سعی کنید، فقط وقتی توصیه‌ای لازم دارید او را درگیر کنید و نه هر بار می‌خواهید خودتان را تخلیه کنید

۲- نگویید، من که بهت گفتم

مرد شما اشتباهاتی انجام می‌دهد. بنظر می‌رسد که از او چیزی یاد نمی‌گیرد. او یاد می‌گیرد، ولی در سطحی متفاوت از آنچه شما یاد می‌گیرید. یک مرد در مقابل توفان انتقاد عقب نشینی می‌کند

۳- از لغت (بی) استفاده نکنید.

هیچ وقت به او نگوئید بی‌عرضه هیچ وقت در لفافه هم، آن را بکار نبرید. به او کمک کنید که بیشتر مثل یک برنده و نجات دهنده احساس کند

۴-مرد شما فکر را نمی‌خواند.

مردها با مقایسه با زن‌ها به گونه‌ای متفاوت می‌اندیشند. اگر شما می‌خواهید که مردتان برای شما کاری انجام دهد، مثال برای شما گل بیاورد، باید به او یادآوری کنید. او به احتمال زیاد آن را انجام خواهد داد

۵- نوازشش کنید ولی برایش مادر نشوید.

مرد شما نیاز دارد هر چند وقت لیلی تو لالایش بگذارید. به او کمک کنید که

او احسـاس کنـد کـه او موجـودی لازمـی اسـت. تشـویقش کنیـد و بـرای او ارزش قائـل شـوید هـر دو از آن سـود خواهیـد بـرد.

۶- به نیاز جنسی خود و همس‌تان بها بدهید.

عملیات جنسی فشارهای عصبی مرد ها را کم می‌کند.

۷- او را به مسابقات ورزشی ببرید.

وقتی مردها از مسابقات به منزل بر می‌گردنند، خوشحال و آرامش فکری دارند.

۸- امکان استفاده از مکان‌های تفریحی را پیش بینی کنید.

مسـافرت و یـا مرخصـی بـه کاهـش فشـار عصبـی کمـک می‌کنـد. بسـیاری از مـردان معتـاد کار هسـتند و کار کـردن را تـا پـای مـرگ متوقـف نمی‌کننـد. بـرای بهبـود حـال و سلامـت وی مرخصـی را در الویـت قـرار دهیـد

۹- او را به خرید ببرید فقط برای یک چیز!

خریـد ماشـین نـو، رفتارشـان تغییـر می‌کنـد و یـک لحظـه بـه آنهـا انـرژی خاصـی می دهـد

۱۰- به مردتان بی‌آموزید که چگونه در خودش فرو برود.

مراقبـه یکـی از مؤثرتریـن روش‌هـای برخـورد بـا فشـار و کاهـش آن اسـت. یـوگا ترکیبـی از کشـش عضلانـی بـدن، تنفـس عمیـق و کـنترل مغـز در آن واحـد. کلاس یـوگا پیـدا کنیـد کـه هـر دو شما بتوانیـد در آن شرکـت کنیـد. تقریبـاً یـک شـبه متوجـه می‌شـوید کـه هـمسر عزیزتـان آرام‌تـر، خوشـحال‌تر و هـر دو شما خـواب بـهتری هـم خواهیـد داشـت. بـا او بـه ورزش برویـد. بـه یـک باشـگاه ورزشـی ملحـق شـوید و سـعی کنیـد بـا هـم تمرینـات انجـام دهیـد. او را علاقمنـد سـازید و بـا او شروع کنیـد و بعـد از آن، طبیعـت دنبـال کار را می‌گیـرد. بـه مـن اطمینـان کنیـد، شما از بـودن بـا همسرتـان، وقتـی کـه او احسـاس خوشـحالی و سربلنـدی می‌کنـد، لـذت خواهیـد بـرد (مخصوصـاً اگـر شما سـهمی در ایجـاد ایـن احسـاس داشـته باشـید)دوم، متوجـه خواهیـد شـد کـه بـا تلاشـی کـه شما می‌کنیـد او هـم بیـشتر، نسبـت بـه احسـاس شما، حسـاس خواهـد شـد. در نتیجـه او هـم پیـرو شما می‌شـود و نیـاز شما را در الویـت قـرار می‌دهـد. اگـر ببینـد کـه شما از

او مراقبت می‌کنید، شاید این غیرمستقیم به او بفهماند که از خودش و شما بیشتر مراقبت کند. او متوجه می‌شود که باید هم مراقب خودش باشد و هم مراقب شما. سخنان و رفتار مهربانانه ما به یکدیگر همان بارانی است که در قلب آسمان پنهان می‌شوند تا روزی بر سر ما فرود ببارند و گسترده شوند و بدین سان راز ما در سراسر دنیا سبز خواهد شد. "رومی"

تنها مشکل این است که شما اراده خود را به اندازه‌ی کافی رشد نداده‌اید و یا اینکه نمی‌دانید چگونه از آن به شکل آگاهانه‌ای استفاده کنید. این مسائل ممکن است ریشه در کودکی، تربیت خانوادگی، وارد آمدند یک شوک احساسی ـ هیجانی در شخصیت شما باشد.توجه من نسبت به شما، عمیق ترین صمیمیت‌ها و همدلی‌ها را به همراه دارد. روشی که من به شما پیشنهاد می‌کنم، براساس سه اصل مهم پی‌ریزی شده است

شناخت دقیق خود.

تحت تأثیر قرار دادن رفتار خود.

انجام تمرینات عملی و مؤثر.

در واقع از خودتان فقط نقاط منفی را می‌شناسید که آنها را با نقاط قوت دیگران سنجیده‌اید. و باید پیدا کنید که ضعف اراده از کجا نشأت می‌گیرد

بهترین راه حل، این است که سعی کنید همیشه حد وسط را در پیش بگیرید یعنی قسمتی از فرصت خویش را به تفکر، و بقیه آن را به اقدام کردن اختصاص دهید. صداقت و امانتداری شما در برابر من (به عنوان مشاور خانواده)، موفقیت شما را مشروط می‌سازد. تقلب نکنید زیرا در این صورت فقط به خود آسیب خواهید رساند. هر یک از ما دارای نقاط ضعف و قدرتی هستیم اندازه و مقدار هر یک از آنهاست که شخصیت را می‌سازد. به خاطر داشته باشید که افراد مورد تحسین و ستایش شما نیز دارای نقاط ضعف و قوتی هستند. ما در اینجا بازآموزی قدرت شما را در این دو زمینه، یعنی جسمی و روانی مدنظر خواهیم داشت

۱- بازآموزی قدرت اراده از نظر جسمی

این یکی از مهم‌ترین تمرینات محسوب می‌شود و شامل رها کردن عادت‌های ناپسند، بدست آوردن تسلط بر خود، و یادگیری، عمل کردن با آگاهی کامل از رفتارهای خویش و نه بصورت خودکار و اتوماتیک می‌باشد. با آگاهی و کنترل کامل انجام دهید تا حرکات شما دیگر بوسیله عادت هدایت نشده، بلکه متأثر از اراده شما باشد.

برای مثال: ضمن آنکه با صابون دست‌هایتان را می‌شویید، به نقش پاک کننده صابون نیز فکر کنید. ضمن شستن صورت، به هر یک از نقاط صورت خود نیز بیندیشید.

مجسم کنید که صورت شما در حال تمیز و پاک شدن است. سپس آب به صورت خود بزنید و همان حال فکر کنید که آلودگی صورت شما پاک می‌شود. حالا به خوبی صورت خود را خشک کرده و در آینه نگاه کنید. صورت شما امروز بیشتر از هر موقع دیگر تمیز شده، زیرا "خواسته‌اید" تمیز باشید. حالا شما برای صرف صبحانه آماده می‌شوید. به دقت فکر کنید که طعم صبحانه و گرمای آن چقدر برایتان خوشایند است. من می‌گویم این هنر چشیدن لذات یک زندگی ساده است. اگر شما صبحانه خود را با لذت صرف کنید، در همان حال مقداری زیادی تحرک و خوش بینی برای بقیه‌ی روز در خود ایجاد خواهید کرد. همین حالت را در طول شام نیز حفظ کنید. هرگز در حال خواندن روزنامه یا تماشای تلویزیون غذا نخورید. چون عادت‌ها به شکل عمیقی در وجودتان حک شده است، نیاز به زمانی دارد. اگر نگران این هستید که حافظه‌تان برای این تمرین شما را یاری نمی‌کند، هر جا که می‌توانید برای یادآوردی (در جیب خود، کیف، دستشویی، روی میز اداره...) یادداشت بگذارید این جمله را بنویسید:

من آنچه که انجام می‌دهم، فکر می‌کنم.

در روزهای بعد، شما دو مسئله را خواهید یافت.

۱. برخلاف آنچه تاکنون تصور می‌کرده‌اید، فرصت را از دست نخواهید داد.

۲. شما آنچه لذتی را از زندگی خود بدست خواهید آورد که قبلا هرگز با آن آشنا نبوده‌اید. اگر شما اراده انجام کاری را ندارید:

به عنوان مثال:

الف: شما دوست ندارید خود را با آب سرد بشوئید.

ب: شما بیش از حد سیگار می‌کشید. اراده خود را هر اندازه که ضعیف باشد، برای از بین بردن این مانع به حرکت در آورید. این خود یک تمرین خواهد بود

اراده من قوی است.

من مصمم هستم.

من اراده‌ای قوی دارم.

من تصمیمات خود را به اجرا می‌گذارم.

قدرت اراده، همان نیروی فائق شدن بر ضعف خود است.

من فعال هستم.

من سرشار از نیرو هستم. اراده یک میل مطلق است برای بدست آوردن چیزی که در حیطه‌ی قدرت ماست. بله

من عمل می‌کنم.

من می‌خواهم.

من می‌خواهم، پس می‌توانم.

الف: اگر چه آب سرد برای سلامتی آن‌هایی که می‌توانند آن را تحمل کنند، مفید است، ولی استفاده از آن ضروری نیست. این عمل را چند ثانیه ولی بصورت منظم انجام دهید. هرگز نگوئید امروز وقت ندارم، فردا این کار را دو برابر انجام می دهم. هرگونه وقفه ای که بر اثر ضعف اراده در کار خود ایجاد کنید، ضربه ای شدیدی به مبارزه یی که برای ایجاد انگیزه خود شروع کردید خواهید زد

ب: شما بیش از حد سیگار می‌کشید. چرا؟ زیرا شما بطور خودکار و بدون تفکر سیگار می‌کشید، و دیگر حتی لذتی هم از این کار نمی‌برید. به هنگام روشن کردن سیگار به ضرری که از این کار نصیب شما می‌شود، بیندیشید و با این تصور

شروع به سیگار کشیدن کنید. این تمرین به شما کمک می‌کند تا با سرعت بیشتری این عادت را ترک کنید و برای تسریع بیشتر، بر روی یک برگه‌ی سفید کاغذ، بنویسید: "من به هنگام کشیدن سیگار به ضررهای آن نیز فکر می‌کنم." این یادداشت را روی پاکت سیگار، بچسبانید و همیشه قبل از روشن کردن هر سیگار، حتماً این جمله را در ذهن خود تکرار کنید. به منظور از بین بردن عادات منفی دیگر نیز، می‌توانید، همین تمرینات را انجام دهید. شما لیستی از نقاط ضعف خود تهیه بکنید و به تدریج که موارد دیگری می‌یابید، فهرست را تکمیل کنید. هرگز در از بین بردن یک نقطه ضعف، عجله نکنید. تمام عادت‌های ناپسند، به تدریج ایجاد می‌شود و کم کم نیز از بین می‌رود.

۲- بازآموزی قدرت اراده از نظر روانی

الف: ممکن است عدم ایجاد انگیزه در شما کاملاً توسعه یافته و عمیق باشد که به شکل ترسو و با کوچک‌ترین مشکلی همه‌ی درها را به روی خود می‌بندید.

ب: ممکن است عدم ایجاد انگیزه از نوع تعدیل شده است. بطور ناگهانی و با خشونت از خود واکنش نشان می‌دهید. معمولا دچار عصبانیت شدیدی می‌شوید تا به اطرافیان (و خصوصاً به خودتان) بقبولانید که شخصی با اراده هستید

نوع اول: شما با یک تذکر، انتقاد واکنش ناراحت می‌شوید به جای سرخ شدن، فرو رفتن در لاک خود سعی کنید در مورد آن بیندیشید:

تذکر یا انتقاد از سوی چه کسی است؟

آیا او خود فردی با تجربه و آگاه است؟

آیا شخصی بی‌ملاحظه و بی‌توجه از شما انتقاد کرده است؟

آیا انتقاد از طرف شخصی بدجنس و بدخواه دیگران است؟

و اصولاً آیا انتقاد وارده، منطقی است؟

به هر حال، هیچ کس کامل نیست و شما هم ممکن است مثل دیگران دچار اشتباه شوید. پس سعی کنید مسأله را منصفانه مورد بررسی قرار دهید. اگر اشتباه از جانب شما است، سعی کنید اشتباه خود را جبران کنید. در غیر این

صورت، بررسی کنید که چگونه می‌توانید صحت کار یا نظر خود را به اثبات برسانید. برای شروع همیشه از این جمله استفاده کنید: "البته شما حق دارید" قبول کنید که شما نیز می‌توانید اشتباه کنید و هیچ‌گونه آبروریزی در این مورد پیش نخواهد آمد. اگر کسی اشتباهات خود را بپذیرد، یقیناً دارای روحیه‌ای متعالی است. تنها افراد خودخواه به دلیل اینکه نمی‌خواهند حقایق را قبول کنند، به لجاجت می‌پردازند. در برخورد با شخصی که خشمگین شده یا با انتقاد خود، خود را عصبانی کرده است، لبخند بزنید. البته لبخند شما نباید به پوزخندی توهین‌آمیز تبدیل شود. این لبخند باید روشن، صادقانه و صلح جویانه باشد مرتب به خود تلقین کنید که: من رفتار شما را می‌بخشم و می‌خواهم با هم دوست باشیم. در این حالت، لبخند شما طبیعی به نظر رسیده و طرف مقابل، فوراً دگرگون خواهد شد

الف: یک تذکر دردناک، یک انتقاد تند، یا یک توبیخ تند باعث خشم شدید شما شده و اطرافیان را خواهد ترساند. باید تمام تکنیک‌هایی که باعث جلوگیری از خشم می‌شود را بیاموزید. از قدرت تلقین به خود استفاده کنید. تا حد امکان کوشش کنید که تداعی افکار بین "خشم ـ لبخند" ایجاد شود

اجبارهای دوران کودکی:

حل این مشکل، سخت‌تر از سایر موارد است و علاوه بر آن، هر چه سن شخص بیشتر باشد، اثرات این دوران در ضمیر ناخودآگاه به شکل عمیق‌تری حک شده است. بهترین کار برخورد منطقی و جدی با مسئله است. (گرفتن کمک از مشاور)

برای مثال:

من به موفقیت اعتقاد دارم.

من می‌خواهم روحیه خود را رشد بدهم.

من می‌خواهم قوی‌تر باشم.

من خوشبخت هستم.

من به خود اطمینان دارم.

من می‌خواهم انسان‌های دیگر را درک کنم.

من از امروز اقدام می‌کنم.

من مصمم هستم.

من دلیر و شجاع هستم.

من می‌خواهم زندگی کنم.

من جرئت دارم.

لبخند، لبخند می‌آورد.

من به آنچه انجام می‌دهم فکر می‌کنم.

در اینجا مسئله مهم، ادامه زندگی زناشویی است. محل دقیق تفاوتی که بین شما و همسرتان فاصله می‌اندازد، را مشخص کنید. آنقدرها که از آن رنج می‌برید بزرگ نیست. بهترین روش برای موفق شدن، این است که از همسر خود کمک بگیرید. او مطمئناً از این عمل خوشحال خواهد شد. از همسر خویش، برای خود یک دوست بسازید. بی شک شما باید غرور (و شاید خودخواهی)خود را از بین ببرید.

ب: ممکن است عدم ایجاد انگیزه از نوع تعدیل شده است. بطور ناگهانی و با خشونت از خود واکنش نشان می‌دهید. معمولاً دچار عصبانیت شدیدی می‌شوید تا به اطرافیان (و خصوصاً به خودتان) بقبولانید که شخصی با اراده هستید.

نوع اول: شما با یک تذکر، انتقاد واکنش ناراحت می‌شوید به جای سرخ شدن، فرو رفتن در لاک خود سعی کنید در مورد آن بیاندیشید:

تذکر یا انتقاد از سوی چه کسی است؟

آیا او خود فردی با تجربه و آگاه است؟

آیا شخصی بی ملاحظه و بی توجه از شما انتقاد کرده است؟

آیا انتقاد از طرف شخصی بدجنس و بدخواه دیگران است؟

و اصولاً آیا انتقاد وارده، منطقی است؟

اجبارهای دوران کودکی:

حل این مشکل، سخت‌تر از سایر موارد است و علاوه بر آن، هر چه سن شخص بیشتر باشد، اثرات این دوران در ضمیر ناخودآگاه به شکل عمیق‌تری حک شده است. سعی کنید با کمک مشاور کودک درون خود را پیدا کنید و سپس هدایتش کنید و با آن ملاقات کنید و حمایت از کودک آسیب‌پذیر درون و پذیرش خشمگین بودن آن را داشته باشید. در مرحله رشد کودک درون به یافتن والدین مهرآمیز درون می‌رسید، سپس به بیدار کردن والد حمایت‌گر درون و به رو در رو به والد نیکوهش‌گر درون برخورد می‌کنید. سپس به شفای زخم‌های کودکی می‌پردازید و اجازه می‌دهید که کودک درونتان بازی کند و قدردانی از کودک درون به عمل می‌آورید و در خاتمه به کشف کودک معنوی درون می‌رسید

"دکتر لوسیاکاپاچیونه"در کتاب شفای کودک درون می‌نویسد:

زندگی بدون کودک درون، احساس تهی بودن را بر جا می‌نهد: این احساس را که زندگی‌مان فاقد چیزی است. آنگاه می‌کوشیم این احساس خلأ را با سایر انسان‌ها و اشیا و مکان‌ها و فعالیت‌ها و تجربه‌هایی بیرون از خویشتن پر کنیم. شاید به درازا بکشد تا به بی‌تأثیر بودن این راه حل پی ببریم. این راه حل ها مؤثر وارد نمی‌شود، زیرا علت این حس خلأ، دلیل بیرونی نیست. دلیل راستین این بود که کودک درون‌مان مخفی شده بود. به همین دلیل، اتصال خود را با خودمان و دیگران و جهانیان از دست داده بودیم. با اتصال به کودک درون‌مان که خویشتن راستین ماست کار به آخر می‌رسد. یعنی شفا می‌یابیم و دیگر بار، با احساس وصل به خودمان، به دیگران، به جهان، و به هستی از توفیق آرامش و شادمانی کامروا می‌گردیم. بهترین کار برخورد منطقی و جدی با مسئله است (گرفتن کمک از مشاور).برای حفظ عشق پایدار

عشق و سازگاری باید دست در دست یکدیگر حرکت کنند تا رابطه‌ای دوام داشته باشد.

احساس نیاز متقابل در رابطه زناشویی تولید مهر و عشق و هیجان می‌کند.

عشق کافی نیست. اگر زن و شوهر در مسیر مشابهی حرکت نکنند، اگر به اتفاق رشد نکنند، عشقشان از هم گسسته می‌شود.

اگر همسر شما دقیقاً مثل شما باشد، بسیار ملال‌انگیز می‌شود. تفاوت‌ها تولید جذابیت می‌کنند.

عشق به تنهایی کافی نیست. عشق و سازگاری و آگاهی، اجزا و ابزار مهم تداوم زندگی زناشویی هستند.

برنامه‌ریزی برای صمیمیت بیشتر به اندازه برنامه‌ریزی زمانی برای کار و تفریح مهم است.

اگر به آنچه می‌خواهید نمی‌رسید، پیش از اینکه خواسته‌تان برآورده نشود موضوع را با همسرتان در میان بگذارید.

به همسرتان بگویید که چرا او را دوست دارید. گفتن اینکه او را دوست دارید کافی نیست. ذکر دلایل دوست داشتن همسر به عشق شما معنا می‌دهد.

برای پایدار ماندن عشق در زندگی زناشویی، زن و شوهر باید به یک اندازه به خود و به همسرشان توجه داشته باشند. دوست داشتن همسر به معنای موافقت همیشه با او یا همیشه داشتن احساس خوب به او نیست. بدین معنا نیست که باید همیشه هر کار آنها را دوست بدارید. اگر به خودتان اجازه ندهید که بی‌زاری خود را به شکل مناسبی نشان دهید، این احساس سرکوب می‌شود و همراه با آن توان مهر ورزیدن را از دست می‌دهید. وقتی نتوانید احساسات منفی خود را ابراز کنید و آنرا با همسرتان در میان بگذارید، روی هم انباشته می‌شوند و ابعاد وسیعی به خود می‌گیرند. این امکان هم وجود دارد که آنرا سرکوب کنید و به این امید که برای همیشه فراموش شوند اما اثراتشان باقی می‌ماند و ابعاد بی‌تناسب پیدا می‌کنند. خشم سرکوب شده واگیردار است، از شخصی به شخص دیگر منتقل می‌شود

"دکتر هارولد بلوم فیلد" در کتاب راهنمای غنا بخشیدن به روابط می نویسد:

با آموختن احساس‌کردن و ابراز احساسات منفی خود می‌توانیم بخش‌هایی از خود را که قبلا از دست داده‌ایم مجدداً بدست آوریم. مجبور نیستیم زندانی گذشته‌های خود شویم. می‌توانیم به آزادگی برسیم و غنای وجودی خود را با دیگران سهم شویم. و حمایت و شناختی را که احتیاج داریم، متقابلاً دریافت کنیم. تا با خود مهربان‌تر باشیم و روابطی مبتنی بر عشق و مهر پر دوام ایجاد کنیم. از همه مهم‌تر دوست داشتن خود را می‌آموزیم که عشقی فراتر از همهٔ عشق‌هاست. نیاز به عشق بر مجموعهٔ سایر نیازها می‌چرخد

برای اغلب اشخاص دوست نداشتن و بد آمدن کلمهٔ زشتی است. گفته می‌شود که بد آمدن و نارضایی از کار همسر یک رفتار نادرست است. اما تنفر نشانه عشقی است که با مشکل روبه‌رو شده است. وقتی کسی را دوست دارید، و آنها کاری می‌کنند که برای شما پذیرفتنش دشوار است، واکنش طبیعی در قبال آن بد آمدن و بیزار شدن است. شما می‌خواهید همسرتان را تغییر دهید تا بار دیگر بتوانید او را دوست داشته باشید. همهٔ رنجش‌های سرکوب شده سر از تنفر در می‌آورند. اگر به خودتان اجازه ندهید که بیزاری خود را به شکل مناسبی نشان دهید، این احساس سرکوب می‌شود و همراه با آن توان مهر ورزیدن را از دست می‌دهید

"دکتر جان گری" می‌گوید:

خشم سرکوب شده واگیر دارد، از شخصی به شخص دیگر منتقل می‌شود. تنها کاری که باید بکنید این است که حقیقت کامل را درباره آن‌ها ابراز کنید. بسیاری سعی می‌کنند که این کار را انجام دهند اما مؤثر واقع نمی‌شود زیرا وقتی خشمگین می‌شوند، همسرشان نیز متقابلاً خشمگین می‌شود، در اینصورت خالص‌شدن از احساسات منفی و رسیدن به مهر و عشق و بخشودن دشوارتر می‌شود. این راه‌حل ساده اما قدرتمند است. هر آینه متوجه احساس رنجش خود می‌شوید و "نامه محبت آمیزی" به همسرتان بنوسید. تمام خشم و رنجش خود را در نامه ابراز کنید، از رنجش، ترس و احساس گناه بگذرید، خواهید دید که پرتو عشق در

وجودتـان روشـن می‌شـود و اینگونـه می‌توانیـد بـار دیگـر همسرتـان را دوسـت بداریـد. بخشـودن اشـخاص بـه مفهـوم پذیرفـتن نظریـات آنهـا نیسـت. بـا بخشـودن موانعـی را بـر سر راه جـاری شـدن مهـر و عشـق شـما وجـود دارد از میـان برمی‌داریـد. واکنـش طبیعـی در قبـال آن بـد آمـدن و بیـزار شـدن اسـت. شـما می‌خواهیـد همسرتـان را تغییـر دهیـد تـا بـار دیگـر بتوانیـد او را دوسـت داشـته باشـید. همـهٔ رنجش‌هـای سرکـوب شـده سر از تنفـر در می‌آورنـد. اگـر بـه خودتـان اجـازه ندهیـد کـه بیـزاری خـود را بـه شـکل مناسـبی نشـان دهیـد، ایـن احسـاس سرکـوب می‌شـود و همـراه بـا آن تـوان مهـر ورزیـدن را از دسـت می‌دهیـد.

بخشـودن اشـخاص بـه مفهـوم پذیرفـتن نظریـات آنهـا نیسـت. بـا بخشـودن موانعـی را بـر سر راه جـاری شـدن مهـر و عشـق شما وجـود دارد از میـان بـر می‌داریـد

برای حفظ عشق پایدار:

بخشـودن بـه معنـای پذیـرفتن رفتـار دیگـران نیسـت. بخشـودن بـه معنـای محبـت کـردن مثـل گذشته‌هاسـت. وقتـی احساسـات منفـی خـود را ابـراز می‌کنیـد، طبیعتاً بـه احسـاس بخشـودن می‌رسـید. بخشـودن بـه معنـای پذیـرفتن احسـاس رخـدادی اسـت کـه روی داده اسـت. اکنـون پـس از عمـل بخشـودن، می‌توانیـد مانـع تکـرار مجـدد آن بشـوید. می‌توانیـد آن واقعـه را فرامـوش کنیـد و بـار دیگـر بـه مهـر و عشـق برسـید. مسئله فرامـوش کـردن نیسـت مسـئله بـر سر ابـراز رنجـش بـه گونـه‌ای اسـت کـه تنـش احساسـی از میـان بـرود و سـپس نوبـت بـه بخشـودن می‌رسـد. فراینـد تخلیـه احساسـات منفـی و رسـیدن بـه مرحلـه عشـق و بخشـودن بـرای رشـد شـخصی شما ضرورت دارد. وقتـی دوسـت نداشـته باشـید، بیـش از هـر کسـی خـود شما لطمـه می‌خوریـد. وقتـی از خشـم و رنجـش دل نمی‌کنیـد، شما هسـتید کـه عشـق را از دسـت می‌دهیـد. وقتـی از خشـم بـه مهـر و عشـق می‌رسـید، شما هسـتید کـه برنـده می‌شـوید

وقتی مهر و عشق را کنار می‌گذارید، متنفر می‌شوید:

وقتـی بـه خـود اجـازه می‌دهیـد احسـاس تنفـر و بیـزاری خـود را احسـاس و آن را درمـان

کنید، عشق در دام افتاده درون شما بار دیگر رها می‌شود. ابراز احساست منفی در زندگی زناشویی نشانه ضعف یا شکست نیست. بر عکس، نشانه توانمندی است. که به گونه‌ای شجاعانه سعی می‌کنید آن را از سر راه خود بردارید. وقتی مهر و عشق در یک ارتباط زناشویی بدلیل فقدان ارتباط سرکوب می‌شود، نسبت به همسر خود مهر کمتری احساس می‌کنید.

برای مثال:

۱. وقتی احساسات منفی خود را سرکوب می‌کنید، توانایی مهر ورزیدن را نیز در خود فرو می‌نشانید.

۲. سرکوبی احساسات به تدریج احساست منفی و مثبت شما را کرخت می‌کند.

۳. نشانه‌های خطر: در هر ازدواجی وقتی روابط احساسی ضعیف می‌شود، چهار علامت خطر وجود دارد که خبر از کاهش مهر و عشق می‌دهد.

اگر می‌خواهید با از دست رفتن احساس عشق در ازدواج خود روبرو نشوید، اگر می‌خواهید شور و شوق را در خود زنده نگهدارید، مواظب این چهار علامت خطر باشید

- مقاومت، رنجش، بی‌اعتنایی و سرکوب

اگر در اندیشه ترک همسر خود هستید، از قبل مراتب را با او در میان بگذارید. به او امکان بدهید که اگر می‌تواند روی رابطه‌اش با شما کار کند. به همسرتان بگویید چه می‌خواهید و چه مقدار از این خواسته را بدست نمی‌آورید.

به اتفاق همسرتان به جلسات مشاوره بروید، تا از همه خشم‌ها، رنجش‌ها و احساس‌های گناه سرکوب شده خالص شوید. وقتی واقعیت را در مورد احساساتتان می‌گویید، می‌توانید بار دیگر مهر و محبت را لمس کنید. این بدان معنا نیست که باید حتماً با همسر خود باقی بمانید. معنایش این است که اگر هنوز قصد متارکه دارید، چه بهتر که بجای قهر و خشم، دوستانه از هم جدا شوید. می توانید کسی را هنوز دوست داشته باشید و با این حال از او جدا شوید. ممکن است در اعماق وجود خود به این نتیجه رسیده باشید که او همسر مناسبی برای

شما نیست. در بسیاری از موارد وقتی رنجش‌ها را از دل می‌زدایید و به احساس مهر و عشق می‌رسید، بارقه‌ای از امید دوباره در شما جان می‌گیرد و بر آن می‌شوید تا به خودتان و به همسرتان فرصت دوباره‌ای بدهید. بسیاری از افرادی که اقدام به متارکه می‌کنند، هنوز در موقعیتی هستند که با هم کنار بیایند و زندگی خوشی داشته باشند. اما متأسفانه در اغلب موارد مهر و عشق میان آنها زیر خروارها خشم و رنجش که نیاز به التیام دارد مدفون شده است.

وقتی بدون فیصله دادن به رنجش‌ها و احساسات منفی به زندگی زناشویی خود خاتمه می‌دهید، آن‌ها را به زندگی بعدی خود منتقل می‌سازید.

"دکتر جان گری"

ترک همسر با دلی پر از احساس خشم و رنجش می‌تواند بسیار خطرناک باشد. اشکال این است که رنجش‌ها و احساسات منفی انباشت شده و تخلیه نگردیده را به زندگی بعدی خود می‌برید تا روی زندگی جدیدتان اثر نامساعد بگذارد. باید از ناکامی‌های زندگی زناشویی خود درس بگیرید. مهم است که از اشتباهات گذشته پند بگیریم تا بار دیگر به آنها گرفتار نشویم. به جای اینکه همسر سابق خود را بخاطر اشتباهاتش سرزنش کنید، ببینید که شما و او چه کردید که زندگی مشترکتان متلاشی شد. از این‌ها عبرت بگیرید. باید از اشتباهات گذشته خود پند بگیریم تا دوباره برای‌مان اتفاق نیفتند.

هدیه عشق:

اجازه بدهید که تعهد شما به حقیقت نقطه عطفی در زندگی شما باشد. هر چه در زندگی بیشتر حقیقت را بیان کنید، بیشتر از احساسات خود بهره می‌گیرید. با تمرین می‌توانید بر امواج احساسات خود سوار شوید، نیازی به سرکوب آنها ندارید. نمی‌گویم که این کار همیشه ساده است. گاه تنش و تضاد با دیگر از راه می‌رسند. اما شما به ابزاری مجهز هستید که می‌توانید احساسات ناراحت کنندهٔ خود را کنار بگذارید و به مهر و عشق بازگردید.

توانایی شما در دوست داشتن گران‌بهاترین هدیه‌ای است که در اختیار دارید. آن را هدر ندهید. از هر لحظه زندگی خود به عنوان فرصت مناسبی جهت ارزانی

کـردن مهـر و عشـق اسـتفاده کنیـد. دیـری نمی‌گـذرد کـه می‌بینیـد زندگـی دیگـر یـک تلاش نیسـت. وقتـی قلـب از عشـق آکنـده می‌شـود، زندگـی بـه یـک مرخصـی فـرح بخـش تبدیـل می‌شـود. یکـی از ویژگی‌هـای شـخص بالـغ و خـود شـکوفا ایـن اسـت کـه او می‌توانـد بـه روابـط بلنـد مـدت صمیمانـه برسـد و مدت‌هـا در ایـن رابطـه باقـی بمانـد. انتخـاب همسر و کیفیـت خانـه شما و زندگـی خانوادگی‌تـان میـزان موفقیـت شما بـه عنـوان یـک انسـان را مشـخص می‌کنـد. روابـط شما، مبیـن شـخصیت شماسـت. اگـر دنیـای درون شما مثبـت و تـوأم بـا مهـر عشـق باشـد، دنیـای روابـط بیرونـی شما هـم شـاد و رضایـت بخـش خواهـد بـود

بنجامیـن دیزرائلـی، نخسـت وزیـر انگلسـتان گفـت: "هیـچ موفقیـت بیرونـی نمی‌توانـد شکسـت در زندگـی خانوادگـی را جبران کنـد."

وقتـی رشـد می‌کنیـد و بـه شـخصی بـهتری تبدیـل می‌شـوید، روابـط شما هـم بایـد بـه همان نسـبت رشـد کنـد. شما اشـخاص را بـه زندگـی خـود جـذب می‌کنیـد کـه تـا حـدود زیـاد بـه شما شـباهت داشـته باشـند، اندیشـه و رفتـاری مشـابه شما داشـته باشـند. وقتـی مثبت‌تـر، خـوش بین‌تـر و دوسـتانه‌تر می‌شـوید، بطـور طبیعـی اشـخاص مثبت‌تـر، خـوش بین‌تـر و دوسـتانه‌تری را بـه زندگـی خـود جلـب می‌کنیـد

براسـاس قانـون کاشـت و برداشـت، شما هـر چـه را بکاریـد برداشـت می‌کنیـد. شما آنچـه را در ازدواجتـان بـه ودیعـه بگذاریـد، برداشـت می‌کنیـد. هـر چـه بیـشتر از خودتـان در رابطه‌تـان سرمایه‌گـذاری کنیـد، رضایـت خاطـر بیـشتری بدسـت می‌آوریـد روابـط شـادمانه بـا آرامـش خاطـر، زندگـی طولانـی، سلامتـی، خوشـبختی و تنعـم دسـت در دسـت یکدیگـر دارنـد. مـردان و زنانـی کـه رابطـه خوبـی بـا هـم ندارنـد و یـا اصولاً بـا هـم رابطـه ندارنـد، بیـشتر بیمار می‌شـوند و جوان‌تـر می‌میرنـد.

از کجا شروع می‌شود:

۱. **عزت نفس شما:** اینکـه خودتـان را چقـدر دوسـت داشـته و داریـد و بـه خودتـان چقـدر احـترام می‌گذاریـد، شـخصیت و میـزان خشـنودی و خوشـبختی شـما را مشـخص می‌سـازد. عـزت نفـس زیـاد منجـر بـه عملکـرد سـطح بـالا می‌شـود و موفقیـت در زندگـی را برای‌تـان بـه ارمغـان مـی‌آورد. و ایـن در حالـی اسـت کـه عـزت نفـس کـم منجـر بـه شکسـت و ناراحتـی می‌شـود.

۲. **خودپذیری:** تا زمانی که خودتان را بطور کامل نپذیرید، نمی‌توانید خودتان را دوست بدارید.

۳. **خودآگاهی:** برای اینکه خودپذیری را تجربه کنید، ابتدا باید به خود آگاهی برسید. تنها وقتی به خودآگاهی می‌رسید، می‌توانید به سطح بالاتری از خودپذیری برسید و تنها با خودپذیری کامل است که می‌توانید از عزت نفس فراوان برخوردار گردید. این کلید شخصیت سالم و شاداب است.

یکی از هدف‌های ازدواج و برقراری روابط صمیمانه این است که به شما فرصتی بدهد تا بتوانید از توانمندی‌های خود استفاده کنید. در یک رابطه قابل اطمینان می‌توانید درباره کارهایی که در گذشته کردید حرف بزنید و از اندیشه و احساس زمان حال خود صحبت به میان آورید. وقتی صادقانه خود را ابراز می‌کنید، از انسانیت خود درک عمیق‌تری به دست می‌آورید. صبورتر، شکیباتر، پذیراتر و پرمحبت‌تر می‌شوید. بخش مهم از کارهایی که می‌کنیم برای رسیدن به مهر، عشق و یا جبران عدم وجود عشق است. همه دوست دارند که دست کم مورد مهر و محبت یک شخص دیگر قرار بگیرند. تنها زمانی که این نیاز شما برآورده می‌شود، می‌توانید به آنچه در بیرون شما اتفاق می‌افتد توجه کنید. عشق شبیه پول است. اگر مقدار فراوان آن را داشته باشید، زیاد به آن فکر نمی‌کنید. اما اگر عرضه آن مدتی قطع شود، به هیچ موضوعی جز آن فکر نمی‌کنید. ظالمانه‌ترین کاری را که می‌توان با زندانیان کرد این است که آن‌ها را از سایر انسان‌ها دور نمود و در زندان انفرادی نگهداری کرد. محروم کردن یک انسان از تماس‌های انسانی بدترین کاری است که می‌توان با او کرد. بریان تریسی در کتاب راه‌های موفقیت می‌گوید:

شش قاعده برای داشتن روابط موفقیت آمیز وجود دارد:

اول وجود تشابه که باعث می‌شود افراد، یکدیگر را جذب کنند. شما همیشه با کسانی راحت‌تر هستید و از آنها بیشتر لذت می‌برید که علائق، سلایق و ارزش‌هایی مشابه شما داشته باشند. قانون جذابیت می‌گوید شما کسانی را به خود جلب می‌کنید که باورهایشان با شما همخوانی داشته باشد. **دومین قاعده برای رسیدن به روابط موفق این است که مغایرهای یکدیگر را جذب می‌کنند.**

طبیعت حکم می‌کنند که تعادل و هم آهنگی همیشه وجود داشته باشد. وجود تعادل در گرایش‌های دو انسان آن‌ها را بهم نزدیک می‌کند. در رابطه‌ای که موفق است طرفین می‌توانند به راحتی با هم صحبت کنند. در این رابطه هر کس می‌تواند به اندازه‌ای که نیاز دارد حرف بزند. و از سوی دیگر، طرف مقابل می‌تواند هر اندازه لازم است گوش بدهد. این تعادل بسیار مهم است. هر کس برای اینکه احساس سلامتی و کامل بودن بکند باید حرف بزند. اگر اشخاص نتوانند با کسی که با او در رابطه هستند حرف بزنند، نیازهای ارتباطی خود را از جای دیگر تأمین می‌کنند. تقریباً تمام روابط نامشروع در ازدواج، از آن جهت صورت خارجی پیدا می‌کند، که کسی از زوجین احساس می‌کند حرف‌هایش را نمی‌تواند با شخص دیگری بزند. **سومین قاعده روابط موفق وجود تعهد کامل از سوی طرفین است.** طرفین باید از صمیم قلب تصمیم بگیرند که می‌خواهند رابطه‌ای موفق داشته باشند. اگر این دو با هم در توافق و تعادل باشند، می‌توانند مدت‌های مدید در کنار هم زندگی خوشایندی داشته باشند. **چهارمین قاعده داشتن رابطه موفق دوست داشتن است.** دوست داشتن از عاشق شدن مهم‌تر است. نقطه شروع یک رابطه عاشقانه این است که احساس کنید بهترین دوست خود را ملاقات کرده‌اید. یکی از نشانه‌های این رفاقت میزان خنده‌ای است که با هم دارید. میزان خنده معیار سلامتی آن رابطه است. **پنجمین قاعده برای پیوند مهرآمیز که خود انگاره‌های مشابه یکدیگر را جذب می‌کند و با هم سازگار هستند.** شما همیشه جذب کسانی می‌شوید که به اندازه شما خوشحال و مثبت است. **ششمین قاعده برای پیوند مهرآمیز این است که باید ارتباطات خوبی وجود داشته باشد.** به عبارتی روی طول موج واحدی قرار داشته باشند. در این شرایط، هر کدام از آن‌ها می‌تواند از احساس و اندیشه طرف مقابل مطلع شود. برای بهبود روابط ارتباطی زن و شوهر باید اوقات کیفی فراوانی را با یکدیگر بگذرانند و با هم تنها باشند. باید با هم زیاد حرف بزنند و کانال‌های ارتباطی میان آن‌ها باز باشد. در خاتمه لازمه ارتباط خوب داشتن مهارت در صحبت کردن و گوش دادن است. اما ارتباط عالی میان زن و شوهر زمانی برقرار می‌شود که آن‌ها به تفاوت‌های یکدیگر واقف باشند

تفاوت‌های مردان و زنان

مـردان و زنـان در زمینه‌هـای مختلـف بـا هـم تفـاوت دارنـد و از جملـه سـبک‌های برقـراری ارتبـاط در آن‌هـا متفـاوت اسـت. روی هـم رفتـه مـردان مسـتقیم و زنـان غیرمسـتقیم حـرف می‌زننـد. مردهـا بیـشتر بـه نتیجـه توجـه دارنـد. زن‌هـا بیـشتر بـه رابطـه می‌اندیشـند و بـه فراینـد ارتبـاط بیـش از مـردان توجـه می‌کننـد. ایـن امـر می‌توانـد سـوء تفاهم‌هـای اصولـی ایجـاد کنـد. مثالـی دربـاره تفاوت‌هـا سـبک گفـت و گـو و داشتن ارتبـاط زمـان خریـد کـردن اسـت. بـرای مـرد خریـد کـردن یـک فراینـد سـاده بـا نتیجـه مشـخص اسـت. مـرد بـه درون فروشـگاه مـی‌رود، کالای مـورد نظـرش را می‌خـرد و از فروشـگاه بیـرون مـی‌رود. مردهـا روی هـم رفتـه خریـد کـردن را دوسـت ندارنـد بـه همیـن دلیـل سـعی می‌کننـد، در کوتـاه تریـن زمـان ایـن کار را انجـام بدهنـد. امـا بـرای بسـیاری از زنـان خریـد کـردن یـک جریـان و فراینـد اسـت کـه حتـی می‌تـوان گفـت تفریـح بـه همـراه دارد. ممکـن اسـت زنـی بـه خریـد بـرود و اصلاً خریـدی نکنـد

خریـد بـرای یـک زن یـک تجربـه حسـی اسـت. وقتـی او بـا کسـی بـه خریـد مـی‌رود، برنامـه‌اش بـه یـک تجربـه اجتمایـی تبدیـل می‌شـود. صحبت‌هایـی کـه آنهـا بـا هـم می‌کننـد گاهـی از خریـدی کـه انجـام می‌دهنـد مهم‌تـر اسـت. ایـن نکتـه‌ای کـه مردهـا بـه زحمـت آن را درک می‌کننـد. اجـازه بدهیـد بـه مثـال دیگـری دربـاره تفاوت‌هـای موجـود در سـبک صحبـت و برقـراری ارتبـاط میـان زن و مـرد اشـاره کنیـم. مردهـا بـه تکمیـل کـردن و تمـام نمـودن علاقمندنـد. وقتـی زن بـا مـرد دربـاره مسـئله‌ای حـرف می‌زنـد، مـرد می‌خواهـد بلافاصلـه راه حـل بدهـد و مسـئله را از میـان بـردارد. مـرد مـی گویـد: "چـرا ایـن کار را نمی‌کنـی؟ چـرا ایـن را امتحـان نمی‌کنـی؟" و بعـد بـه خوانـدن روزنامـه‌اش ادامـه می‌دهـد و یـا بـه موضـوع دیگـری توجـه می‌کنـد. مـرد صادقانـه فکـر می‌کنـد کـه بـه زنـش کمـک کـرده اسـت و مسـئله او را حـل نمـوده اسـت. آنچـه مـرد اغلـب متوجـه نیسـت ایـن اسـت کـه زنـش بـه دنبـال راه حـل نمی‌گـردد. از او توصیـه و راهنمایـی هـم نمی‌خواهـد. زن بجـای این‌هـا دنبـال فرصتـی می‌گـردد تـا در مـورد موقعیـت حـرف بزنـد. زن ممکـن اسـت پیشـاپیش بدانـد چـه می‌خواهـد بکنـد یـا نمی‌خواهـد بکنـد. امـا او در واقـع دنبـال فرصتـی بـرای برقـراری ارتبـاط می‌گـردد. یکـی از کارهایـی کـه مردهـا بـرای بهـتر کـردن ارتباطـات خـود بـا زنهـا می‌تواننـد انجـام بدهنـد ایـن اسـت کـه از ارائـه راه حـل بـه او خـود داری ورزنـد. بجـای آن مردهـا بایـد

خوب گوش بدهند، مکث کنند، سؤال کنند که حرف او را فهمیده‌اند. یکی از بهترین کارهایی که مرد به هنگام آمدن به خانه در شب می‌تواند انجام دهد، این است که از زنش درباره روزی که پشت سر گذاشت سؤال کند. اولین بار که مردی از زنش می‌خواهد درباره روزی که پشت سر گذاشته حرف بزند، زن احتمالاً شوکه می‌شود. ممکن است جواب بسیار کوتاه بدهد. زن باور نمی‌کند که شوهرش به راستی به این موضوع علاقمند باشد. مزیت این روش این است که مرد کمتر درباره کارش حرف می‌زند. توجه داشته باشید این مظمون و محتوای صحبت نیست که اهمیت دارد، بلکه فرایند و جریان آن است که اهمیت دارد. علاقه نشان دادن به کارهایی که همسرتان انجام داده و بعد گوش کردن دقیق به حرفهای او بر ارتباط میان زن و مرد می‌افزاید. تنها این گونه است که می‌توانید رابطه خود را زنده نگه دارید

سؤال مهم

مهم ترین سوالی که می‌توانید بکنید این است که بپرسید: "در اینجا چیست که اهمیت دارد؟" هدف این نیست که در بحث و صحبت برنده شوید، مهم این نیست که شما درست بگویید، بلکه مهم حفظ کیفیت رابطه است. مهم این است که یکدیگر را دوست بدارید و بهم احترام بگذارید و با هم در صلح و هم آهنگی زندگی کنید. وقتی مرتب بپرسید که "در اینجا چیست که اهمیت دارد؟" مسائل را روشن‌تر می‌بینید و مسلماً حرفی را که مهم‌تر است می‌زنید، و کاری را که الویت دارد، مورد توجه قرار می‌دهید. آگاهی و اطلاع داشتن مهم‌ترین چیزهاست. زندگی مطالعه و توجه کردن است. اگر به مطالعات جزئی رابطه خود توجه کنید، موضوعات بزرگ خود به خود به نتیجه‌ای که باید برسند می‌رسند.

هزاران دلیل وجود دارد که رابطه را به شکست سوق می‌دهد. اما به احتمال زیاد می‌توانید این هزار دلیل را در قالب شش موضوع خلاصه کنید. این شش مسئله ریشه تمامی مشاجرات، عدم توافق‌ها و طلاق‌ها را صورت خارجی می‌بخشد. همه آنها با عزت نفس و یا تصویر ذهنی یکی از طرفین یا هر دو آنها در رابطه‌اند. اولین مسئله در رابطه، نبودن تعهد است. این را در بسیاری از ازدواج‌هایی که به شکست می‌انجامد مشاهده می‌کنیم، اشکال اینجاست که بجای تعهد کامل،

تعهد نسبی یا نصف کاره وجود دارد. راه حل مسئله تلاش برای تغییر دادن دیگران، اینکه بخواهید او از وزن بدنش بکاهد، سیگار نکشد، ورزش نکند، مثبت‌تر شود یا هر چیز دیگر این است که او را به همین شکل که هست بپذیرید. اگر نمی‌توانید رفتار و شخصیت طرف دیگر را بپذیرید، باید از این نتیجه‌گیری منطقی بکنید. در موقعی، سعی نمی‌کنید که کسی را تغییر بدهید و او را بی‌قید و شرط می‌پسندید، او با انتخاب خودش شروع به تغییریافتن می‌کند. انسان‌ها گاه صرفاً به این دلیل که می‌بینید کسی می‌خواهد آنها را تغییر بدهد در برابر تغییر پایداری می‌کنند. مسئله بعدی در رابطه زناشویی حسادت است. شکسپیر حسادت را "غول چشم سبز" می‌نامد. حسادت یک احساس منفی وحشتناک است که از کمبود عزت نفس و نابسندگی شخصی نشئت می‌گیرد. کسی که احساس حسادت دارد به ارزش خود به عنوان یک انسان تردید دارد. با خود فکر می‌کند کسی نیست که مرا دوست بدارد. کسی با این ذهنیت به احتمال زیاد در کودکی با انتقادهای مخرب و در بزرگی با تجارب منفی از ناحیه جنس مخالف رو به رو بوده است. و یا از این بدتر، اگر پدر و مادر او در حالی که او رشد می‌کرد و بزرگ می‌شد در مقام تأیید و تصدیق او حرف نمی‌زدند، وقتی بزرگ شود، بسیار آسیب پذیر خواهد بود. نقطه مقابل حسادت توجه کردن به این موضوع است که حسادت ارتباطی با دیگران ندارد. راه مبارزه با حسادت کار کردن روی عزت نفس و بالا بردن آن است. بهترین راه این است که، بارها و بارها به تکرار بگویید:

"من خودم را دوست دارم، من خودم را دوست دارم، من خودم را دوست دارم."

وقتی عزت نفس شما به اندازه کافی زیاد باشد، وقتی به اندازه کافی خودتان را دوست بدارید و به خود احترام بگذارید، هر کاری که دیگران بکنند یا نکنند نمی‌تواند سببی باشد که به ارزش خود تردید کنید. این گونه شما متکی به خود و مستقل از رفتار دیگران خواهید بود. از آنجایی که روابط شاد برای رسیدن به عزت نفس خوب و خوشبختی کمک می‌کند؛ تصمیم بگیرید که به روابط خود نظمی بدهید. مصمم شوید با شخص طرف مقابل خود بنشینید و از او بپرسید: "چه می‌توانیم بکنیم و یا چه کارهایی را نباید بکنید یا کمتر بکنیم که روابطی عالی در پیوند مهرآمیز داشته باشیم." در صورت لزوم، اولویت‌ها و ارزش‌های خود

را تغییر بدهید. رابطه خود را مهم‌تر از هر چیز دیگری در نظر بگیرید. حاضر و مایل باشید که از خود گذشتگی نشان بدهید. مسئله دیگر روابط ترحم جویی است. این زمانی اتفاق می‌افتد که بخاطر کاری که همسرتان کرده یا نکرده بحال خودتان تأسف می‌خورید. اغلب اوقات کسانی که ترحم جویی می‌کنند و دلشان بحال خودشان می‌سوزد، آن را در کودکی از والدین خود آموخته‌اند که در خانه این ترحم جویی را به نمایش می‌گذارند. راه از میان برداشتن ترحم جویی و دلسوری بحال خود این نیست که همسر خود را وادار کنید کاری را بکند یا نکند. راه برخورد با آن این است که به قدری با هدف‌های خود درگیر شوید که فرصتی برای تأسف خوردن به خود پیدا نکنید. شما مسئول احساسات خود هستید. شما زمینه‌ساز خوشبختی یا بدبختی خود می‌باشید. کسی به شما احساس نمی‌دهد. اگر احساس دلسوزی به حال خود داشته باشید، علتش این است که خودتان انتخاب کرده‌اید که دلتان به حالتان بسوزد. اگر بخواهید، می‌توانید واکنش دیگری انتخاب کنید. ترحم جویی نشانه ضعف و عدم صمیمیت است و مانع از آن می‌شود که به موفقیت دست پیدا کنید. اگر شما در رابطه‌ای بسر می‌برید که طرف مقابل احساس ترحم به خود دارد، با او با محبت برخورد کنید و بعد او را تشویق کنید به کاری که او دوست دارد و از آن لذت می‌برد مشغول شود. مسئله بعدی که خیلی هم مهم است انتظارات منفی می‌باشد. اگر انتظار داشته باشید اتفاقات خوشایندی روی دهد، به ندرت نومید می‌شوید. اگر انتظار داشته باشید شریک زندگی‌تان شما را تحقیر کند، این هم اتفاق خواهد افتاد. کار شما باید این باشد که همیشه بهترین‌ها را از همسرتان انتظار داشته باشید. شاید بهترین جملاتی که به همسرتان می‌توانید بگویید این باشد: **"دوستت دارم" و "به تو اعتقاد دارم"** همیشه به او بگویید که به او اعتقاد دارید. چه احساس خوبی است وقتی که خانه را ترک می‌کنید تا به سر کارتان بروید، بدانید شخصی که در زندگی شما نقش اساسی بازی می‌کند، به شما اعتقاد و باور دارد. چه خوب است که شب وقتی به خانه بر می‌گردید، با کسی رو به رو شوید که اطمینان دارد که شما موفق می‌شوید

آخرین مسئله و یکی از عمده‌ترین آن در رابطه ناسازگاری است. ناسازگاری موضوع بسیار حساس است که خیلی‌ها حتی دوست ندارند درباره‌اش صحبت کنند. با

این حال، یکی از مسئله مهمی است که در رابطه وجود دارد شاید مهمترین علت ناخشنودی اشخاص از ازدواج‌هایشان باشد.معمولاً وقتی زن و مرد با همدیگر ملاقات می‌کنند و عاشق هم می‌شوند، جذب آن چیزهایی می‌شود که در آن وجود تشابه دارند. اما وقتی سال‌ها می‌گذرند و آنها تغییر می‌کنند، هر کدام به جانبی متمایل می‌شوند.. علائق جدیدی پیدا می‌کنند، به سلیقه‌ها و نقطه نظرهای جدیدی می‌رسند. آنچه در روز نخست ملاقات در یکدیگر پسندیدند، دیگر آن قدرها اهمیت ندارد. آن اسباب دلخوشی‌های دیگر زن و شوهر را بهم پیوند نمی‌دهد

نشانه‌های هشدار دهنده:

اولین نشانه ناسازگاری این است که خنده از رابطه آنها بیرون می‌رود. زن و شوهر دیگر بهم لطیفه نمی‌گویند و با هم نمی‌خندند

دومین نشانه کم شدن صحبت و مکالمه است. به نظر می‌رسد که حرف زیادی ندارند بهم بزنند. خانه تبدیل به مکانی می‌شود که زن و شوهر تنها در آن زندگی می‌کنند. خانه دیگر مکانی برای سهیم شدن مهر و محبت و هماهنگی نیست. زن و شوهر هر کدام به کار خودشان مشغول می‌شوند و یا تنها به بچه‌ها می‌پردازند. هر کدام به دوستان و همسایگان خودشان توجه می‌کنند بسیاری از کسانی که ازدواج خود ناخشنود هستند، در کار خود غرق می‌شوند روزی دوازده یا چهارده ساعت کار می‌کنند تا مجبور نباشند به خانه بروند هر چه زمان کمتر با همدیگر صرف کنند روابط‌شان بدتر می‌شود. مشترکات کمتر پیدا می‌کنند. اگر به این نتیجه برسید که خنده و گفتگو از رابطه شما خارج شده‌اند، زمان آن است که کاری صورت بدهید. اگر احساس می‌کنید با همسرتان مشترکات بسیار کمی دارید، باید همه تلاشتان را بکنید تا رابطه خود را از نو بسازید. اگر سال‌ها سرمایه‌گزاری کردید که رابطه خود را بسازید، و بخصوص اگر دارای فرزندانی می‌باشید، باید هر کاری که لازم است برای نجات موقعیت انجام دهید

چگونه دوباره به عشق برسید

یکی از مهم‌ترین کارهایی که برای باز گرداندن عشق به رابطه خود می‌توانید بکنید این است که توجه کنید عشق همان معنای دوست داشتن و عاشق بودن را

می‌دهد. اگر احساس دلسوزی به حال خود داشته باشید، علتش این است که خودتان انتخاب کرده‌اید که دلتان به حالتان بسوزد. اگر بخواهید، می‌توانید واکنش دیگری انتخاب کنید. دوست داشتن دیگران را با انجام دادن کارهای دوست داشتنی برای آنها می‌آموزید. توجهات کوچک، لطف‌های کوچک، مهربانی، دادن هدیه و اقدامات دیگر می‌توانند سبب شوند تا زن و شوهر یکدیگر را بیشتر دوست بدارند. وقتی این کارهای کوچک را انجام نمی‌دهید عشق از رابطه شما می‌رود. شعله‌های آتش فرو می‌نشیند. برای بازگردانیدن عشق، می‌توانید بیشتر بهم برسید، بیشتر یکدیگر را درک کنید، بیشتر نسبت به یکدیگر همدلی داشته باشید. با داشتن اندیشه خوب نسبت به یکدیگر و مؤدبانه صحبت کردن با هم می‌توانید احساساتی را که زمانی داشتید، دوباره بدست آورید. جنبه‌های مثبت یکدیگر را نگاه کنید، به کیفیاتی در همسرتان دقیق شوید که زمانی آن را تحسین می کردید. اشتباهات یکدیگر را فراموش کنید و ببخشایید. اگر نتوانید رابطه خود را نجات دهید، چه می توانید بکنید این امکان وجود دارد که آتش اشتیاق بکلی از رابطه‌تان بیرون باشد. ممکن است دیگر میلی در شما برای فداکاری و از خودگذشتگی وجود نداشته باشد. ممکن است هر دو طرف ناسازگار شده باشند. ناسازگاری شایع ترین دلیل فروپاشی هر رابطه ای است.

با پذیرفتن شروع کنید.

بهترین کاری که وقتی دو نفر باهم ناسازگار می‌شوند می‌توان انجام دهند این است که این موضوع را بپذیرند. ویلیام جیمز می‌گوید: "قدم اول برای برخورد با مسئله و مشکل پذیرفتن آن است." بزرگ‌ترین اشکال و بیماری روان تنی ناشی از انکار آن هستند. انکار یا مقاومت درونی تولید استرس و تنش می‌کند. یکی از مفیدترین راه‌های برخورد با هر مشکل در زندگی این است که از خود بپرسید: "آیا این یک حقیقت یا یک مسئله است؟" اگر این مسئله است، می‌توان راه حلی برای آن پیدا کرد. می‌توانید برایش کاری بکنید. اما اگر واقعیت و حقیقت است، خردمندانه‌ترین کاری که می‌توانید بکنید این است که آن را بپذیرید و به دنیایتان راه بدهید. واقعیت مانند هوا می‌ماند

عشق مهم‌ترین عامل پیوند مهرآمیز است.

مهم‌ترین عامل پیوند مهرآمیز در زندگی عشق است. احساس امنیت خاطر و شادی نشئت گرفته از یک رابطه عاشقانه احتمالاً مهم‌ترین چیزی است که یک مرد و زن تجربه کند.

قدرت عشق!

بخش اعظم کاری که می‌کنید یا برای رسیدن به عشق است، و یا برای اینکه نبود عشق را جبران کنید. نقطه شروع این هم در اوایل دوران کودکی است. احساس عشق تأثیر قابل ملاحظه‌ای در تصمیمات می‌گذارد. خویش ایده‌آلی شما، مکانیسم راهنمای خودانگاره شما و چیزی که رفتار شما را تنظیم می‌کند، نقطه نظر شما را در این زمینه مشخص می‌سازد که چگونه شخصی می‌توانید باشید. تا مهر و عشق و کسانی را که به آنها توجه دارید را بدست آورید. عزت نفس شما، که دکتر ناتانیل براندن آن را "اشتهار خود در نزد خودتان" می‌خواند، بستگی به این دارد که شما در اندیشه خود تا چه اندازه خودتان را دوست داشتنی می‌دانید. بسیاری از مسائل شخصی ریشه در محروم ماندن عشق دارد. شخصیت دوران بلوغ شما تا حدود زیاد متأثر از کیفیت عشقی است که در سال‌های اولیه زندگی ارزانی شما شده است. تقریباً هر کاری را که شما امروز بکنید، هدف‌هایی که برای خود تعیین، رویاهایی که در سر می‌پرورانید و تعهداتی که می‌پذیرید تحت تأثیر قدرت عشق در زندگی شماست. در واقع شما به سوی کسانی کشیده می‌شوید که به عشق آنها احتیاج دارید و به شدت تحت تأثیر نقطه نظرهای آنها هستید. چه کسانی هستند که عشق و احترام آنها برای شما از هر چیزی مهم‌تر است؟ چه باید بکنید و چه کسی باید باشید تا آنها به شما مهر و عشق و احترام بدهند؟ اینها سوالات مهم و کلیدی برای داشتن زندگی توأم با خوشبختی هستند.

قدرت تلقین

بعد از قدرت عشق، قدرت تلقین است که روی اندیشه و احساس شما تأثیر می‌گذارد. ذهن چند بعدی شما تحت تأثیر آنچه در پیرامون و در درون تان می‌گذرد قرار می‌گیرد. هر تغییری در محیط احساسی، ذهنی و جسمانی می‌تواند روی اندیشه، احساس و عمل شما تأثیر بگذارد، و در نتیجه به نتایج متفاوتی برسید. شما بلافاصله تحت تأثیر تغییرات درجه حرارت یا سطح صدا قرار می‌گیرید، شما

به سرعت تحت تأثیر صحبت با دیگران و یا برخورد با دیگران قرار می‌گیرید. یک خاطر نشان غیر دوستانه می‌تواند یک روز شما را خراب کند. یک خبر خوش می‌تواند شما را شاد کند تا ساعت‌های متوالی در شرایط خشنودی و رضایت به سر ببرید. متأسفانه، اگر نتوانید به دقت آنها را کنترل کنید، اغلب تلقین‌های حالت منفی هستند. اغلب تلقین‌های محیطی حالت منفی بخود می‌گیرند. رادیو، تلویزیون و روزنامه‌ها پر از مطالب منفی هستند. اغلب صحبت‌ها با گله گزاری و شکایات همراه هستند. اغلب گفتگوهای اشخاص منفی و انتقادآمیز هستند. نکته مهم در برنامه‌ریزی ذهنی این است که به شکل منظم، تلقین‌های محیطی را کنترل کنید. این مربوط به شماست تا شرایط و احوالی مثبت و سازگار با کسی که می‌خواهید به او تبدیل شوید فراهم آورید. کنترل کردن تلقینات محیطی مستلزم آن است که می‌خواهید به ذهن خود چه خوراکی بدهید

طبق نظر برایان تریسی در کتاب راهکارهای موفقیت: "سه قانون ذهنی هستند که بوسیله آنها می‌توانند ذهن خود را برنامه ریزی کنید و آینده خود را تغییر بدهید. اینها عبارت‌اند: از قانون عادت، قانون تمرین و اجرا و قانون احساس و عاطفه."

قانون عادت

عملاً هر کاری که بکنید نتیجه عادت است. طرز صحبت کردن شما، طرز کار کردن، رانندگی، اندیشه و تبادلی که با دیگران دارید، طرز پول خرج کردن و روبرو شدن با اشخاص مطرح در زندگی شما تا حدود زیاد با عادت رابطه دارند. رفتار شما در هر زمینه زندگی مبتنی بر انباشت تمامی تجارب زندگی است، که از دوران طفولیت آغاز می‌شود. طبق آمار ۹۵٪ اقدامات و واکنش‌های شما خود کار و اتوماتیک هستند که در واقع پاسخ‌های ناهشیار به محیط فیزیکی و انسانی شما محسوب می‌شود. عادت‌های شما، موانع عمده پیش‌رویتان هستند تا نتوانید به آن کسی که می‌خواهید تبدیل شوید. طرز فکر، احساس، صحبت و رفتار عادت شده. شما اغلب اوقات راه بندهایی هستند که میان جایی که هم اکنون در آن قرار دارید و جایی که می‌خواهید به آن برسید حایل شده‌اید. این‌ها سببی هستند تا در مکانی که هستید در جا بزنید. برایان تریسی در کتاب فکرتان را

عوض کنید تا زندگی‌تان تغییر کند و از توانمندی‌های خود برای کسب موفقیت استفاده کنید می‌گوید: "قانون عادت یک قانون ذهنی مهم است که روی موفقیت و ناکامی شما تأثیر می‌گذارد. اندیشه و رفتار شما هم تابع اصول مشابه‌ای هستند."

برای مثال: در همان شغل قبلی خود باقی می‌مانید، همان غذای قبلی را می‌خورید، همان برنامه همیشگی را ادامه می‌دهید، در مجموع زندگی مشابه گذشته را برای خود حفظ می‌کنید. عادت‌ها تا زمانی خوب و مناسب هستند که به شما خدمت کنند، زندگی شما را سرشارتر کنند. اما وقتی این عادت‌ها مانع خوشبختی شما می‌شوند، باید آنها را اصلاح کنید یا به کلی تغییر دهید. طرز فکر عادت شده شما قطعاً مهم‌ترین چیز زندگی شما هستند همانطور که شکسپیر می‌گوید: "**خوب و بدی وجود ندارد، بلکه فکر کردن این خوب و بد را می‌سازد.**" شما در یک دنیا ذهنی زندگی می‌کنید. هیچ چیز در دنیای شما معنی ندارد، مگر آن معنایی که شما به آن می‌دهید. اگر طرز فکرتان را عوض کنید، زندگی‌تان را تغییر دادید. تغییر دادن عادت‌هایی که با مقاصد عالی شما همخوانی ندارد، یکی از دشوارترین کارهایی است که انجام می‌دهید. اما اگر به شرایط عالی نرسیده‌اید، در شرایط عادتی به سر می‌برید که اگر می‌خواهید پیشرفت کنید، باید آنها را از سر راه خود بردارید. کار شما باید این باشد که عادت‌های خوبی شکل دهید و از آنها استفاده کنید

قانون تمرین و اجرا

خبر خوب این است که قانون تمرین می‌گوید هر اندیشه یا عملی را به اندازه کافی تکرار کنید تبدیل به یک عادت جدید می‌شود. می‌توانید هر هدفی را که مطلوب می‌دانید، در خود ایجاد کنید. یکی از دوستان من درگیر کار حقوقی با همسرش بود. هر چه بیشتر عصبانی می‌شد طرف مقابل مصمم‌تر و غیرمنطقی‌تر می‌شد. او سر انجام تصمیم گرفت طرز فکر خود را تغییر دهد. تصمیم گرفت با طرف مقابل، با خیرخواهی بیشتر فکر کند. طرف مقابل هم راه حل قابل قبولی را پیشنهاد نمود. آنها به جای اینکه به دادگاه بروند، توانستند موضوع را دوستانه برطرف کنند.

قانون احساس و عاطفه

احساس و عواطف شما نیروهای انرژی‌دهنده واقع در پس اندیشه‌هایتان هستند. هر چه چیزی را با شدت بیشتری احساس کنید، آن اندیشه یا شرایط تأثیر بیشتری بر زندگی شما خواهد داشت. اغلب اشخاص تحت تأثیر انواع هراس‌ها فلج می‌شوند. از فقر و ضایعه و از دست دادن می‌ترسند، از انتقاد و تأیید نشدن می‌ترسند، از بیمار شدن می‌ترسند، و از همه این‌ها مهم‌تر، از شکست خوردن می‌ترسند. اغلب مردم این گونه زندگی می‌کنند. هر چه میل و تمایل بیشتری داشته باشید یا از چیزی بیشتر بترسید، با احتمال بیشتری آن‌ها را به زندگی خود جلب می‌کنید. به همین دلیل است که می‌گوییم به آنچه می‌خواهید فکر کنید و به آنچه نمی‌خواهید فکر نکنید. انسان‌های شاد و خوشبخت از قدرت اندیشه‌های خود آگاهند و سعی می‌کنند از دایره اندیشه‌های مثبت خارج نشوند. وقتی تصمیم می‌گیرید در زندگی خود کار ارزشمندی انجام بدهید، باید برای تغییر دادن ذهنیت خود کاری صورت بدهید.

اعتماد به نفس و استحکام شخصیت

تنها آدم‌های خوب می‌توانند به سعادت برسند، تنها با فضیلت‌ها می‌توانند خوب باشند. تنها اشخاصی که درون خوب دارند، می‌توانند به سعادت و خوشبختی برسند. من طی سال‌ها مطالعه در زمینه کیفیت اعتماد به نفس در یافته‌ام که تنها مردان و زنانی که دارای ارزش‌های روشن و مثبت هستند، می‌توانند اعتماد به نفس داشته باشند و با هر چه در زندگی‌شان اتفاق می‌افتد برخورد مؤثر بکنند. سریع ترین راه رسیدن به اعتماد به نفس این است که ارزش ها و اعتقادات خود را بشناسید و براساس آنها زندگی کنید. راه حل همه مسائل انسانی بازگشت به ارزش‌هاست. ارسطو می‌گوید: **"تنها زندگی مبتنی بر ارزش‌ها مانند استحکام شخصیت ارزشی است که سایر ارزش‌ها را تضمین می‌کند."** استحکام شخصیت یک ارزش اصولی و بنیادی است که همه ارزش‌ها بر آن تکیه دارند

ارزش‌های خود را معین کنید.

ارزش‌های شما کدامند؟ چه چیز ها را تحمل نمی‌کنید؟ توانایی شما در مشخص کردن

ارزش‌ها، نقطه شروع ایجاد شخصیتی است که اشخاص تحت تأثیر آن بخواهند با شما ارتباط داشته باشند و سبب گردد که شما از زندگی لذت ببرید. وقتی از منش و شخصیت خوبی برخوردار باشید، تبدیل به یک انسان خوب می‌شوید. در نتیجه بدون توجه به هر آنچه در پیرامون شما می‌گذرد، درون خوبی پیدا می‌کنید

براساس ارزش‌های خود اقدام کنید

پس از آن که ارزش‌های خود را مشخص کردید، باید آنها را براساس اولویت‌ها طبقه بندی کنید. ارزش‌های شما همیشه در اعمال شما خودشان را نشان می‌دهند. بخصوص، کاری که تحت فشار انجام می‌دهید از اهمیت خاصی برخوردار است. انتخاب ارزش‌ها و ردیف‌بندی آنها در تعیین شخصیت شما در زندگی حائز اهمیت هستند

برای مثال: تصور کنید دو نفر هر کدام سه ارزش مربوط به خود را انتخاب کرده‌اند. ارزش‌های انتخاب شده مانند هم هستند، تنها الویت و ردیف‌بندی ارزش‌ها با هم تفاوت دارد

شخص (الف) به این نتیجه رسیده که سه ارزش اصلی او به ترتیب عبارتند‌اند از: خانواده، سلامتی و موقعیت شغلی. این شخص می‌گوید برای او خانواده مهم‌تر از سلامتی و شرایط شغلی اوست. سلامتی هم بر موقعیت شغلی مقدم است. این بدان معناست که اگر او مجبور شود میان خانواده و شغل خود دست به انتخاب بزند، خانواده همیشه مقدم واقع می‌شود.

شخص (ب) هم همین ارزش‌ها را دارد، با این تفاوت که نظم و ترتیب ارزش‌هایش متفاوت است. ارزش اول او کار و حرفه، ارزش دوم خانواده و سوم سلامتی است. این بدان معنی است که شخص (ب) کارش را مقدم بر خانواده‌اش می‌داند و کار و خانواده‌اش را بر سلامتی خود مقدم می‌شمارد

سؤال مهم

آیا شما ترجیح می‌دهید با شخص (الف) دوستی کنید یا با شخص (ب)؟

جواب این است که شخص (ب) که ارزش اول او کار و شغلش می‌باشد، انسانی

به کلی متفاوت از شخص (الف) است. نظم خانواده، سلامتی و شغل و حرفه یک سازمان سرشارکننده زندگی است. کسی که زندگی‌اش براساس این ارزش‌ها باشد، در مقایسه با کسی که شغلش را بر خانواده و بخصوص سلامتی‌اش مقدم می‌دارد، در شرایط بهتری قرار دارد. برایان تریسی در کتاب فکرتان را عوض کنید تا زندگی‌تان تغییر کند، در این رابطه می‌گوید: **"باید ردیف‌بندی ارزش‌هایتان را با دقت انتخاب کنید. ارزش‌های شما و تقدم این ارزش‌ها تکلیف زندگی شما را مشخص می‌سازد."** بالا ترین هدف شما یکی از نشانه‌های مهم صادق بودن با خود این است که هدف اصلی خود را آرامش ذهن در نظر بگیرید. صداقت و استحکام شخصیت بدین معناست که به خود و ندای درون خود گوش کنید. یعنی اینکه بپذبرید که زندگی شما در صورتی بهتر می‌شود که شما خود به همسر بهتری تبدیل شوید

رالف والدوامرسون، در رساله اتکای به خود، می‌گوید: **"از استحکام شخصیت خود به عنوان یک چیز مقدس پاسداری کنید."** او در جای دیگری اضافه می‌کند: **"چیزی به اندازه استحکام ذهن شما مقدس نیست."**

صداقت داشتن، یکی از لازمه‌های رشد منش و شخصیت است و باید یکی از هدف‌های اصلی زندگی باشد. ارسطو می‌گفت: **"هدف آموزش باید این باشد که رشد منش جوان را سبب شود."** بعضی از ارزش‌ها بر سرشاری زندگی می‌افزایند، اگر ارزشی مثبت باشند، زندگی کردن بر اساس آن، کیفیت زندگی شما را بهتر می‌کند و به روابط شما با دیگران عمق بیشتری می‌بخشد. برای خود معیارهای سطح بالا در نظر بگیرید امانوئل کنت می‌گفت: **"باید به گونه‌ای زندگی کنید انگار که هر اقدام شما یک قانون جهانی می‌باشد."**

برای مثال: قبل از اینکه تصمیم به عملی بگیرید، فرض کنید که دیگران هم همان اقدام شما را خواهند کرد. فرض را بر این بگذارید که عمل شما در حکم قانونی خواهد بود که همه به آن عمل خواهند کرد. از خودتان بپرسید: "اگر همه مانند من بکوشند، کشور من چگونه کشوری خواهد بود؟" به عبارتی اگر همه مانند من رفتار کنند، کشورم در چه شرایطی قرار می‌گیرد؟ سر انجام این سؤال را از خود بپرسید: "اگر همه افراد خانواده‌ام مانند من رفتار کنند، خانواده‌ام

به چه شکلی در خواهد آمد؟" آیا اگر همه افراد خانواده شما مانند شما باشند، خانواده‌تان محلی ایده‌آل برای زندگی خواهد بود؟

خلاصه مطالب و نتیجه‌گیری

شما از آن جهت عاشق کسی می‌شوید که دارای ارزش‌هایی است که شما آنها را ستایش و تحسین می‌کنید. صداقت میان زن و شوهر حکم می‌کند که آنها در همه مواقع با هم صادق، راحت و بهترین دوستان هم باشند.

"کاری کنید آنچه به ذهنتان می‌رسد، سودی عایدتان کند. کاری کنید به سود شما کار کند و نفعی به شما برساند. به شرایط و امور نه به آن شکلی که هستند، بلکه به آن شکلی که می‌خواهید باشند فکر کنید. صرفاً در رویا غرق نشوید، خلق کنید."

ماکسول مالتز

شما می‌توانید به سرعتی باور نکردنی مطالب را بیاموزید و بیش از حدی که می‌توانید تصورش را بکنید اطلاعات را جمع‌آوری نمائید. گفته می‌شود: **"وقتی یک تحصیل کرده می‌میرد، انگار که یک کتابخانه در آتش می‌سوزد."**

از دام دانستگی اجتناب کنید.

امروزه موفق‌ترین اشخاص، کسانی هستند که پیوسته بر یادگیری‌های خود می‌افزایند. این اشخاص خود را به روی ایده‌های نو و روش‌های جدید گشوده‌اند. اشتباه بزرگی که خیلی‌ها، و از جمله کسانی که از دانشگاه‌ها فارغ التحصیل شده‌اند، می‌کنند این است که فکر می‌کنند همه دانش موجود در یک زمینه را می‌دانند. گاه این اشخاص فکر می‌کنند آنچه می‌دانند تنها چیزهایی است که برای داشتن احتیاج دارند. ما به این **"دام دانستگی"** می‌گوییم. کسی که گرفتار این باور است، نمی‌داند و متوجه نیست که نمی‌داند. شروع درایت و دانستگی این است که متوجه شوید که نمی‌دانید. من با اشخاص هوشمند و موفق فراوانی ملاقات نموده‌ام در دولت‌های مختلف با جمعی از هوشمندترین زنان و مردانی صحبت کرده‌ام. وجه مشترک همه این افراد این است که هرگز تحت تاثیر هوش و فراست خود قرار نمی‌گیرند و خودشان را نمی‌بازند. در واقع، هر چه باهوش‌تر

و بـا مقاومات‌تـر می‌شـوند، فروتنـی بیـشتری پیـدا می‌کننـد

جواب‌ها تغییر می‌کنند.

همـه چیـزدان کسـی اسـت کـه احسـاس می‌کنـد دربـاره یـک موضـوع بـه همـه علـم و اطلاعـات واقـف اسـت. از کجـا می‌دانیـد کـه همـه چیـزدان هسـتید؟ بسـیار سـاده اسـت. وقتـی دسـت از مطالعـه بکشـید، بـه برنامه‌هـای آموزشـی توجـه نکنیـد و در دوره‌هـای آموزشـی ثبت‌نـام ننماییـد، بـه ایـن احسـاس رسـیده‌اید کـه همـه چیـزدان هسـتید

آلبرت انیـشتن بعـد از آنکـه آزمـون پیشرفتـه‌ای را میـان فـارغ التحصـیلان دانشـگاه برینسـتون توزیـع کـرد، در حالـی کـه بـه دفترش بـاز می‌گشـت، یکـی از دانشـجویان از او پرسـید: آیـا ایـن همان آزمونـی نیسـت کـه سـال قبـل بـه کلاس مـا دادیـد؟

دکتر انیشتن سری به علامت تأیید پایین آورد و گفت:

"بله، همان سؤالات سال قبل است، اما جواب‌ها تغییر کردند."

بـه همیـن شـکل، آگاهـی و علـم و اطلاع شما بـه سرعـت بـاور نکردنـی تغییـر می‌کننـد. آنچـه سـال گذشـته واقعیت داشـت، امـروز ممکـن اسـت حقیقـت نداشـته باشـد

پـیتر دروکـر، در کتـاب نـوآوری و کار فرمایـی می‌نویسـد، کـه بزرگتریـن پیشرفت‌هـا در نتیجـه **"موفقیت غیرمنتظره یا شکست غیرمنتظره"** حاصـل می‌شـود. اشـخاص برتـر هـر نتیجـه غیرمنتظـره را بررسـی می‌کننـد و آن را بـه عنـوان یـک تغییـر اصولـی بـه حسـاب می‌آورنـد. امـروزه در مقایسـه بـا هـر زمانـی تغییـرات وسـیع‌تری در پیرامـون شما در جریـان اسـت. ایـن تغییـرات می‌توانـد زندگـی خانوادگـی شما را متحـول سـازد. بایـد بـا چـشمان بـاز ایـن تغییـرات را پیگیـری کنیـد

دو عامل عمده که مانع و یا پیشرفت شما هستند.

۱- سایکو اسکلروسیس یا سخت شدن نگرش‌ها: ایـن ویژگـی کسـانی اسـت کـه سـخت و بی‌انعطـاف هسـتند و تغییرپذیـری ندارنـد. اشـخاص بـا ایـن خصوصیـت شـدیداً پایبنـد نگرش‌هـا و باورهـای خود باقـی می‌ماننـد و در برابـر هـر تلاشـی بـرای تغییـر ذهنیـت، مقاومـت می‌ورزنـد

۲- هومئوستاسیس یا روش مغایر و متفاوت اندیشیدن: انعطاف پذیر بودن است که به آن چشم انداز تطبیق پذیر می‌گویند. اشخاص با این خصوصیت، ذهن خود را به روی اطلاعات جدید می‌گشایند. آنها به ایده‌ها و نقطه نظرهای جدید توجه می‌کنند. آنها به جای اینکه چه کسی درست می‌گوید و اینکه چه چیزی درست است، می‌اندیشند. این اشخاص اگر کسی ایده جدید و جالب‌تری به آدم‌ها ارائه کند پذیرای آن می‌شوند. چند نکات مهم برای ایجاد پیوند مهرآمیز:

کنجکاو بودن و سلسله سؤالات کردن.

انعطاف پذیری (به شما توانمندی می‌دهد).

در تصمیمات بطور نظم‌دار برخورد کردن.

خالق بودن که حق مادرزادی شما است.

دنبال ایده جدید بودن با هوشمندی برای هدف بهبود بخشیدن به زندگی.

با افراد مناسب و مؤثر با مثبت‌ها و خالق‌ها صرف وقت کردن.

همه روزه مطلب خواندن.

طبل را به صدا در آوردن.

برای کسب درآمد بیشتر، بیشتر آموختن.

دانش قدرت است و اندیشه نامحدود.

اشتیاق و انگیزه باعث رشد و تقویت پویایی پیوند مهرآمیز می‌شود و این اشتیاق توسط عوامل بالا شکل می‌گیرد. گاهی زندگی ما را در روابط، به چالش وا می‌دارد تا قابل اعتماد و روابطی متعالی داشته باشیم.

قدردانی از کودک خلاق درون بولر می‌گوید: "نبوغ یعنی بازیابی کودکی!"

پیکاسو گفته است: "هر کودکی هنرمند است. مسئله این است که چگونه پس از بزرگ شدن، هنرمند باقی بماند."

آری، هنرمند بزرگ، چشمان کودک و بینش پیر خردمند را دارد. خلاقیت حق مسلم

ماست، حق حیات ما، با آن ما به دنیا می‌آییم. کودکان به طور طبیعی خلاقند و دارای تخیلی قدرتمند. ولی بزرگسالان، آنچه لازم دارند، این است که والدین نکوهشگر درون‌شان را چندی به مرخصی بفرستند، و فضایی ایمن بوجود آورند تا کودک خلاق درون بتواند نمایان شود و خودش را نشان بدهد. زیرا کودک خلاق درون می‌تواند نقاشی کند، برقصد، آواز بخواند، اختراع کند، بنویسد، کشف کند و هزاران کار دیگر... اگر چه والد نکوهشگر درون، همواره دل مشغول نیکو بنظر رسیدن و تسلط داشتن، هراسان از آن است که اجازه آزمایش و تجربه بدهد، چرا که ممکن است به **"خطا"** بی‌انجامد. اگر چه دم و باز دم و حیات کودک درون به همین آزمایش‌ها و تجربه‌ها بستگی دارد. باید به کودک درون اجازه داد که نامنظم و درهم و برهم باشد. به کشف امکانات تازه بپردازد و "اشتباه" هم بکند. در واقع، برای کودک خلاق درون **"خطا و اشتباه"** معنایی ندارد. آنچه وجود دارد، **"کشف کردن"** است همین و بس

به خودم اجازه می‌دهم که کودک درونم نمایان شود و می‌گذارم که احساس‌هایم را احساس کنم و بگویم که من خوبم!

هیچ گاه فکر کرده‌اید که اگر می‌شد، به اندازه دوران کودکیتان خلاق باشید، یا اگر می‌توانستید کودک خلاق درون خودتان را پرورش دهید چه می‌شد؟ اگر بینش‌ها و رویاهایی می‌داشتید و بجای اینکه آنها را غیرعملی بخوانید و رها کنید، آنها را متجلی می‌ساختید و به منصه ظهور در می‌آوردید، چه احساسی پیدا می‌کردید؟ همواره معتقد هستم که اگر می‌خواهید چیزی را بیاموزید، که در بچگی خواهان آن بودید، بهترین معلم آن را پیدا کنید.

به همین دلیل، خلاقیت را از بودن در کنار افرادی که کودک خلاق درونشان کاملا زنده و فعال بود بیاموزید، زیرا نبوغ راستین زاییده کودک بازیگوش و کودک خلاق درون است. کار کردن با مراجعی بعد از چندین جلسه، از او پرسیدم: از کودک درون بخواهید با دستی که بر آن تسلط ندارید تصویری بکشید. شاید بر مانعی غلبه کرده باشد، یا بر ترسی فایق آمده، شاید مهارت تازه‌ای آموخته باشد.

تصویر کودکی با دست‌های باز و خندان را ارائه داد. قدردانی از کودک خلاق درون، در واقع مراد دل کودک خلاق درون را کشف می‌کردیم. او اضافه کرد "به موسیقی

علاقه داشتم، همچنین به عشق و تفاهم"

رابطه کودک خلاق درون و حرفه شخص

من، در حرفه خودم ناگزیر بودم بارها و بارها با موانع خلاقیت دست و پنجه نرم کنم. والد نکوهش‌گر درونم بی‌رحمانه هرگونه کوششم برای نویسنده شدن را به باد تمسخر می‌گرفت. بدون تکنیک گفتگوی نوشتاری با کودک خلاق درونم، هرگز نمی‌توانستم کتاب بنویسم. هرگاه از من پرسیده‌اند چگونه می‌توانم بر موانع خلاقیتم فایق آیم، گفته‌ام: "با ایجاد فضای ایمنی و احترام برای کودک خلاق درون و مراقبت و حمایت مداوم از آن و رفتار درست و مؤثر با والد نکوهش‌گر درون بتواند نمایان و شکوفا شود."

دوباره با دستی که بر آن تسلط ندارید، بگذارید کودک خلاق درون‌تان تصویر خودش را در یکی از اوضاع و شرایط حرفه‌ای، در حالی که بسیار خلاق و نمایانگر ابداع و مظهر تخیل است بکشد.

گام بعدی این است که به خودتان اجازه نامنظم بودن بدهید. با سر انگشتان‌تان رنگ‌های متفاوت را بر کاغذ کاهی بی‌آزمایید. بسیاری از بزرگسالان قادر به این کار نیستند. شاید والد نکوهش‌گر درون‌تان داد بزند که این چه کار احمقانه و بچگانه‌ای است. در این مورد قلم و کاغذ بردارید و وارد گفتگو نوشتاری شوید. بگذارید والد نکوهش‌گر درون آنچه را که می‌خواهد بگوید. ولی به کودک بازیگوش درونتان نیز اجازه بدهید. با دستی که بر آن تسلط ندارید بپا خیزید و خواسته‌هایش را به گوش والد نکوهش‌گر درون‌تان برسانید. برای عشق ورزیدن و گرامی داشتن و ارج نهادن به کودک درونتان لازم است از هدایت‌گر معنوی و خود یاری بگیرید. دکتر لوسیا کاپاچیونه، کاشف و اقتدار نوشتن و نقاشی با دست غیرمسلط، روانشناس و درمانگر می‌گوید: **"شفای کودک درون باعث می‌شود، تا شادمانه گذشته را رها کنید، هشیارانه در این لحظه حضور یابید."** با این وجود همهٔ ما در درونمان کودکی داریم، که بخش احساسی و عاطفی وجود ماست. این کودک، بازیگوش، خلاق و خود انگیخته است. اگر چه اغلب اوقات زیر نقاب بالغانه‌ای که به چهره می‌زنیم، پنهان می‌ماند. کلیه انس و الفت در رابطه، شادابی و طراوت و تندرستی کشف گنجینه‌های درون و آگاهی از ضمیر نورانی

خویش، جملگی در دست‌های اوست. باید به شفای او بشتابیم. این کودک عزیز، بخش ارزشمند و نازنین وجودتان و منتظر توجه هوشیارانه شماست. برای بدست آوردن پویایی در پیوند مهر آمیز، لازم است از انتقال نارسایی‌هایی چون: غم و اندوه، ناامیدی، آزار عاطفی و یا جسمی، بیماری و خستگی و خشم‌ها از طریق شفای کودک درون به هم یاری رسانیم.

کودک خشمگین سخن می‌گوید:

بگذار نفرت‌انگیز باشم.

بگذار آواز بخوانم و "نه" بگویم.

بگذار غیر مسئول باشم جیغ بکشم.

بگذار داد و فریاد راه بیندازم، پا بکوبم، و از این کار خوشحال باشم.

آرامم کن تا بخوابم.

با من خوب باش.

نرم و شیرین و حمایت‌گر.

مواظب پول و ماشین و سایر چیزهایت باش و مرا به زور این طرف و آن طرف نبر.

همیشه مرا ببخش و بیادم بیاور که نفس بکشم.

به من فرصتی بده تا فریاد بزنم و آواز بخوانم تا بپرم و بدوم و برقصم و هر وقت که خواستم استراحت کنم.

کمکم کن تا به تعادل برسم، به تعادل!!

و خودم باشم.

متشکرم

صمیمیت بین زن و شوهر

خصیصه یک خانوادهٔ سرشار از عشق این است، که بین زن و شوهر صمیمیت

وجـود دارد. ایـن همان چیـزی اسـت کـه وقتـی هنـگام ازدواج **"بله"** گفتیـم در پـی‌اش بودیـم. مـا بـرای جنـگ و دعـوا عقدنامـه امضـاء نکردیـم. مـا نـام و امضـای خـود را بـه ایـن دلیـل پـای عقدنامـه گذاشـتیم کـه می‌خواسـتیم مـشترکاً بـه رویـای سـعادت خـود تحقـق ببخشـیم. مـا می‌خواسـتیم رابطـه‌ای نزدیـک و پیونـد مهرآمیـز داشـته باشـیم کـه ادامـه دوران نامـزدی مـا باشـد. در یـک کلام، مـا انتظـار صمیمیـت را داشـتیم. امـا بـرای بسـیاری از زوج‌هـا، وقتـی **"دوران عاشـقی"** بـه سر می‌رسـد صمیمیـت نیـز محـو می‌شـود. بسـیاری ازدواج‌هـا حتـی در می‌یابنـد کـه اصلا عقایـد متفاوتـی دربـاره خـود صمیمیـت دارنـد

(با سپاس از دو زوج مراجعین‌ام که به من این اجازه را دادند که بدون ذکر نام واقعی بتوانم مسائل‌شان را برای بیشتر روشن شدن مطرح کنم.)

تقریباً جلسـهٔ دوم مشـاوره‌مان تمـام شـده بـود کـه شـوهر نگاهـی بـه مـن کـرد و گفـت:
"اگر ما فقط بتوانیم رابطهٔ جنسی خوبی داشته باشیم همه چیز رو به راه می‌شود. اما وقتی رابطه جنسی نداریم من احساس می‌کنم که او اصلا به فکر من نیست و نمی‌توانم تا ابد به این وضع ادامه بدهم."

حـالا او لُـب مطلـب را گفتـه بـود. همـه چیـز روشـن بـود. می‌دانسـتم کـه حـالا راحـت شـده اسـت. بـه عنـوان یـک مشـاور احسـاس می‌کـردم کـه او علنـاً نیـاز خـود بـه صمیمیـت و نزدیکـی جنسـی را ابـراز کـرده اسـت. زن او در هـر دو جلسـه گفتـه بـود "مـا هیـچ کاری بـه کار هـم نداریـم" او همیشـه غایـب اسـت. قبلا همیشـه کارهـا را بـا هـم انجـام می‌دادیـم. امـا الان تقریبـاً هیـچ ارتباطـی نداریـم. مـا حتـی بـا هـم حـرف نمی‌زنیـم. او احساسـات مـرا درک نمی‌کنـد. وقتـی سـعی می‌کنـم از ناراحتی‌هایـم حـرف بزنـم فـوراً جوابـی می‌دهـد و از اتـاق خـارج می‌شـود. " زن در حسرت صمیمیـت و نزدیکـی عاطفـی می‌سـوخت. ایـن واقعیـت کـه آنهـا در دفتر مـن بودنـد نشـان مـی‌داد کـه عمیقـاً نگـران زندگـی زناشویی‌شـان هسـتند. آنهـا می‌دانسـتند اشـکالی در کار اسـت و اوضـاع خـود بـه خـود درسـت نمی‌شـود. در واقـع هـر کـدام آنهـا صمیمیـت می‌خواسـتند، امـا روی جنبـه متفاوتـی از صمیمیـت تمرکـز می‌کردنـد. شـوهر روی تمرکـز جنسـی و زن روی صمیمیـت عاطفـی. ایـن اختلافـات نامعلـوم نیسـتند. واقعیـت تکان‌دهنـده ایـن اسـت کـه بسـیاری از زوج‌هـا سـال‌های زیـادی را صرف محکـوم کـردن

یکدیگر کرده و از عدم صمیمیت طرفین مقابل شکایت کرده‌اند و نتوانستند راه خلق این صمیمیت را یاد بگیرند

صمیمیت چیست؟

واژه انگلیسی صمیمیت از واژه لاتین به معنی **درون** مشتق می‌شود. بنابراین صمیمیت یعنی دو نفر درون خود را به روی یکدیگر باز می‌کنند. صمیمیت یعنی ورود عاطفی، فکری، اجتماعی، فیزیکی و معنوی به زندگی یکدیگر. صمیمیت یعنی ارتباط و اتصال در عمیق‌ترین سطح ممکن به همه حوضهٔ‌های زندگی. وقتی با کسی صمیمی هستیم. فکر می‌کنم او نهایت خیر و صلاح ما را می‌خواهد، بنابراین بدون ترس از اینکه او از گفته‌های ما یا آنچه در ما می‌بیند سوء استفاده کند، وجود خودمان را و جزییات قلبی‌مان را به روی او می‌گشاییم

در یک ازدواج سالم، موضوع اصلی ما هرگز رقابت نیست بلکه همکاری است. ما در وجود یکدیگر جایگاهی برای آرامش، یک خانه یک خویشاوند و کسی را می‌یابیم، که به طرزی عمیق و استثنایی به او مرتبطیم. صمیمیت جنسی یکی از وجوه وحدت است. اما حوضه‌های عاطفی، فکری و معنوی زندگی را نمی‌توان از وجه جسمی جدا ساخت. این اشتباه زوجی بود که در دفتر کارم نشسته بودند. مرد و زن هر دو خواهان یک چیز هستند آنها می‌خواستند احساس نزدیکی با هم بکنند، احساس پذیرش کنند و احساس کنند که مورد محبت هستند. فرشته همچنان گریه می‌کرد. وقتی جعبه دستمال کاغذی را به دستش می‌دادم گریه‌کنان گفت: "من نمی‌فهمم. قبل از ازدواج صمیمیت زیادی با فریبرز احساس می‌کردم ما همه چیز را به هم می‌گفتیم. او فوق العاده ملایم، مهربان و دلسوز بود. او برای من شعر می‌گفت و گل هدیه می‌داد، اما حالا هیچ خبری از این‌ها نیست. واقعاً دیگر او را نمی‌فهمم. او مردی نیست که با او ازدواج کردم. به محض اینکه با هم صحبت می‌کنیم به جر و بحث می‌کشد. ما خیلی از هم فاصله گرفته‌ایم. می‌دانم او هم مثل من احساس بدبختی می‌کند. می‌دانم که او هم شاد و خوشبخت نیست. "چه بر سر صمیمیت فرشته و فریبرز آمده است؟"

صمیمیت چگونه از دست می‌رود؟

بسیاری از زوج‌ها آن را به صورت دیواری که به تدریج بین‌شان کشیده می‌شود

توصیـف کرده‌انـد. اجـازه دهیـد بگوییـم کـه دیـوار همیشـه آجـر بـه آجـر سـاخته می‌شـود. هـر بـار یـک آجـر. سـه هفتـه‌ای بـود کـه فرشـته و فـریبرز ازدواج کـرده بودنـد. همـه چیـز عالـی بـود تـا اینکـه بعـد از ظهـر پنجشـنبه‌ای فـریبرز بـه خانـه آمـد و گفـت: "عزیـزم ایـن هفتـه مـا پسرا قـراره بریـم ماهی‌گیـری." فرشـته: "ماهی‌گیـری؟ بـا پسرا؟ تـو متأهلـی."

حـالا فـریبرز: خـوب مسـلماً تـو فکـر نمی‌کنـی کـه چـون مـن ازدواج کـرده‌ام نبایـد بـرم ماهی‌گیـری. درسـته؟

فرشـته پاسـخ داد: "امـا تـو بـا ایـن کار تمـام تعطیلات آخـر هفتـه منـو تـو خونـه تنهـا مـی‌ذاری."

ایـن تجربـه مثـل گـذاشتن یـک آجـر در دیـوار بیـن آنهـا بـود. امـا آن روزهـا آنهـا هنـوز در **"دوره عاشـقی"** بودنـد و بنابرایـن بـر رنجـش و ناراحتی‌شـان غلبـه کردنـد. ظـرف چنـد روز اوضـاع بـه اول برگشـت. قضیـه بـه خوبـی و خوشـی تمـام شـد، امـا آجـر هنـوز آنجـا بـود. دو مـاه بعـد ماجـرای دیگـری اتفـاق افتـاد و آجـر دیگـری گذاشـته شـد. و بعـد آجـر دیگـری و بـاز هـم یـک آجـر دیگـر. مدتـی طـول نکشـید کـه دیـواری بنـا شـد کـه آنهـا هرگـز قصـد سـاخت آن را نداشـتند. صمیمیـت از بیـن رفتـه بـود و دیـوار نارضایتـی و دلسردی آن‌هـا را از هـم جـدا کـرده بـود

چگونه می‌توان صمیمیت را احیا کرد.

پاسـخ سـاده اسـت، امـا آسـان نیسـت. دیـوار بایـد خـراب شـود. لحظـه‌ای کـه شما خطاهـای خـود را شناسـایی کنیـد (بـا کمـک مشـاور یـا بـدون کمـک) و اعتراف کنیـد و از طـرف مقابـل طلـب بخشـش کنیـد دیـواری کـه در میـان شماسـت بـه لـرزه در می‌آیـد و فـرو می‌ریـزد. اگـر همسرتـان تصمیـم بگیـرد شما را ببخشـد و بـه نـوبهٔ خـود بـه خطاهـای خـود اعتراف کنـد دیـوار در هـر دو سـو فـرو می‌ریـزد. مـا بایـد یـاد بگیریـم کـه بـه محـض ایـن کـه خطایـی از سر زد بـه آن اعتراف کنیـم. امـا اگـر آمـاده باشـیم تـا بـه اشـتباهات‌مان اعتراف کنیـم و طلـب بخشـش کنیـم می‌توانیـم مانـع از بـر پـا شـدن دیوارهـا شـویم

گـری چاپمـن و درک چاپمـن در کتـاب **"نشانه خانواده سرشار از عشق"** در تعریـف

صمیمیت می‌نویسند: "صمیمیت چیزی نیست که ما ناگهان به چنگ بیاوریم و ما آن را تا آخر عمر مثل یک گنج حفظ کنیم. صمیمیت سیال است نه ایستا. فرآیندی که طی آن ما به صمیمیت می‌رسیم ارتباط است. ارتباط از دو عنصر ساده تشکیل شده است

اول، بیان افکار و احساسات خود و ابراز هر چه که در قلب و ذهن‌مان می‌گذرد. **دوم**، دریافت افکار و احساسات طرف مقابل به عنوان اطلاعات و سعی در درک آنچه دیگری می‌گوید و احساس می‌کند. و افکار و احساسات و تجارب خود را فاش می‌سازد، در حالی که دیگری گوش می‌دهد و سعی می‌کند او را درک کند فرآیند سادهٔ صحبت کردن و گوش دادن بانی و حافظ صمیمیت است. ما نمی‌توانیم ذهن دیگران را بخوانیم. ما می‌توانیم رفتار همسرمان را مشاهده کنیم، اما نمی‌دانیم چه افکار و احساسات و انگیزه‌هایی در پس این رفتار است. ما می‌توانیم گریه‌کردن دیگران را ببینیم اما نمی‌دانیم که چه چیزی باعث ریختن این اشک‌ها شده است. ما می‌توانیم رفتار خشمگینانه دیگری را ببینیم، اما نمی‌دانیم چه چیزی باعث این خشم شده است. تنها زمانی که ما افکار و احساسات مان برای یکدیگر بیان کنیم. می‌توانیم همچنان نسبت بهم احساس صمیمیت داشته باشیم. چرا این مهارت انسانی ساده حرف زدن و شنیدن اینقدر در چهارچوب ازدواج دشوار است؟ زمانی که ما با هم وعدهٔ دیدار می‌گذاشتیم ظاهراً در زمینه ارتباطات خبره بودیم. ما ساعت‌ها با هم حرف می‌زدیم و حرف می‌شنیدیم، اسرار درونی همدیگر را فاش می‌کردیم و احساسات‌مان را به طرزی گشوده و گاه شاعرانه بیان می‌کردیم. چرا این قابلیت ارتباط پس از ازدواج چنین دشوار می‌شود؟ علاوه بر آجرهایی که ما اجازه می‌دهیم ما را از هم جدا کند، دلایل دیگری برای شکستن ارتباط عاطفی و صمیمانه ما وجود دارد

موانع صمیمیت عاطفی کدامند؟

مدت‌ها پس از نابودی صمیمیت عاطفی بسیاری از زوج‌ها همچنان به این زبان صحبت می‌کنند. کی بچه ها را بیاورم؟ جلسه کی شروع می‌شود؟ امشب

بیرون غذا می‌خوریم یا خانه؟ برای تماشای برنامهٔ بچه‌ها چه ساعتی باید آنجا باشیم؟ آیا امروز لباس‌ها را از خشکشویی می‌گیری؟ من می‌خواهم سگ را ببرم هواخوری

این نوع صحبت از اطلاعات موجود می‌تواند مدت‌ها پس از صمیمیت عاطفی، فکری، و روحی و جنسی ادامه پیدا کند و اغلب هم ادامه پیدا می‌کند. اما صمیمیت با این گونه صحبت‌های سطحی و مصنوعی تقویت نمی‌شود. صمیمیت در شور و احساس، عواطف، افکار و تجارب ما ریشه دارد. آمال و آرزوها و یأس‌ها و نومیدی‌های ما ریشه آن است. چه چیزی مانع از جریان آزاد ارتباط در این سطح عمیق‌تر عاطفی می‌شود؟ اجازه دهید چند مانع معمول را نام ببرم. **"یکی از دلایلی که ما درباره احساسات‌مان بحث نمی‌کنیم این است که از آنها آگاه نیستیم."** ما با احساساتمان در تماس نیستیم. به هر دلیلی که هست بعضی از ما یاد گرفته‌ایم که عواطف مان را انکار کنیم. شاید کسی در اوایل زندگی‌مان این باور را در ما ایجاد کرده که عواطف ما پذیرفتنی نیستند

شاید والدین ما گفته‌اند "عصبانی نشو، آروم باش".

* عده‌ای دیگر در دوران کودکی درد عاطفی عمیقی را تجربه کرده‌اند، که بر زندگی آنها در بزرگسالی تأثیر بسیار داشته است.* درد جدایی والدین، خاطره بد رفتاری جسمی یا آزار جنسی، غم و اندوه ناشی از مرگ نا به هنگام یکی از والدین، این گونه تجارب درد عاطفی هرگز در ذهن کودک حل و فصل نشدند. احساسات در اعماق وجود فرد مدفون می‌شود. او حیات فکری خود را از حیات عاطفی خود جدا ساخته و دیگر تماسی با احساساتش ندارد. وقتی از این شخص می‌پرسید: "درباره بیماری مادرت چه احساسی داری؟" پاسخش این است: "هیچ احساسی ندارم. فقط امیدوارم خوب بشود." او از پاسخ به این پرسش طفره نمی‌رود. فقط تماسی با وجه عاطفی وجودش ندارد.

---

* (لطفاً رجوع کنید به مقاله من در دو شماره قبل دانشمند و یا به بسایت من مراجعه کنید)

برای اینکه این فرد شفا پیدا کند، و سلامت خود را باز یابد، احتمالا به کمک یک مشاور خبره نیاز دارد. سرزنش‌های همسر در مورد این که او از عواطفش حرف نمی‌زند فایده ای به حال او ندارد

دلیل دیگری که ما از صحبت کردن در مورد عواطف‌مان اکراه داریم، این است که از واکنش همسرمان می‌ترسیم. ما می‌ترسیم که او احساسات ما را محکوم کند، یا بگوید که نباید چنین احساسی داشته باشیم، از دست‌مان عصبانی بشود و ما را طرد بکند. علت ترس ما هم ممکنه ریشه در کودکی خودمان داشته باشد. این ترس‌ها مانع دیگری بر صمیمیت عاطفی ایجاد می‌کنند. ما برای غلبه بر این ترس‌ها ابتدا باید آن‌ها را تشخیص بدهیم و به آن‌ها اذعان کنیم. تنها زمانی که ما با این ترس‌ها بطور علنی مواجه شویم می‌توانیم بر آنها فائق شده و فارغ از ترس عمل کنیم

دلیل دیگر که برخی افراد در مورد عواطف‌شان حرف نمی‌زنند این تصور نادرست است، که بعضی از عواطف قابل قبول نیستند. برخی اشخاص در کودکی آموخته‌اند، که عواطفی چون خشم، ترس و افسردگی درست نیستند و آدم‌های خوب چنین احساساتی ندارند. بنابراین با انکار عواطف و احساسات کل ساختار زندگی زناشویی او بر مبنای عدم ابراز عواطف استوار است.

اما دلیل دیگری هم هست که سبب می‌شود تا بعضی‌ها از عواطف خود با همسرشان حرف نزنند. **"من نمی‌خواهم همسرم را درگیر کشمکش‌های عاطفی خودم شریک کنم."** این گفته در ظاهر نشانهٔ دلسوزی برای شخص دیگر است. اما در یک رابطه سالم، بحث عواطف با ید دو طرفه باشد. اگر ما عواطف منفی و احساس رنجش و آزار خود را بیان نکنیم فرد مقابل چگونه می‌تواند از ما حمایت کند؟ ما همسرمان را از فرصت صمیمیت با ما و سهیم شدن در ناراحتی‌مان محروم می‌کنیم. این تسهیم مکنونات درونی همان تار و پودی است که با آن صمیمیت در ازدواج را می‌بافیم. این همان چیزی است که در آغاز ازدواج

آرزویش را داشتیم. بی آن، کل رابطه به نابودی می‌رود. این چیزی است که برای یک خانواده سرشار از عشق بی‌نهایت مهم است. این چنین رابطه‌ای نیاز درونی زوجین را برآورده می‌سازد. اگر خانواده دارای فرزندانی باشد، بهترین الگوی ممکن را از یک خانواده سالم به آنان نشان می‌دهد

تأثیر روابطه صمیمیت در پیوند مهرآمیز

از آنجایی که آرزو صمیمیت در زندگی زناشویی ریشه‌های عمیق در روح و روان ما دارد، بر تمام جوانب زندگی خانوادگی اثر می‌گذارد. اولاً بر طرز زندگی زن و شوهر ثانیاً رفتار آنها نسبت به کودکان اثر می‌گذارد. وقتی بین زن و شوهر احساس صمیمیت وجود داشته باشد، محیط سالمی ایجاد می‌شود که برای پرورش فرزندان مناسب و سازنده است. وقتی چنین محیطی موجود نباشد، زخم‌های ناشی از آن شاید یک عمر در بچه‌ها باقی بماند

دکتر درک و گری چاپمن، نویسنده کتاب "پنج زبان عشق" می‌گوید:

وقت و تلاش که صرف ایجاد صمیمیت در زندگی زناشویی‌تان برای حفظ پیوند مهرآمیز می‌کنید، یک سرمایه‌گزاری عاقلانه جهت سلامت عاطفی و جسمی فرزندان‌تان است. در واقع کمتر چیزی می‌تواند ثمره این چنین بزرگ برای فرزندان‌تان داشته باشد. صمیمیت زن و شوهر زندگی فرزند را از احساس امنیت برخوردار می‌سازد.

درک صمیمیت در زندگی زناشویی

موانعی که ما درباره‌اش صحبت کردیم سدهایی هستند، که چنانچه در پی ایجاد صمیمیت باشیم، باید با آن مقابله کنیم در یک رابطه مهرآمیز و عاشقانه، ما این‌ها را موانع عادی می‌شماریم و بطور باز و علنی درباره آن صحبت می‌کنیم و راه‌هایی برای عبور از موانع می‌یابیم. ما فضای اعتمادی می‌آفرینیم که در آن می‌توانیم به راحتی بگوییم: "من چیزی می‌خواهم به تو بگویم اما می‌ترسم

مرا محکوم کنی." اما از آنجایی که می‌خواهم با تو صمیمی باشم و می‌خواهم رابطه‌مان رشد کند، علیرغم ترسم این را به تو می‌گوییم: "ما برای این ازدواج نکردیم که، بهتر بتوانیم غذا بپزیم، ظرف بشوییم، لباس بشوییم، اتوموبیل برانیم و بچه بزرگ کنیم. ما ازدواج کردیم زیرا از صمیم قلب می‌خواستیم انسان دیگری را بشناسیم و انسان دیگری ما را بشناسد، به دیگری عشق بورزیم و انسانی به ما عشق بورزد. به اتفاق هم زندگی را غنی‌تر از زمان مجردی تجربه کنیم. از آنجایی که ما برای این نزدیکی و صمیمیت ارزش قائلیم می‌خواهیم با دقت و حوصله موانع را از سر راه برداریم

گری چاپمن در این رابطه به پنج عنصر اساسی یک رابطه نزدیک و صمیمی اشاره می‌کند

- ما افکارمان را بیان می‌کنیم (صمیمیت فکری).

- از احساسات‌مان سخن می‌گوییم. (صمیمیت عاطفی).

- با یکدیگر وقت می‌گذرانیم و از اتفاقاتی حرف که وقتی با هم نبودیم رخ داده است (صمیمیت اجتماعی)

- دل و جان‌مان به روی یکدیگر می‌گشاییم (صمیمیت روحی).

- جسم‌مان را به یکدیگر می‌بخشیم (صمیمیت جسمی). در زندگی واقعی هرگز نمی‌توان این بخش‌ها را از یکدیگر مجزا ساخت، اما ما با هدف یادگیری آن‌ها در اینجا هر یک را بطور جداگانه مورد بحث قرار می‌دهیم

درک صمیمیت فکری

هنگامی که ما بیدار هستیم در دنیای ذهن زندگی می‌کنیم. ما مدام فکر می‌کنیم و بر اساس این افکارمان تصمیم می‌گیریم. علاوه بر پردازش چیزهایی که با حواس پنج گانه‌مان تجربه می‌کنیم،

ذهن می‌تواند به گشت و گذار بپردازد. اگر ما بخواهیم به صمیمیت دست یابیم باید برخی از این افکار را برای یکدیگر فاش کنیم. چنانچه نخواهیم افکارمان را با دیگری در میان بگذاریم مرگ صمیمیت قطعی است. وقتی من از صمیمیت

فکری حرف می‌زنم منظورم بحث بسیار فنی و روشن‌فکرانه نیست. نکته مهم، بحث افکار شماست. این افکار ممکنه روی مسائل مالی، غذا، نژاد، بهداشت ولی به هر حال افکار شما هستند. وقتی دو ذهن با یکدیگر ارتباط برقرار می‌کنند صمیمیت فکری بنا می‌شود. این هنر صمیمیت فکری است. ما از فهم حرکات درونی ذهن همسرمان لذت وافر می‌بریم. این جوهر صمیمیت فکری است

درک صمیمیت عاطفی

احساسات پاسخ‌های خود جوش و عاطفی ما به چیزهایی هستند، که با حواس پنج‌گانه خود دریافت می‌کنیم. شما دست مرا می‌فشارید و من احساس محبت می‌کنم. من لبخند شما را می‌بینم و احساس می‌کنم که تشویق شده‌ام. همین بحث عواطف است که صمیمیت عاطفی را می‌سازد. صمیمیت عاطفی یعنی که به شخص دیگری اجازه ورود به دنیای درونی احساسات خود را بدهید. یعنی به او بگویید "من امشب می‌ترسم" یا "امشب من خوشحالم". این گفته‌ها احساسات ما را فاش می‌کنند. ما با این گفته‌ها می‌خواهیم با همسرمان صمیمی باشیم و برای او فاش کنیم که در دنیای عاطفی‌مان چه می‌گذرد. یادگیری صحبت دربارهٔ عواطف‌مان می‌تواند یکی از ثمر بخش‌ترین تجارب زندگی باشد. بحث احساسات مثبت‌مان باعث می‌شود تا به دنیای شادی‌های فرد مقابل گام بگذاریم و باعث تشدید لذت همدیگر بشویم. و در نتیجه بحث عواطف بخشی از جریان عادی زندگی به شمار می‌آید

درک صمیمیت اجتماعی

صمیمیت اجتماعی یعنی صرف وقت با یکدیگر و صحبت درباره وقایع زندگی. بخش اعظم زندگی ما حول وقایعی می‌چرخد، که طی روز برایمان رخ می‌دهد، حرف‌هایی که مردم بما می‌زنند یا کارهایی که برای‌مان انجام می‌دهند

برای مثال: در سرکار ما را تشویق می‌کنند، پسرمان در ریاضی کم آورد، دخترمان ناخوش احوال از مدرسه به خانه می‌آید. زندگی ترکیبی از رویدادهای معمول و غیرمنتظره است. بسیاری از این رویدادها زمانی رخ می‌دهند، که ما از همسرمان جدا هستیم. وقتی ما با زبان خود این وقایع را تعریف می‌کنیم احساس می‌کنیم که بخشی از تجربه یکدیگر هستیم و به افق زندگی‌مان گسترش می‌دهیم.

تعریف کردن وقایع روزمره اغلب اوقات به بحث افکار و احساسات می‌انجامد. ما با یکدیگر می‌گوییم که رویدادهای زندگی را چگونه تعبیر می‌کنیم

من طی سال‌ها برگزاری سمینارها **"پویایی در پیوند مهرآمیز"** حاضرین را تشویق کرده‌ام، که **"گفتگوی روزانه"** را با همسرشان را تمرین کنند و طی آن هر کدام حداقل **"سه اتفاق امروز"** را برای دیگری تعریف کنند و از احساس‌شان به دیگری بگویند. بسیاری از زوج‌ها با انجام این تمرین روزانه متوجه شده‌اند که اوقاتی که صرف این گفتگو می‌کنند بهترین اوقاتشان در روز است و در این لحظات است که واقعاً صمیمیت اجتمایی را تجربه می‌کنند

اما وجه دیگری از صمیمیت اجتماعی هست که مستلزم انجام فعالیت‌های مشترک مانند رفتن به سینما، یا شرکت در رویدادهای ورزشی، کاشتن نهال در حیاط یا خرید کردن و رفتن به پیک نیک در پارک یا حتی کنار ساحل می‌تواند برنامه خوبی برای یک روز ابری دل‌گیر باشد. کار گروهی زنده‌ترین خاطرات ما را تشکیل می‌دهند. در یک خانواده سرشار از عشق، صمیمیت اجتماعی جزو ذات زندگی است. قطعاً کمبود وقت، فشارهای روحی و موانع متعدد در زندگی هست اما هم زن و هم شوهر باید آگاهانه تلاش کنند و کارهایی را به اتفاق هم انجام بدهند که یکی یا هر دوی آن‌ها از آن لذت ببرند

درک صمیمیت روحی

صمیمیت روحی و معنوی به این معنا نیست، که در مورد تک تک جزئیات باید با هم موافق باشیم. همانند سایر حوزه‌های مربوط به صمیمیت، ما به دنبال این هستیم که به یکدیگر بگوییم در دنیای درون ما چه می‌گذرد. وقتی ما در مورد عواطف‌مان حرف می‌زنیم، و از افکار و تجارب‌مان می‌گوییم، که شخص مقابل تا این لحظه نمی‌دانست. همین روند در ایجاد صمیمیت روحی رخ می‌دهد. هر یک از ما افکار، تجارت و احساسات و تعابیر شخصی خودمان از امور معنوی را به دیگری می‌گوییم. هدف کسب توافق نیست بلکه درک یکدیگر است. مسلماً اگر عقاید اصلی ما یکی باشد، سطح توافق فکری‌مان بالا خواهد بود، اما حتی در این صورت نیز تجارب ما، عواطف ما و تعابیر ما از امور روحی و معنوی همیشه یکسان نخواهد بود

دکتر گری چاپمن می‌گوید:

- "صمیمیت روحی یعنی صحبت از افکار و عقاید خود در مورد واقعیات معنوی و روحی"

- "صمیمیت روحی فقط با ارتباط کلامی تقویت نمی‌شود، بلکه با تجربه مشترک نیز تحکیم می‌گردد."

درک صمیمیت جسمانی

گریسون کلر گفته: **" از آنجا که زنان و مردان به لحاظ جنسی متفاوت هستند ما اغلب از راه‌های متفاوتی به صمیمیت جنسی دست می‌یابیم. نگاه کردن، لمس کردن، احساس کردن، نوازش کردن و اوج لذت در رابطه جنسی در کانون توجه او قرار دارد".** این عمل به لحاظ جسمانی هیجان انگیز، شادی بخش، و رضایت بخش است. از روی دیگر زن با تأکید بر وجه عاطفی به صمیمیت جنسی می‌رسد. احساس محبت، توجه، پذیرش، ستایش و ملاطفت همسر سبب لذت عظیم زن می‌شود. اگر پیش از عمل جنسی، زن مهر و محبت ببیند و کلام تائیدآمیز بشنود و در یک کلام واقع احساس عشق کند، آنگاه تجربه جنسی برای او صرفاً ادامه لذت عاطفی خواهد بود. او نیز از ارتباط جنسی لذت می‌برد. لذت او از نزدیکی عاطفی‌ای، که با همسرش حس می‌کند ناشی می‌شود. بسط صمیمیت در زندگی زناشویی خودتان در هر موقعیتی که باشید از امروز می‌توانید دست بکار شوید و صمیمیت بیشتری در زندگی خود خلق کنید. شما دو تن در خانواده خونی خود چه الگویی از صمیمیت در زندگی زناشویی داشتید؟ میزان صمیمیت والدین‌تان (صمیمیت فکری، عاطفی، اجتماعی، روحی و جسمی) از صفر تا ده امتیاز بدهید. ده یعنی بیشترین صمیمیت ممکن و صفر یعنی عدم صمیمیت. همسرتان را تشویق کنید که همین کار را در مورد والدینش بکند. در مورد نمراتی که به والدین‌تان داده‌اید با همدیگر بحث کنید. این امر به هر دوی شما کمک می‌کند تا الگوی صمیمیت را که با خود به زندگی زناشویی‌تان آورده‌اید، کشف کنید و سپس چه تاثیری در صمیمیت زندگی زناشویی گذاشته

حالا بیاید ارکان الگوی صمیمیت خودتان را بررسی کنید. به حق یکدیگر برای

برخورداری از عقیده متفاوت احترام بگذارید. سعی نکنید یکدیگر را قانع کنید که عقیده خودتان درست است. احترام به حقوق انسانی یکدیگر یعنی هرکس می‌تواند افکار، عواطف و تعابیر خود را از زندگی داشته باشد. چنانچه میزان صمیمیت‌تان کمتر از سال اول ازدواج‌تان است مأیوس نشوید. بخاطر داشته باشید صمیمیت یک فرآیند است. شما می‌توانید امروز سطح صمیمیت‌تان را بالا ببرید. قبل از همه به گذشته نگاه کنید و مقطعی را پیدا کنید که معتقدید که صمیمیت‌تان از آنجا رو به کاهش رفته است. ببینید چه اتفاقی افتاد. چه تجارب ناراحت کننده و زیان باری بین شما دیوار کشیدند. هدف شما این نیست که همسر شما بهای خطاهای گذشته را بپردازد. هدف این است که به همسرتان بگویید چه موانعی باعث ایجاد فاصله بین شما دو تا شده است. وقت‌تان را حدر ندهید تا دیگری را قانع کنید که تصور او غلط است. به همسرتان آزادی انسان بودن ببخشید. صادقانه به همسرتان بگویید **"من درک می‌کنم که اون واقعه ناراحتت کرد و صمیمانه متأسفم. دلم می‌خواهد مرا ببخشی"** دیوارها را می‌توان آجر به آجر خراب کرد، درست همانطور که آنها ساخته شدند. ما نمی‌توانیم گذشته را محو کنیم اما می‌توانیم به خطاهامان اعتراف کنیم و می‌توانیم طرف مقابل را نیز ببخشیم. با همین فرآیند اعتراف و بخشش است، که دیوارها فرو می‌ریزند. بعد از استفاده با این تمرین با یک زوج مراجعین‌ام: سهیل و شهال، یک روز در دفترم اینطور تعریف می‌کردند، سهیل گفت: " یکبار وقتی من به مدت چند روز از خانه دور بودم صبح با این احساس گناه بیدار شدم که یادم رفته بود روز قبل یعنی سالگرد ازدواج‌مان به زنم تلفن بزنم. گوشی را ور داشتم به زنم زنگ زدم و بسیار عذرخواهی کردم و منتظر پاسخ سردی بودم که فکر می‌کردم مستحقش هستم." شهال گفت: "تو رو بخشیدم!" با خودم فکر کردم نه غیرممکن است، به این سادگی نیست. بنابراین دوباره معذرت خواستم و او دو باره گفت: "تو را بخشیدم" شهال راز انهدام دیوار را در جلسه مشاورت فرا گرفته بود. وقتی دیوارها فرو ریختن، شما آزاد می‌شوید تا صمیمیت جدیدی خلق کنید، که به رویاهای اول ازدواج‌تان نزدیک باشد.برنامه مؤثری پنج هفته‌ای که برای بسط صمیمیت در زندگی زناشویی است با شهال و سهیل کار کردم. برای افزایش صمیمیت در این حوزه از روابط مان چه کار می‌توانیم بکنیم؟ براساس این بحث می‌توانید روی اتخاذ چند گام مثبت جهت رشد صمیمیت‌تان توافق کنید. گام‌هایی که هر دوی

شما بـر خواهیـد داشـت، بـه زمـان و تلاش هـر دوی شما نیـاز دارد. امـا پاداش‌هـای آن تغییـر مانـدگار ایجـاد خواهـد کـرد

در اینجـا بـرای روشـن شـدن ذهن‌تـان چنـد ایـده بـا کمـک از کتـاب "۲ زبـان عشـق" را مطـرح می‌کنـم:

- همـراه یکدیگـر یـک برنامـه تلویزیونـی را تماشـا کنیـد و سـپس از آن دربـاره برنامـه بحـث کنیـد. و بپرسـید کـه پیـام ایـن فیلـم چـه بـود؟ چـه چیـزی بـه نظرتـان جالـب آمـد و چـرا؟

- کتابـی پیرامـون ازدواج بخوانیـد. هـر هفتـه یـک فصـل بخوانیـد و بـه یکدیگـر بگوییـد از ایـن فصـل چـه چیـزی دربـاره خودتـان یـاد گرفته‌ایـد. ایـن نـوع گفتگوهـای هدفمنـد چنانچـه طـی یـک دوره زمانـی انجـام شـود، صمیمیـت فکـری را بیـشتر می‌کننـد. می‌خواهـم تأکیـد کنـم کـه موفقیـت در کسـب صمیمیـت فکـری بـر پایـه ایـن فـرض اسـتوار اسـت کـه مـا بـه حـق یکدیگـر بـرای فکـر کـردن آزادانـه احترام می‌گذاریـم. حتـی اگـر افـکار طـرف مقابـل باعـث بـروز عواطـف منفـی در درون مـا شـود. وقتـی می‌گوییـم ایـن فکـر جالبیـه، میشـه بیـشتر توضیـح بـدی؟ صمیمیـت فکـر مـا بیـشتر می‌شـود. مراقـب باشـید تـا بـا گفته‌هـای محکـوم کننـده یـا حـالات چهـره خـود در برابـر همسرتـان جریـان تبـادل افـکار را بنـد نیاوریـد. گفتگـو مهرآمیـز یعنـی بـا عقایـد هـر کـس همان گونـه کـه هسـت برخـورد کنیـم، و هـر کـس را بخاطـر عقایـدش مـورد قضـاوت منفـی قـرار ندهیـم

- فهرسـتی از کلماتـی کـه بیانگـر احساسـات مثبـت هسـتند تهیـه کنیـد مثـل: شـاد، هیجـان زده و بـکار ببریـد، وقتـی فهمیـدم شرکـت روز جمعـه تعطیـل اسـت احسـاس خوشـحالی کـردم. دانیـل اولیـه ری و ترنـس ویلسـون در کتـاب **"رفتـار درمانـی"** در ایـن رابطـه می‌نویسـند

"بـه خاطـر داشـته باشـید، کـه در یـک خانـواده سرشـار از عشـق مـا بـه یکدیگـر اجـازه می‌دهیـم کـه عواطـف خـود را داشـته باشـیم و بـه یکدیگـر آزادی ابـراز ایـن عواطـف را می‌دهیـم. هـدف مـا ایـن اسـت کـه بـا دیگـری هـم چـون یـک انسـان رفتـار کنیـم و درصـدد درک و پاسـخگویی مناسـب برآییـم."

هدف ما فقط این نیست که در آشتی زندگی کنیم، هدف ایجاد یک رابطه قوی، نزدیک و صمیمیانه است. این جو بیان آزادانه افکار، احساسات، تجارب و آرزوهای ما فضای سلامی خلق می‌کند که افراد می‌توانند کشمکش‌های خود را حل و فصل کنند و با درک افکار و عواطف یکدیگر به راه حل مناسب برسند. چنانچه کشمکش‌ها به طرزی معقول و بالغانه حل و فصل شود هرگز نمی‌تواند صمیمیت را نابود کند. در واقع کشکمش می‌تواند صمیمیت را افزایش دهد، اما فقط در صورتی که هر دو طرف نگرش پذیرا، غیرمحکوم کننده و حمایت‌گری داشته باشند.

بسط صمیمیت اجتماعی

صمیمیت اجتماعی از طریق انجام کارهای مشترک تقویت می‌شود. رویدادهایی که هر دوتان در آن شرکت دارید را یادداشت کنید فهرست‌تان را با هم مقایسه کنید چه فعالیت‌هایی را دوست دارید در آینده با هم انجام بدهید؟ (شامل: مسابقات ورزشی، تئاتر، برنامه‌های مدرسه، مهمانی‌ها، با هم به خرید رفتن، سفرهای کوتاه آخر هفته، بیرون نهار یا شام خوردن و بازی‌های دو نفره پشت میزو...) درباره رویدادهایی که بیشتر از همه از آن لذت برده‌اید و علت آن صحبت کنید. اگر علایق اجتماعی متفاوتی با یکدیگر دارید به نوبت برنامه بگذارید که مطابق میل یکی از شما باشد. زمانی که وارد دنیای علایق یکدیگر می‌شوید، نه تنها دنیای تجارب خودتان گسترده‌تر می‌شود بلکه ثمره دیگران احساس صمیمیت اجتماعی بیشتر خواهد بود. اگر شوهرتان فوتبال بازی کند و زن به تماشای بازی او بنشیند و بس از آن هر دو با هم بخوردن نهار بیرون بروند، آنها یک رویداد و ملاقات اجتماعی را تجربه کرده‌اند. هر چند در اکثر اوقات به طور فیزیکی کنار هم نبوده‌اند. اگر هر دو به دیدار والدین‌تان بروید این نیز یک رویداد است که صمیمیت اجتماعی را تقویت می‌کند. برای اینکه علایق هر دو نفرتان در نظر گرفته شود هر بار برنامه مورد علاقه یکی اجرا بشود. علایق زن و علایق شوهر را با تفاهم از قبل تهیه کنید

بسط صمیمیت روحی

در زمینه روحی تا چه حد خود را به همسرتان نزدیک احساس می‌کنید؟ تا چه

حد خود را در ابراز عقاید و باورهای‌تان آزاد احساس می‌کنید؟ اگر هر دوی شما موافق بودید که هنوز جا برای رشد است آن وقت می‌توانید عقیده خاص خود را داشته باشد که باید به یکدیگر آزادی تفکر بدهید و بپذیرید که هر کس می‌تواند عقیده خاص خود را داشته باشد. همانند سایر حوزه‌ها، هدف شما از صحبت کردن این نیست که دیگری را قانع کنید تا دنیا را مانند شما ببیند بلکه فهم آن چیزی است که در درون شخص دیگر می‌گذرد. هدف شما کسب صمیمیت است نه الزاماً توافق

بسط صمیمیت جسمی

ضمن ارزیابی از زندگی زناشویی‌تان تمرکز کنید و بپرسید: "ما چطور می‌توانیم از صمیمیت جسمی بیشتر لذت ببریم؟" بسیاری از زوج‌ها می‌دانند که اگر صمیمیت جسمی آنها افزایش بیابد بطور کلی میزان صمیمیت آنها در زندگی مشترک عمیق‌تر خواهد شد. ما باید یکدیگر را جدی بگیریم هدف ما وادار کردن دیگری به دوست داشتن‌مان نیست. هدف این است که آرزوهای یکدیگر را بدانیم و سعی در برآوردن ساختن آنها بکنیم. در هیچ جا به اندازهٔ صمیمیت جسمی و جنسی نگرش عشق مهم نیست. اگر ما سلطه‌جو و طلبکار باشیم هرگز به صمیمیت جسمی نمی‌رسیم. این صمیمیت حاصل نزدیکی عاشقانه و سرشار از مهر است

پاسخگویی به پرسش‌های ذیل و بحث در مورد آن‌ها به مراجعین‌ام کمک کرد که به سمت صمیمیت جسمی هدایت شوند امیدوارم با سهیم کردن الگوی رفتاری آن همان تأثیر را شما حس کنید

چه چیزی را در الگوی فعلی رابطه جنسی خود دوست دارید؟

چه چیزی در این الگو دوست ندارید؟

همسرتان چه کاری می‌تواند بکند یا نکند یا چه چیزی می‌تواند بگوید که صمیمیت جنسی زندگی را به سوی پیوند مهرآمیزتر بهبود ببخشد؟

چه چیزی به شما هیجان جنسی می‌بخشد؟

چه چیزی شور و هیجان‌تان را به خاموش می‌کند؟

اگر می‌توانستید چیزی را در زندگی جنسی‌تان تغییر دهید چه کار می‌کردید؟

کلیفورد جویس در کتاب معروف "موهبت سکس" می‌گوید:

مهم ترین اندام جنسی بدن مغز آدم است. شیوه تفکر ما تأثیر عمیقی بر زندگی جنسی ما و طرز واکنش‌مان نسبت به یکدیگر دارد. برخورداری از یک نگرش جامع نسبت به جنسیت مان اغلب اوقات گام اول در برقراری صمیمیت جنسی و بسط آن است. در اینجا به دو مثال‌هایی از مراجعین‌ام می‌پردازم که بعد از سال‌های اتمام تراپی در حفظ روابط سالم خود پیاده کردند. فریدون: "هرگز نمی‌توانم ارزش و اهمیت روابط خصوصی خودم را با ملکه آن طور که شایسته است برایتان شرح دهم. سال‌های زیادی هر دو مدتی را هر روز با هم خلوت می‌کردیم. با موتورسیکلت به گردش می‌رفتیم. زمانی را دور از بچه‌ها، تلفن، دفتر کار و خانه و افراد دیگر و هر چیز دیگری که می‌توانست ما را مشغول کند می‌گذراندیم. با موتورسیکلت از تپه ها بالا می‌رفتیم و فقط حرف می‌زدیم. ما مسائلی را که در زندگی‌مان جریان داشت، مطرح می‌کردیم. درباره هر موضوع یا نکته مهمی بحث می‌کردیم. وقتی که نمی‌توانستیم با هم باشیم، از طریق تلفن اغلب چند بار در روز با یکدیگر حرف می‌زدیم. این گفتگو پر بار و این روابط تک به تک غنی، شالوده ازدواج است و به قدری ازدواج را نیرومند می‌سازد که سبب می‌شود، هر دو با عشق و احترام عمیق نسبت بهم و با احساس شکوهمند اتحاد و یگانگی پا به عرصه خانواده بگذاریم و به ما کمک می‌کند تا بیش از پیش بسوی یکدیگر جذب شویم و هرگز از هم دور نشویم." مسعود و ناهید هر شب جمعه آنها ترتیبی می‌دادند تا وقتی که در حال تبادل افکار با هم هستند کسی از بچه‌ها مراقبت کند. (لطفاً از حضور داشتن والدین طرفین در شهرتان در این موارد کمک بگیرید) آنها برای صرف شام، دیدن برای فیلم یا بازی به بیرون می‌رفتند یا در کوهستان به عکس‌برداری از گل‌های وحشی می‌پرداختند. همچنین آنها یک یا دو بار در سال به یک محل خلوت می‌رفتند. وقتی که در ساحل شنی دریا با پای برهنه قدم می‌زنند و امواج دریا را تماشا می‌کنند رسالت

نامه ازدواج را مرور می‌کنند و به اهداف سال‌های آتی می‌پردازند و سپس شاد و سرحال و مصمم به زندگی خانوادگی‌شان برمی‌گردند. آنها به قدری برای این ارتباط‌های دو نفره در ازدواج‌شان ارزش قائل هستند، که گاهی بچه‌های بزرگشان را تشویق می‌کنند که آنها هم بتوانند از این فرصت عالی برای تجدید نیرو و سر حال شدن استفاده کنند.این نوع "خلوت کردن" در یک ازدواج و خانواده لازم و حیاتی است. کتاب **"خانواده کامروا"** نوشته استفان آرکاوی در این رابطه می‌گوید: "شوهران و همسران به نشستن دور هم و برنامه ریزی دقیق، به عبارتی دیگر خلق یا آفرینش ذهنی و معنوی آینده‌شان بسیار نیازمندند." برنامه ریزی در هر تلاش و کوشش که در جهت زندگی انجام می‌دهیم، هنوز هم بی نهایت مهم است. وقتی که یک زوج با هم و با اراده راسخ به سوی مشکلات گام برمی‌دارند بخصوص در مورد بچه‌ها دردهای هم‌افزایی، بینش و راه‌حل‌های قوی و موثر باز می‌شود. بینش‌ها بسیار عمیق‌تر و راه حل‌ها عملی‌تر و کارآمدتر می‌شوند و تمام این فرایند عبارتند از: **"وحدت بخشیدن به روابط و مناسبات شگفت انگیز خصوصی".**

گرامیداشت صمیمیت و عشق در خانواده

یک رابطه سالم و رو به رشد، اساس محکمی برای ایجاد یک زندگی عاشقانه خلاقانه است. عشق بخشی از ازدواج است و عشق هم وسیله‌ای برای بقا رابطه می‌باشد. ما در زندگی مشترک یکی می‌شویم که پایه‌های نزدیکی عاطفی، روحی، فکری و جسمی که اساس تجربیات عالی عشق است را تجربه و گرامی بداریم.

وجوه مختلف ستاره زندگی همراه با عشق

در یک نظرخواهی از زوج‌ها می‌پرسیدیم که چه چیزی بهترین جنبه زندگی عاشقانه آن‌هاست؟ پاسخ‌ها متنوع بودند و چند مورد به عنوان اجزای اصلی یک زندگی عاشقانه سالم بیان شد. اعتماد، ارتباط دو طرفه، صداقت، صمیمیت، محبت و رابطه جنسی. در این قرار به هر جنبه نگاهی نزدیکتر می‌اندازیم. امیدواریم این مطلب به شما کمک کند ستاره زندگی همراه با عشق خود را بسازید

اعتماد - احساس امنیت در کنار یکدیگر

اعتماد جز اصلی هر نوع دوستی است و در یک رابطه عاشقانه جز ضروری آن است. وقتی شما در کنار همسرتان احساس امنیت کنید، اعتماد به وجود می‌آید. اگر اعتمادی از بین رفته است، باید قبل از آنکه روی جنبه دیگر از عشق کار کنید، آن را بازسازی کنید. پیوندهای اعتماد، اساس صمیمیت هستند. اعتماد بین خود را مستحکم نمایید. دو زوج مشاور خانواده بنام‌های: دیوید وکلودیا آرپ و کارت ونائل براوندر در کتاب **"ده قرار مهم برای زندگی مشترک"** چند روش برای ایجاد اعتماد ارئه داده‌اند:

- وقتی همسرمان تحت فشار زیادی است به او کمک کنیم.

- بگویید که کمک خواهید کرد تا اعتماد ایجاد شود. هر دو با عشق و احترام عمیق نسبت بهم و با احساس شکوهمند اتحاد و یگانگی پا به عرصه خانواده بگذاریم و به ما کمک می‌کند تا بیش از پیش بسوی یکدیگر جذب شویم و هرگز از هم دور نشویم.

- پذیرفتن عذرخواهی همسر بدون آن که بگوییم: "من که به تو گفتم".

- داشتن حس شوخ طبی وقتی مشکلی پیش می‌آید.

روابط دو جانبه - انتخاب آزادانه دوست داشتن یکدیگر

دو طرف باید بخواهند که این ارتباط وجود داشته باشد. برای ایجاد یک رابطه دو جانبه باید به یکدیگر بیش از تمام انتخاب‌های دیگرمان الویت بدهیم و تنها خودمان در این باره تصمیم بگیریم. (احتیاج به رشد دادن یکدیگر و وقف دادن خود با نیازهای در حال تغییر یکدیگر طی سال‌های آینده. اعمال قدرت و فقدان صداقت امکان صمیمیت، عشق و محبت را از بین می‌برد. اگر یکی از زوج‌ها بخواهد همیشه حرف خودش را عملی کند و به غر زدن، تحدید کردن یا به فریبکاری متوسل شود، روابطشان تخریب می‌شود. به این مسئله فکر کنید وقتی که همسر یا پارتنر شما کاری می‌کند که احساس می‌کنید که شما را دوست دارد و به شما علاقمند است، مثلاً جمله محبت‌آمیز می‌گوید یا دستان را در دست خود می‌گیرد، چه حس خوبی پیدا می‌کنید. این گونه حس امنیت، اعتماد به نفس

و عشق را بوجود می‌آورد و به طور طبیعی و بطور دو جانبه زندگی‌تان وقف یکدیگر می‌شود. در اینجا بعضی روش‌های ابراز تعهد به همسر را می‌آورم

- یکی از عکس‌های دو نفره‌تان را قاب کنید.

- خودتان کارت تبریکی درست کنید و عشق تان را ابراز کنید.

- یک ایمیلی مخصوص به این مضمون بفرستید: الان دارم به تو فکر می‌کنم.

- جمله‌ای را با احساس واقعی در تعریف از همسرتان بیان کنید.

- با یکدیگر به پیاده روی بروید.

- یک گل رز با شاخه‌ای بلند به او هدیه بدهید.

صداقت - بیان آزادانه احساسات واقعی

دو زوج نام برده بالا در کتاب " **ده قرار مهم برای زندگی مشترک**" در رابطه با صداقت در رابطه مشترک می‌گویند: صداقت برای یک زندگی همراه با عشق سالم به همان اندازه ضروری است که نور خورشید برای گل‌ها. گاهی صراحت لهجه و رُک بودن ممکن است به روابط دو جانبه آسیب جدی بزند، اما صادق بودن و شفاف صحبت کردن کاری بسیار پسندیده و با ارزشی است. بزرگی می‌گوید: "یک پاسخ صادقانه مانند یک بوسه است."

در اینجا به نکاتی می‌پردازم که که طرف مقابلمان را تشویق می‌کند پاسخ‌هایی صادقانه‌ای ارائه دهد

- جمله‌های‌تان را با کلمه "من" شروع کنید.

- از عباراتی که با "تو" یا "چرا" شروع می‌شود اجتناب کنید.

- عبارات "هرگز" یا همیشه" را بکار نبرید.

- در ازای هر جمله منفی، پنج جمله مثبت به کار ببرید.

- سخاوتمندانه از کلمات "لطفاً" و "متشکرم" استفاده کنید.

- زبان محبت آمیز رازگونه مخصوص به خود را ایجاد کنید.

صمیمیت- یار صمیمی یکدیگر بودن و احساس نزدیکی کردن

لس و لسلس در کتاب خود می‌نویسند: "صمیمیت" پاسخ گویی درونی‌ترین عطش ما به نزدیکی و پذیرش است... عشق با نزدیکی، مشارکت، ارتباط کلامی و صداقت و حمایت شکل می‌گیرد. همان‌طور که قلبی در مقابل قلب دیگر اعطا می‌شود، ازدواج عمیق‌ترین تظاهرات عشق را ایجاد می‌کند. زوج‌هایی که با هم بسیار صمیمی هستند، اغلب کمی بیشتر و بلندتر می‌خندند، با محبت‌تر هستند و بیشتر حس می‌کنند که همسرشان آنها را درک می‌کند می‌پذیرد و به او عشق می‌ورزد. ایجاد صمیمیت در روابطتان به شما کمک می‌کند تا آرزوها نیازها و ترس‌ها و علایق‌تان را با هم در میان بگذارید. برای این کار مصمم باشید و وقت صرف کنید، اما تلاش در جهت صمیمی ماندن با همسرتان نوعی سرمایه‌گذاری است که برایتان مفید است. مانند گوش دادن با اعماق وجود، اختصاص دادن ساعت‌هایی به یکدیگر.

محبت - لذت و آرامش بخشیدن به یکدیگر

محبت و عشق بخش مهمی از یک زندگی عاشقانه خلاق است. با وجود این، در بسیاری از اوقات، خستگی زندگی روزمره جای خنده، سرگرمی و لذت بردن از کنار یکدیگر بودن را می‌گیرد. همسران طی سال‌های زندگی مشترک باید عشق و محبت خود را به یکدیگر تجدید کنند. ابراز عشق و محبت و داشتن اوقات خوب با هم باید طبیعی‌ترین چیز در دنیا باشد. ویکتور فرانکل روانشناس (انسان‌گرا) می‌گوید: یک زندگی عاشقانه خلاق، کلید یک زندگی مشترک موفق است، اما برای دستیابی به آن باید توقعات یکدیگر را درک کنید.

درک توقعات

اگر می‌خواهید صمیمیت، عشق و محبت را در زندگی مشترک خود ارج نهید، باید سعی کنید، توقعات یکدیگر را درک کنید. در بیشتر موارد دو نفر با علایق و توقعات بسیار متفاوت را می‌بینیم که نهایت تلاش خود را می‌کنند تا به یک حد وسطی برسند. برای زنان صمیمیت عاطفی معمولا قبل از صمیمیت فیزیکی است و برای مردان صمیمیت فیزیکی، صمیمیت عاطفی ایجاد می‌کند. بنابراین

چگونه می‌توانید توقعات خود را مشخص و به زبان آورید؟ از مراجعین‌ام نسرین و منصور پرسیدم، من فهمیدم که خواسته‌ها و علایق شماها با هم تفاوت‌هایی دارد. اگر نسرین، شما انتظاراتتان برآورد نشود، و اگر منصور هم صبور، آرام و پذیرا نباشد چه می‌شود؟ برای ما بدون شک ناراحت کننده‌ترین موقعیت‌ها زمانی بوده است که در مورد انتظارات یکدیگر دچار سوتفاهم می‌شویم. این حالت زمانی رخ می‌دهد که در مورد انتظاراتمان صحبت نمی‌کنیم. پیشنهاد من برای این زوج، صحبت درباره انتظارهایشان است. این امر به آنها کمک می‌کند تا با هم به یک موضوع نگاه کنند. اگر انتظارهای‌تان کاملا متفاوت هستند، تعجب نکنید. صحبت درباره آن‌ها می‌تواند نقطه شروعی عالی برای درک بهتر نیازها و علایق یکدیگر باشد. تشویق می‌کنم در مورد هر نوع ترس و کمرویی‌تان صراحتاً به آن اشاره کنید.

۱. اوقاتی را به روابط زناشویی اختصاص دهید.

۲. شناخت نقش دو طرف و برنامه‌ریزی برای خانواده

در هر سنی که ازدواج می‌کنید، باید زمانی را به ابراز عشق‌تان به همسرتان اختصاص دهید. توجه کنید ما نمی‌گوییم "برای زندگی عاشقانه خود وقت پیدا کنید، بلکه می‌گوییم اختصاص دهید" بین این دو تفاوت وجود دارد. همه ما باید آنچه روابط زناشویی ما را مختل می‌کند برخورد کنیم. این مسائل باعث می‌شوند فرصت بسیار کمی برای روابط زناشویی داشته باشیم. همه زوجین به ویژه والدین بچه‌های کوچک در معرض این مشکل هستند. مطالعات نشان می‌دهد که زوج‌هایی که فرزند دارند، وقت و انرژی کافی برای برقراری یک رابطه صمیمانه ندارند. اما حتی زوج‌های بی‌فرزند نیز باید برای بدست آوردن زمانی برای روابط زناشویی‌شان بجنگند. در هر شرایطی که هستید، می‌خواهیم به شما هشدار دهیم که در هر شرایط که آنقدر خود را مشغول نکنید که فرصتی برای ایجاد روابط نزدیک و عاطفی با همسرتان نداشته باشید

به روابط زناشویی‌تان الویت دهید!!

واقع‌گرا باشید

هر مرحله از عشق چالش‌ها و فرصت‌هایی برای رشد ایجاد می‌کند و در هر مرحله خواهید خواست انتظاراتتان را بازبینی کنید. آنچه در دوره‌ای از زندگی‌تان کاملاً واقعگرایانه بنظر می‌رسد، ممکن است در دوره‌ای دیگر کاملا عکس آن باشد؟ از اینجا شروع کنید که ببینید در حال حاضر در چه نقطه‌ای قرار دارید. آیا این ازدواج اول هر دو شماست؟ یا برای یکی یا هر دویتان ازدواج دوم است. و در بسیاری از موارد زن یا شوهر فرزندانی از ازدواج قبلی همراه خود می‌آورند. اگر قرار است فرزندان خود را وارد زندگی مشترک‌تان کنید، باید به این نکته مهم توجه کنید که آنها چه تاثیری بر زندگی عاطفی شما دارند و چه انتظاراتی در این رابطه واقع‌گرایانه است. در هر شرایطی که باشید، در صورتیکه زمانی را برای صرف زندگی راه‌های عشق ورزیدن به یکدیگر کنید، زندگی عاشقانه‌تان حفظ خواهد شد. دو زوج نویسنده مشاور در کتاب **"ده قرار مهم برای زندگی مشترک"** در این رابطه می‌گویند

"اگر انتظارتان واقع‌گرایانه باشد، اگر فرصتی را به یکدیگر اختصاص دهید، می‌توانید همه عمر احساس عشق و محبت کنید."

"به یاد داشته باشید شما همه زندگی زناشویی‌تان را با فرمول‌هایی که در مقاله‌های قبل به آنها اشاره شد می‌توانید اصلاح کنید، می‌توانید صمیمیت، عشق و محبت واقعی را تجربه کنید. همچنین شناخت نقش دو طرف و برنامه‌ریزی برای خانواده یکدیگر را بسیار دوست بداریم. کار ما برای عشقمان بهتر خواهد شد و عشقمان برای کارمان شیرین خواهد شد و برای تمام کارگران و عاشقانی که به دنیا می‌آیند، این دو به یکدیگر کمک می‌کنند." الیزابت بی براتیک

زوج‌ها معمولا قبل از ازدواج دربارهٔ نقش‌ها و مسئولیت‌ها صحبت نمی‌کنند. آنها فقط فرض می‌کنند که همه چیز خوب پیش خواهد رفت و بعد زندگی مشترک شروع می‌شود. آنها بدون آنکه در مورد این موارد صحبت کنند، نقش‌های خود

را می‌پذیرنـد. امـا موضـوع نقـش هـا و مسـئولیت‌ها مهم‌تـر از آن اسـت کـه مـورد بی‌توجهـی قـرار گیـرد. در یکـی از نشسـتی کـه بـا زوج جـوان داشـتم و آنهـا هـم بـدون برنامـه ریـزی کافـی ازدواج کردنـد و بـا درک نیـاز بـه کمـک، بـه مـن رجـوع شـدند. از آنهـا پرسـیدم در کارهـای خانـه چگونـه مشـارکت می‌کننـد؟ حـدس می‌زنید چـه جوابـی می‌شـنیدیم؟ درسـت حـدس زده‌ایـد. بیـشتر کارهـا را زن انجـام می‌دهـد. چـه اتفاقـی می‌افتـد کـه انتظـارات پیـش از ازدواج دربـاره نقش‌هـا و مسـئولیت‌ها بصـورت ایـن واقعیت‌هـا تغییـر می‌کنـد کـه یکـی از زوج‌هـا کارهـای بیـشتری را بایـد انجـام دهـد.

دوید اولسون در کتاب "قدرت بخشیدن به همسران" می‌گوید:

"تقسـیم کـردن کارهـای خانـه ارتبـاط مسـتقیمی بـا رضایـت هـمسران دارد. هـمسران خوشـبخت کـمتر فکـر می‌کننـد کـه یکـی از آن‌هـا بیـش از سـهم خـود کارهـای خانـه را انجـام می‌دهـد. همچنیـن هـمسران خوشـبخت دوسـت دارنـد بصـورت مـشترک تصمیـم بگیرنـد و کارهـای خانـه را بـر پایـه علایـق و مهارت‌هـای خـود انجـام دهنـد، نـه براسـاس نقش‌هـای سـنتی."

درک نقش خود

اگـر زوج‌هایـی کـه در مسـئولیت‌ها مشـارکت می‌کننـد، خوشـبخت‌تر هسـتند، چگونـه مطـمئن شـویم کـه مـا هـم کارهـا را بطـور مسـاوی انجـام خواهیـم داد؟ توصیـه می‌کنـم کـه کارهـا را بـا ارزیابـی مسـئولیت‌ها شروع کنیـد.

ارزیابی مسئولیت‌هایتان

گام اول در ارزیابـی مسـئولیت‌ها ایـن اسـت کـه ببینیـد شما و همسرتـان چـه مسـئولیت‌ها را درون و بیـرون از خانـه انجـام می‌دهیـد

آیا فهرست کارها متعادل است؟

بـه عنـوان مثـال، اگـر یکـی از شما کار نیمـه وقتـی در خـارج از خانـه داری و دیگـری هفتـه‌ای شسـت سـاعت کار می‌کنـد، کسـی کـه کار نیمـه وقـت دارد، بایـد بـا برعهـده گـرفتن کارهـای بیـشتری در منـزل، تعـادل ایـن الاکلنـگ را حفـظ کنـد. امـا فـعلا فـرض می‌کنیـم کـه هـر دو شما تعهـدات برابـری در خـارج از خانـه داریـد.

سوأل مهم این است: "چگونه شما دو نفر در خانه بصورت یک تیم خواهید بود؟"

خوشبختانه زوج‌های بسیاری را امروز ما می‌بینیم که طی مسئولیت‌های شغلی، تربیت فرزندان و انجام برنامه‌های فشرده‌شان به یکدیگر نزدیک‌تر می‌شوند. اما این کار همیشه ساده نیست

برای مثال: بیژن چهل ساله و نسیم چهل و یک ساله نامزد هستند. این، ازدواج دوم هر دو آنهاست. هر دو در ازدواج‌های نخستین خود نقش‌های سنتی‌تر از آن داشتند. وقتی شوهر نسیم فوت کرد، او به شغل دکوراسیون داخلی روی آورد. او ابتدا بصورت پاره وقت در خانه کار می‌کرد. در واقع وقتی قرار شد دفتر کار بیژن را طراحی کند، با او آشنا شد. حال کار او آنقدر گسترش پیدا کرده است که او به صورت تمام وقت کار می‌کند و تعدادی از قرارهای کاریش را به شب‌ها موکول می‌کند. بیژن هم مایل نیست از کارش کم کند (شغلش را بسیار دوست دارد و از این کار خلاقانه بسیار احساس رضایت و موفقیت می‌کند). آنها برای برنامه ریزی واقع‌گرایانه نقش‌های آینده‌شان، هر یک فهرستی از مسئولیت‌های اجتماعی خانه تهیه کردند. که باید آنها را در نظر می‌گرفتند. وقتی بیژن فهرست نسیم را دید، می‌دانست که آنها باید برای ایجاد تعادل در نقش‌ها و مسئولیت‌هایشان، کارهایی را انجام دهند

مسئولیت‌های بیژن در خانه:

مراقبت از حیاط

امور مربوط به اتوموبیل‌ها

رسیدگی به امور مالی خانه

مربیگری تیم بازی بچه‌ها

کمک به بچه‌ها در انجام تکالیف

مسئولیت‌های نسیم در خانه:

خرید روزانه

شستشوی لباس ۶ اعضای خانواده

نظافت خانه

رسیدگی به فعالیت‌های بچه‌ها

کمک به بچه‌ها در انجام تکالیف

واضع است که بیژن و نسیم باید با هم با کمک و یا بدون کمک از مشاور به نتیجه مشترک برسند. فهرست مسئولیت‌های خانۀ نسیم مهم و وقت‌گیر، اما او می‌تواند آنها را در آخر هفته انجام دهد. اما مسئولیت‌های بیژن چنان انعطاف‌پذیر نیستند و باید به صورت روزانه انجام دهد

نقش‌های‌تان را تعیین کنید

چه ازدواج اول‌تان باشد یا دوم، برایتان بسیار مفید خواهد بود که قبل از ازدواج در مورد نقش‌هایتان صحبت کنید. در واقع بیژن و نسیم به یک برنامه منطقی و واقعگرایانه رسیدند. آنها تصمیم گرفتند که از فرزندانشان در کارهای خانه کمک بگیرند. هدیه‌هایی که دوستانشان به آنها دادند.

شامل: جارو برقی آب و خاک و آرام پز برقی و کتاب های آشپزی مخصوص غذاهایی که سریع آماده می‌شوند بود. با کمک آرام پز و کمک برنامه ریزی، نسیم قبل از ترک کردن منزل غذا را بار کنند. آن دو موافقت کردند که برای نظافت کلی خانه ماهی یکبار شخصی را استخدام کنند. همچنان آن‌ها تصمیم گرفتند در ماه اول ازدواج یک آشپز استخدام کنند. وقتی نسیم و بیژن ازدواج کردند، قطعاً با مسائل دیگری نیز باید خود را تطبیق می‌دادند، اما صحبت کردن درباره نقش‌ها، قبل از ازدواج، نقطه شروع خوبی برای درک بهتر خواهد بود

ساخت دهی به خانواده

استانلی دیویس می‌گوید: "وقتی که شالوده تغییر می‌کند، همه چیز دگرگون می‌شود."

تغییرات همه انواع سازمان‌ها را در جامعه ما تحت تاثیر قرار داده‌اند. بیشتر سازمان‌ها و مشاغل، مجدداً ساخت‌دهی و ابداع شده‌اند تا با واقعیات جدید انطباق داده شوند. ولی این ساخت‌دهی در خانواده هنوز صورت نگرفته است. با اینکه ثابت شده است که تغییر بیرونی ـ درونی دیگر موثر واقع نمی‌شود. برخلاف این گزارش حیرت‌آور امروزه تنها ۴ تا ۶ در صد از خانواده‌های امریکایی ("بطور سنتی") دارای شوهران شاغل و همسران خانه‌دار هستند. و هیچ کدوم از پدر و مادر در زندگی گذشته خود سابقه طلاق نداشته‌اند. هنوز خانواده‌ها بطور مؤثر ساختار خود را عوض نکرده‌اند.

استفان کاوی نویسنده و روانشناس می‌گوید: "آنها یا در تلاش برای بر دوش کشیدن روش قدیم هستند، روشی که با برخورد با روش معضلات گذشته مؤثر بود یا برای کشف دوباره راه‌هایی تلاش می‌کنند که با اصولی که باعث سعادت و ارتباطات خانوادگی با دوام است، همخوان نیست. در کل می‌توان گفت که خانواده‌ها آنقدر رشد نکرده‌اند که بتوانند جوابگوی مشکلات و معضلات خود باشند."

بنابراین ما باید در فکر تدبیر دیگری باشیم. تنها پاسخ موفقیت‌آمیز به تغییر ساختاری، خود ساخت است. وقتی که کلمه ساخت را مورد توجه قرار می‌دهید، آگاه باشید که تلاش می‌کنید تا در محیطی گام بردارید که فرهنگ رایج، ایده ساختار محدود و محصور را نمی‌پذیرد

وینستون چرچیل می‌گوید: "در ۲۵ سال اول زندگیم به دنبال آزادی بودم. ۲۵ سال بعد زندگیم به دنبال نظم گشتم و ۲۵ سال آخر زندگیم فهمیدم که نظم همان آزادی است". این ساختار خانواده و ازدواج است که بیش از هر چیز دیگری به جامعه استحکام و پایداری می‌بخشد.

وقتی که زندگی‌تان آشفته و در هم است شما چه می‌گویید؟ **"من باید در پی سازماندهی باشم، باید کارها را به نظم درآورم."** این هم به معنی ساخت و هم الویت‌بندی یا ترتیب است. اگر اتاق شما در هم و برهم باشد، چکار می‌کنید؟ چیزهای‌تان را در گنجه و کمد لباس‌ها سازمان می‌دهید. در واقع شما وسایل‌تان را در یک ساختار، سازمان می‌دهید. وقتی که در مورد کسی اظهار نظر

می‌کنید و می‌گوییم که "او سرش را با افتخار بالا گرفته است" منظور ما اساساً این است که اولویت‌های او روی قاعده و نظم درستی است. او با چیزهایی که مهم هستند زندگی می‌کند. در ۹ سال پیش سیما و پیمان چند جلسه برای مشاورت قبل از ازدواج به من مراجع کرده بودند، هفته پیش اتفاقی، در یک مهمانی آنها را با دو فرزند باهوش رفتاری سالم، ملاقات کردم. هر سه ما با ملاقات هم بسیار خشنود شدیم. سیما و پیمان برایم تعریف کردند که در واقع برای ما نظم یعنی اینکه الویت‌های خانواده مشخص شده. و ساختاری در خانواده وجود دارد که اولویت بندی خانواده را امکان پذیر می‌سازد. آنها هم اضافه کردند که ما خانواده را با شیوه‌ای مفید در زندگی پیشاپیش قرار می‌دهیم. یک وقت و یا جلسه خانوادگی در طول هفته به نزدیکی روابط تک و تک خانواده‌مان کمک می‌کند

وقت هفتگی خانواده چیست؟

جدا از عقد پیمان ازدواج و پذیرفتن و احترام نهادن به این پیمان، احساس می‌کنم که احتمالاً هیچ ساختاری به تنهایی نمی‌تواند در الویت بخشیدن به خانواده، بیشتر از اختصاص دادن یک وقت ویژه در طول هفته به خانواده، شما را یاری دهد. اگر دوست دارید، می‌توانید این وقت ویژۀ هفتگی را **"وقت خانوادگی"، "ساعت خانوادگی"، "شب خانوادگی" یا "جلسه خانوادگی"** بنامید. هدف اصلی آن داشتن وقتی در طول هفته است که به خانواده و تمرکز بر روی آن اختصاص یافته باشد. یکی از دوستان خودم رساله دکترایش را در مورد تاثیر ملاقات‌های خانوادگی بر روی **"تصویر از خود"** فرزندان انجام داد. اگر چه تحقیق وی نشان می‌داد که تاثیر مثبت این کار بسیار زیاد است. یکی از نتایج غیرقابل پیش بینی و تعجب‌آوری که بدست آمد، تاثیر فوق‌العاده آن روی پدران بود. او از پدری سخن می‌گوید که از برقراری و ادامه این ملاقات‌ها ناامید بود و در آغاز احساس ناتوانی می‌کرد، ولی همین پدر پس از سه ماه این‌گونه احساس خود را بیان می‌کند: "در دوران کودکی، خانواده‌ام جز سرزنش و بحث و مشاجره کاری دیگری نداشتند. من یک پسر بچه بودم و به نظرم می‌رسید که همه اعضای خانواده به من می‌گویند که تو بی‌عرضه هستی و نمی‌توانی هیچ کاری را درست انجام دهی. به گمانم باورم شده بود طوری که در مدرسه عمل موفقی نداشتم. این عمل به

قدری شدت داشت که من حتی اعتماد نفس کافی برای انجام دادن هر کاری دیگر را که نیاز به کمی هوش و ذکاوت داشت، در خود احساس نمی‌کردم. من از این جلسات خانوادگی فرار می‌کردم فقط به این دلیل که احساس می‌کردم نمی‌توانم از عهده انجام دادن آن برآیم، ولی پس از اینکه همسرم یک هفته جلسات را برگزار کرد و هفته دیگر دخترم بحث به دست گرفت، تصمیم گرفتم یک هفته هم خودم تلاش کنم تا بحثی را مطرح کنم. این کار کمی به من جرأت داد که تا قدم پیش بگذارم و به محض اینکه شروع کردم، مثل این بود که نیرویی در من آزاد شد که از دوران کودکیم در غده‌ای دردناک وجود داشته است. بیشتر مانند این بود که کلمات از قلبم بیرون می‌آیند. من به اعضای خانواده‌ام گفتم چرا اینقدر خوشحالم که پدر آنها هستم و می‌دانستم که آنها چطور می‌توانستند در زندگی کارهای خوب انجام دهند. سپس کارهایی انجام دادم که قبلا هرگز نکرده بودم. من به همه آنها یک یکی گفتم که چقدر زیاده آنها را دوست دارم. برای اولین بار احساس یک پدر واقعی را داشتم. پدری که در کودکی آرزویش را داشتم. از آن شب، من احساس کردم که به همسر و فرزندانم بسیار نزدیکتر شده‌ام توضیح آن مشکل است، ولی برای من درهای زیادی گشوده شد. و از آن پس، کارها در خانه طور دیگری بنظر می‌رسید. جلسات هفتگی خانواده، پاسخ موثر و نیرومندی به مشکلات خانوادگی امروز می‌دهد. آنها برای اولویت دادن به خانواده روش عملی مناسبی فراهم می‌کنند و تعهد به این جلسات، به بچه می‌فهمانند که چقدر خانواده مهم است. جلسات هفتگی خاطرات را می‌سازند. آنها حساب بانکی عاطفی ایجاد می‌کنند تا تور نجاتی برای خانواده خود بسازند. آنها همچنان شما را یاری می‌دهند تا نیازهای اساسی خانواده را برآورده سازید، نیازهای جسمی (حل مشکلات)، اقتصادی، اجتماعی (برای تفریح)، عقلی (برای تعلیم)، غنای فرهنگی و نیازهای معنوی (برنامه ریزی). اکنون بیش از بیست سال است که این ایده را یاد گرفته‌ام و بسیاری از والدین وقت خانوادگی را یک فکر عملی و بسیار با ارزش می‌دانند. آنها معتقدند که این کار از از اولویت بخشیدن به خانواده، صمیمیت و لذت بردن از هر فعالیت خانوادگی دیگری که تا بحال شنیده‌اند، تاثیر عمیق‌تری داشته است.

از طریق "جلسه خانوادگی" رسالت‌نامه خود را به صورت یک اساس‌نامه در آورید.

تمام ایده‌های موجود در رسالت‌نامه، برای بحث و فعالیت در جلسه خانوادگی مبنای خوبی است، ایده‌هایی که بما کمک می‌کند تا رسالت‌نامه را در زندگی خصوصی پیاده کنیم. با نوشتن یک رسالت‌نامه و زندگی کردن با آن، خانواده‌ها به تدریج می‌توانند از نظر روحی بر زندگی خود مسلط شوند. به عبارت دیگر، اصول، در ساختار خانواده و فرهنگ ساخته می‌شود

و همه می‌فهمند که اصول در مرکز خانواده جا دارد و کلید اصلی حفظ استحکام، همبستگی و پایبندی خانواده به هدفش است. سپس رسالت‌نامه شبیه به قانون اساسی و داور نهایی هر قانون واساس نامه‌ای می‌شود. چون این اصول بر اساس یک پایه‌های محکمی استوارند و یک نظام ارزشی با خود به همراه دارند، سبب ایجاد یک اراده اجتماعی می‌شود که لبریز از حاکمیت اخلاقی و معنوی است

انتخاب ازدواجی هدفمند

زندگی مشترک یک انتخاب است. امیدوارم که ۲۹ مقاله قبلی، به شما کمک کرده باشد تا یکدیگر را بهتر درک کنید و انتخاب‌های‌تان چه در دوره نامزدی و چه در طول زندگی، عاقلانه و هوشمندانه باشد. امیدوارم که این مقاله‌ها به شما کمک کرده باشد که تجسم واضح‌تری از زندگی مشترک در ذهن‌تان شکل بگیرد. بتوانید به سوال‌های مهمی چون

"آیا می‌توانم با شخص مقابل یک عمر زندگی کنم؟"

"آیا از مهارت‌ها و نگرش‌هایی که برای ایجاد یک زندگی مشترک موفق نیاز داریم برخورداریم؟"

"آیا آمادگی داشتن تعهدی عمیق‌تر را دارم؟"

پاسخ مثبت، روشن و هوشمندانه بدهید.

ارزش واقعی بازنگری و توان‌بخشی به تصمیمات برای ازدواج در این است که وقتی ازدواج می‌کنید، با اعتماد به نفس زندگی مشترک را شروع کنید، قادر خواهید بود تا با اعتماد بگویید "بله ازدواج ما یکی از آن ۲۱٪ ازدواج‌هایی است که دوام خواهد داشت"، "بله من انتخاب عاقلانه‌ای کرده‌ام." اگر آماده‌اید با این رابطه

پیش بروید و زوج مشاوری ندارید، بگذارید به شما کمک کنم تا چنین زوجی را بیابید. زوجی که در مرحله‌ای از شما در زندگی مشترک قرار دارند و می‌توانند شما را چه اکنون و چه آینده در مسیر زندگی مشترک کمک کنند

روش توافق خود را پیدا کنید.

برای زندگی مشترکتان به دنبال چه میزان صمیمیت و نزدیکی هستید؟ آیا می‌خواهید زندگیتان را با دیگران شریک شوید؟ بیشتر زوج‌ها به این سوال پاسخ مثبت می‌دهند. وقتی مورد اعتماد دیگران هستیم، به ما عشق می‌ورزند و تحسین‌مان می‌کنند، حتی اگر نقطه ضعف ما را می‌دانند، احساس هویت و اعتماد بنفس بیشتری نسبت به خود پیدا می‌کنیم. دیوید و کلود یارپ ـ کارت و ناتل براون در کتاب معروف **"کلیدهای همسران موفق"**، این دو زوج مشاور و نویسنده معتقد هستند که هر ازدواجی منحصر به فرد است. ما اگر ازدواج را جایی بین این سه حالت قرار بدهیم

الف: توافق حداقل

در ازدواجی با حداقل توافق، زندگی زن و شوهر وچه اشتراک کمی دارند. آنها علایق و سرگرمی‌های جداگانه‌ای دارند و معمولا کاملا مستقل از یکدیگر هستند

زوجی بنام عذرا و سیاوش در واقع در دو کشور زندگی می‌کنند. عذرا در کانادا و سیاوش در ایران زندگی می‌کنند. سیاوش می‌خواست شغلش را حفظ کند باید در ایران می‌ماند. عذرا هم با کار و بچه ها در کانادا مشغول است. آنان فقط سالی چند بار همدیگر را می‌بینند. از نظر ما چنین فاصله‌ای می‌تواند ناراحت کننده باشد، اما ظاهراً برای آنها مشکلی وجود ندارد

ب: توافق متوسط

بیشتر ازدواج‌ها در حالت توافق متوسط قرار دارند. فرشته و فریبرز به شدت سعی می‌کنند، حلقه‌های زندگی‌شان همپوشانی بیشتری داشته باشد. آنها یکدیگر را بسیار دوست دارند، اما سعی می‌کنند کارهایشان از هم جدا باشند. کمی پس از ازدواج، فریبرز که گرافیست بود، فرصت یافت تا برای خودش کار کند. او و فرشته روزها و ساعت‌ها متمادی در مورد نتایج آن بر خانواده‌شان صحبت کردند.

(آنها دو فرزند کوچک از ازدواج قبلی فرشته داشتند.) سرانجام تصمیم گرفتند این کار را انجام دهند. فریبرز ساعت‌های طولانی کار می‌کرد. و بیشتر مواقع در آخر هفته مجبور بود یک پروژه فوری را تمام کند. شغل حسابداری فرشته نه آنقدر استرس‌زا است و نه نیاز چندانی به سفر دارد. با این حال به سختی می‌توانند کاری کنند که حلقه‌های زندگی‌شان هم پوشانی پیدا کند. آنها به جای آنکه از شرایط شکایت کنند، به دنبال راه‌هایی بودند تا برای انجام پروژه‌های مربوط به خانه با هم کار کنند.

به عنوان مثال: آنها همراه هم نمای بیرونی خانه را رنگ کردند. همچنین در حیات خلوت خانه باغچه‌ای درست کردند و نرده‌هایی برای آن گذاشتند تا بچه‌ها بتوانند در آن بدون خطری تهدیدشان کند، بازی کنند. فریبرز و فرشته به سختی می‌توانند در حد متوسط، تعامل داشته باشند.

ج: حداکثر توافق

در اینجا من از زبان چهار نویسنده کتاب "کلیدهای همسران موفق" در حداکثر توافق استفاده می‌کنم:

"هر چهار نفرمان که نویسندگان کتاب دو زوج هستند در این مرحله از زندگی‌مان، روش حداکثر توافق را انتخاب کرده‌ایم. ما با هم سمینار بر پا می‌کنیم، با هم مطلب می‌نویسیم و بیشتر دوستان و سرگرمی‌هایمان یکی هستند. ما بیشتر تصمیم‌هایمان را با هم می‌گیریم و درونی‌ترین افکار و آرزوهای‌مان را با هم در میان می‌گذاریم، حتی میزهایمان رو به روی هم قرار دارند. حلقه‌های ما در حد زیادی هم‌پوشانی دارند. اما علایق و فعالیت‌هایی هم داریم که دیگری در آن شرکت نمی‌کند. در واقع باید روی این مسئله کار کنیم که در بخشی از روابط‌مان از هم جدا باشیم البته زوج‌ها می‌توانند بدون آنکه با هم کار کنند، حداکثر توافق را نیز داشته باشند. مثلاً می‌توانند در طول روز چند بار از طریق تلفن یا ایمل درباره تصمیم‌هایشان با هم صحبت کنند. یا در مورد علایق و دوستان خود حرف بزنند."

هر سه شیوه قابل اجرا است. در حد فاصله این روش‌ها، انواع مختلف این روش‌ها با میزان مختلف توافق وجود دارد. چه روشی را برای زندگی مشترک خود

انتخـاب می‌کنیـد؟ آیـا در مـورد سـطح توافـق دو جانبـه بـرای زندگـی مـشترک آینـده بـا همسرتـان بـه توافـق رسـیده‌اید؟ وقتـی مـن در گروه‌هـا و یـا سـمینارها در مـورد میـزان توافـق در زندگـی مـشترک صحبـت می‌کنـم، بسیاری از زوج‌هـا متوجـه می‌شـوند کـه زندگـی مشترکشـان تـا چـه حـد از علایـق واقعـی آن‌هـا فاصلـه دارد. خوشـبختانه شـیوه‌های توافـق در زندگـی مـشترک سـیال هسـتند و می‌تـوان خـود را بـا شرایـط مناسـب تطبیـق داد

قبـل از آن کـه هما و بهـرام بـا هـم ازدواج کننـد، مـن بـا ده قـرار مشاورت بـه آنهـا راهنمایـی کـردم. هفتـه‌ای را بیـاد دارم کـه بـه در دفتر مـن رسیدند از اتومبیـل خـارج نشـدند، نیـم سـاعت بعـد زنـگ دفتر را بـه صـدا در آوردنـد، متوجـه شـدم کـه آنهـا در مـورد میـزان توافـق در زندگـی مـشترک بـا هـم گفتگـو می‌کرده‌انـد و بحـث داغـی داشـتند. هما خواهـان حـداکثر توافـق بـود و بهـرام بـه حداقـل توافـق راضـی بـود. بـا آنکـه ایـن بحـث چنـدان خوشـایند نبـود، آنهـا توانسـته بودنـد در مـورد آن صحبـت کننـد و توقعاتشـان را وقـف دهنـد. بهـرام متوجـه شـده بـود کـه او بایـد کمـی بیـشتر توافـق داشـته باشـد و هما فهمیـد کـه در حالـت واقعـی آنهـا نمی‌توانسـتند بـه آن حـد کـه او می‌خواسـت توافـق داشـته باشـند. حـالا پـس از سـال‌ها، آنهـا همچنـان ازدواج سـالم و رو بـه رشـدی دارنـد. طـی ایـن سـال‌ها، سـبک‌های توافـق آنهـا تفـاوت کـرده اسـت. هما تحصیلات دانشـگاهی‌اش را بـه پایـان رسـاند. آنهـا دو فرزنـد دارنـد. آنهـا در یکـی از سـمینارهای اخیـر مـن شرکـت کردنـد و در پایـان هما گفـت "بهـرام مـا واقعـاً بـا هـم بـه حـداکثر توافـق رسـیده‌ایم."

کلیـد ایـن بخـش ایـن اسـت کـه متوجـه شـوید زندگـی مـشترک فصل‌هـای مختلفـی دارد و در هـر فصـل شما همیشـه بـه یـک انـدازه توافـق ندارید. اما مهم ایـن اسـت کـه بـه ایـن نکتـه توجـه کنیـد و در مـورد احتمالات هـر فصـل از زندگـی مشترکتـان بـه توافـق برسـید. تصمیـم بگیریـد کـه زمانـی را بـه یکدیگـر اختصـاص دهیـد و براسـاس تحقیقـات ملـی، وقـت، مشـکل شماره یـک اسـت کـه زوج‌هـا طـی دو سـال اول ازدواج بـا آن مواجـه می‌شـوند. ایـن امـر چـه ازدواج اول زن و شـوهر باشـد و چـه ازدواج دوم، بـدون فرزنـد یـا بـا فرزنـد، وجـود دارد. مشـکل در ایـن اسـت کـه دریابیـد چـه چیـزی بـرای شرایـط خـاص شما نتیجـه بخـش اسـت. امـا اگـر می‌خواهیـد ازدواج هدفمنـد را انتخـاب کنیـد، اساسـاً بایـد زمانـی را بـه یکدیگـر اختصـاص دهیـد

بهنام و سپیده اخیراً با هم ازدواج کردند. این ازدواج دوم بهنام است. همسر اول او در یک تصادف وحشتناک جان سپرد. و او با سه فرزند تنها ماند. بهنام که یک ناشر است از طریق یک شرکت انتشاراتی سپیده با او آشنا شد. سپیده نویسنده است. آنها شش ماه پیش ازدواج کردند و سخت در تلاش هستند که شیوه تعاملی را بیابند که برایشان مفید باشد. او به من گفت: "وقتی به خانه می‌رسم، شام می‌خوریم. سپس هنگامی که بچه ها را به رخت‌خواب می‌فرستیم و خواسته‌های بی‌شمارشان را انجام می‌دهیم، دیگر انرژی برایمان باقی نمی‌ماند". سپیده گفت: "اما ما همیشه تلاش‌مان را می‌کنیم." هفته پیش یک شب سعی کردیم یک فیلم ویدئویی در مورد یک ازدواج موفق تماشا کنیم، و هر دو خوابمان برد! وقتی سعی می‌کنیم روابطمون را بهبود بخشیم، ناامید و تسلیم می‌شویم. از کجا باید شروع کنیم؟ پاسخ آن بود که از زمانی که در اختیار دارند استفاده کنند. پس، مهم‌ترین سوال این بود که "با اوقاتی که دارید چه می‌کنید؟" او و سپیده زمان کمی در اختیار داشتند، اما به هر حال آنچه را می‌خواستند، پیدا کردند. حالا آنها یک ربع زودتر از خواب بیدار می‌شوند و صبح را یک فنجان قهوه و اوقات آرامی در کنار یکدیگر شروع می‌کنند. همچنین یک پرستار کودک استخدام کرده‌اند تا هفته‌ای یک شب در کنار بچه‌ها باشد تا آنها بتوانند شبی را با هم باشند. شاید شما در زندگی مشترکتان فشار زمانی کمتری نسبت به بهنام و سپیده داشته باشید. اما بدون توجه به شرایط‌تان، اگر می‌خواهید زمانی را با هم بگذرانید، باید مصمم بود. تصمیم را به تنهایی نگیرید. پیدا کردن وقت بستگی به شرایط دارد، اما ایجاد آن هدفمند است.

بگذارید چند توصیه عملی به شما بکنم:

گام اول: تعهد ایجاد کنید.

ما متوجه شده‌ایم که ایجاد وقت برای یکدیگر بیشتر مربوط به نگرش‌های ما می‌شوند نه به شرایط ما. ما برای چیزهایی که برایمان مهم‌تر از همه هستند، زمانی را اختصاص می‌دهیم. برای اینکه متوجه شوید که چه الویت‌هایی دارید. توصیه می‌کنیم بررسی کنید که در حال حاضر با وقت و پول خود چه می‌کنید.

گام دوم: محدودیت زمانی فعلی خود را بررسی کنید.

توصیه می‌شود که مدت یک هفته میزان زمانی را که صرف فعالیت‌های مختلف می‌کنید، یادداشت کنید. می‌توانید تعیین کنید چه چیزهایی برایتان "وقت کُش" هستند؟ این وقت‌ها ممکن است زمانی را که می‌توانید در کنار همسرتان باشید و ارتباط صمیمانه‌ای با هم برقرار کنید

گام سوم: مدت زمانی را که برای زندگی مشترکتان اختصاص داده‌اید، مجزا کنید

زمان‌هایی خاصی را که با همسران‌تان اختصاص داده‌اید، مشخص کنید. این زمان‌ها ممکن است کوتاه یا طولانی باشند.

به این موارد توجه کنید:

+ **پنج ثانیه در آغوش گرفتن و بوسیدن.** هر بار که خانه را ترک می‌کنید یا به خانه برمی‌گردید، پنج ثانیه همسرتان را در آغوش بگیرید و ببوسید

+ **ده دقیقه صحبت.** هر روز زمانی که اولین بار یکدیگر را می‌بینید، ده دقیقه با هم تبادل نظر و گفت و گو کنید

+ **هفته‌ای یک شب قرار خارج از منزل.** یک برنامه منظم هفتگی به شما کمک خواهد کرد در مورد وقت با هم گذراندن مصمم با هم مصمم باشید

+ **بیست و چهار ساعت خارج از شهر.** برنامه منظم گردش در خارج از شهر زندگی مشترک شما را غنا می‌بخشد. این حالت را قبل از بچه‌دار شدن ایجاد کنید و مصمم باشید که وقتی بچه‌دار شدید آن را ترک نکنید. اگر ازدواج دومتان است و از همسرهای قبلی‌تان فرزند دارید، درک می‌کنم که برنامه ریزی برای این کار مشکل‌تر است، اما اگر پشتکار داشته باشید موفق می‌شوید. (به زحمتش می‌ارزد.)

+ **شام دو نفره در نور شمع.** این عادت را هر دو هفته یک بار با یک شام شاعرانه ایجاد کنید

گام چهارم: از وقت خود محافظت کنید

اگر خودتان از زمان‌تان محافظت نکنید، چه کسی این کار را انجام خواهد داد؟ اما باید یاد بگیرید که به فعالیت‌هایی که وقت شما را به قیمت روابط زناشویی‌تان می‌گیرد، نه بگویید.

کلید ایجاد وقت برای زندگی مشترکتان آن است، که در مورد نیازها و الویت‌هایتان صادق باشید و در مورد چگونگی نگرشتان به محدودیت‌های زمانی خاص خودتان خلاق باشید. انتخاب مهم بعدیتان این است که با یکدیگر اهدافی را برای زندگی مشترکتان تعیین کنید. مصمم باشید تا برای زندگی مشترکتان اهداف تعیین کنید ما به زوج‌ها می‌گوییم که اگر می‌خواهند ازدواج هدفمند داشته باشند، باید درباره تعیین اهداف خود هدفمند باشند. معمولا افراد در شغل خود اهدافی دارند و در زندگی مشترک نیز باید اهداف مشخصی وجود داشته باشد.

برای نمونه:

۱. درک تفاوت‌هایمان.

۲. بهبود مهارت‌های ارتباطی.

۳. آموزش روش گوینده و شنونده و تلاش در جهت درک همدیگر.

۴. تعیین اهداف مالی و بودجه‌بندی.

۵. زنده نگه داشتن عشق پس از ازدواج.

۶. تقسیم مسئولیت‌های خانه.

بیژن و سیما تصمیم گرفتند روی مهارت‌های ارتباطی خودشان کار کنند. چگونه می‌توانند به این هدف برسند؟ پاسخ به این سوال باید قابل دستیابی و اندازه گیری باشد تا بدانید چه موقع به هدف خواهید رسید. چه کارهایی به سیما و بیژن در راه رسیدن به هدف ارتباطیشان کمک می‌کند؟

آنها در این موارد چنین نوشتند:

۱. قرارهای سوم و چهارم را تکرار می‌کنیم و مهارت‌هایی را که در این دو قرار

یاد گرفتیم مرور می‌نماییم.

۲. در مورد شناخت الگوهای ارتباطی خود تمرین می‌کنیم.

۳. هر یک کتابی در مورد ارتباط می‌خوانیم و درباره آن گفتگو می‌کنیم.

۴. به یکدیگر حمله نمی‌کنیم و یا حالت دفاعی نمی‌گیریم! اگر شخصی خطایش را فراموش کرد به او هشدار می‌دهیم. دومین خطا منجر به این می‌شود که شخص خطا کار به مدت سی دقیقه فرمانبردار دیگری شود.

۵. برای شروع روزی ده دقیقه را به عنوان اوقات همسر در نظر می‌گیریم و به او اختصاص می‌دهیم.

وقتی قرار برنامه ریزی شده‌تان با مشکلی مواجه شد، خیلی ساده آن را دوباره برنامه‌ریزی کنید. خلاق و انعطاف پذیر باشید. متوجه خواهید شد که همچنان که قدم به قدم به اهدافتان نزدیک می‌شوید، در واقع یک زندگی مشترک هدفمند دارید. اما کمتر زوجی زمانی را به تعیین اهداف خاص زندگی مشترکشان اختصاص می‌دهند و بسیار کم برنامه‌ای برای تحقق اهدافشان دارند. اساساً، یک هدف در زندگی مشترک، مقصدی که هر دو توافق کرده‌اید در جهت رسیدن به آن تلاش کنید. نگاهی به قرارهای مطالب گفته شده در مقاله قبل می‌اندازیم:

درک تفاوت‌هایمان، بهبود مهارت‌های ارتباط، آموزش روش گوینده و شنونده و تلاش در جهت درک همدیگر، تعیین اهداف مالی و بودجه بندی، زنده نگه‌داشتن عشق پس از ازدواج و تقسیم مسئولیت‌های خانه. واضح است که کسی نمی‌تواند به صورت همزمان روی همه این مسائل کار کند. گام بعدی این است که برای دو یا سه هفته بعدی یک هدف را تعیین کنید. شاید بخواهید از زمینه‌ای کار را شروع کنید. حالا وقت آن رسیده که پیشرفت آن را به سرعت مشاهده کنید. بعد این موفقیت مشوق شما خواهد بود. حال زمان آن رسید که تقویم یا دفترچه یادداشت خود را بیرون آورید و یک تعهد زمانی برای انجام فعالیت‌ها فوق تعیین کنید

به عنوان مثال: مهستی و نادر سه شنبه شب‌ها را برای کار روی ارتباطشان تعیین کردند. آنها به عنوان اولین قرار سه شنبه شب خود به کتابفروشی رفتند

و کتابی را در مورد تعهد مادام‌العمر برای زندگی مشترک انتخاب کردند تا با هم بخوانند. آنها قرار گذاشتند که هر روز صبح ده دقیقه قبل از رفتن به محل کار، زمانی را بعنوان اوقات همسرخود اختصاص دهند

پیشرفت خود را بررسی کنید.

در مورد وقفه‌ها و موانع چه کار کنیم؟ قطعاً مسائلی پیش خواهد آمد که در برنامهٔ شما وقفه‌ای ایجاد خواهد کرد. پس بسیار مهم است که پیشرفت خود را بررسی کنید. اگر همه چیز آن‌طور که برنامه ریزی کرده‌اید پیش نمی‌رود، انعطاف داشته باشید. موارد غیر قابل پیش بینی اتفاق خواهد افتاد.

برای مثال: یک پروژه کاری، میهمان ناخوانده‌ای که به خانه‌تان می‌آید و اتفاقات خوب یا بد که برای بچه‌ها پیش می‌آید و غیره..

اما اگر حتی هدف مورد نظر طبق برنامه‌های‌تان پیش نرود، و اگر مجبور باشید بارها بارها برنامه زمانی خود را تغییر دهید، به هدفتان نزدیکتر هستید تا زمانی که هیچ برنامه‌ریزی‌ای ندارید. پس واقع‌گرا باشید و با پشتکار هدف خود را دنبال کنید. این کاری بود که مهستی و نادر انجام دادند. طی اولین ماه برنامه‌ریزی‌شان آنها مجبور شدند دو قرار ارتباطی سه شنبه شب‌ها را تغییر دهند و متوجه شدند که بعضی صبها آنقدر سرشان شلوغ است که حتی نمی‌توانند ده دقیقه مورد نظر را به همسرشان اختصاص دهند. آنها برنامه را کمی سیال‌تر کردند تا هر بار صبحا که نمی‌توانستند زمانی را به یکدیگر اختصاص دهند، عصر آن روز چنین کاری کنند. وقتی قرار برنامه‌ریزی شده‌تان با مشکلی مواجه شد، خیلی ساده آن را دوباره برنامه‌ریزی کنید. خلاق و انعطاف‌پذیر باشید. متوجه خواهید شد که همچنان قدم به قدم به اهدافتان نزدیک می‌شوید، در واقع یک زندگی مشترک هدفمند دارید.

ناتانیل براندن در کتاب روانشناس عزت نفس در تعریف معنای زندگی هدفمند می‌گوید:"

قبول مسئولیت در تعیین هدف‌ها به طرزی آگاهانه.

تدوین اقداماتی برای به جامه عمل پوشاندن به هدف‌ها.

توجه به همخوان بودن اقدامات ما به هدف‌هایی که برای خود برگزیده‌ایم.

توجه کردن به نتایج اعمال و رفتار خود و حصول اطمینان از این که این اقدامات به تحقق هدف‌های ما کمک می‌کند."

قوانین اصلی حفظ صمیمیت در روابط مهرآمیز

مثبت باقی بمانید. اشتباه دیگری را به او گوش‌زد نکنید.

بر آینده متمرکز شوید. بر ناکامی گذشته متمرکز نشوید. (اشکالی ندارد روی موفقیت‌های گذشته توجه کنید.)

در مورد روابط‌تان صحبت کنید. برای زندگی‌تان برنامه‌ریزی کنید.

هدیه عشق بدهید. بعضی از موضوعات بیش از دیگر مباحث شما را به هیجان می‌آورند. با شور و شوق به استقبال این قرارها بروید.

با فشار قرار را پیش نبرید. اگر به روند منفی می‌رسید، گفت و گو را متوقف کنید. به موضوع دیگری بپردازید که هر دو حس خوبی نسبت به آن دارید.

اگر به بن بست رسیدید، درخواست کمک کنید. اگر طی قرارهایتان، موضوعی پیش آمد که نمی‌توانید با یکدیگر آن را حل کنید، با مشاور خود صحبت کنید.

از مهارت‌های ارتباطی مناسب استفاده کنید. آماده شنیدن نکات شگفت‌آور و نگرش‌های جدید درباره یکدیگر باشید. این نکات و نگرش‌ها می‌توانند فرصت‌های جدیدی برای رشد و صمیمیت در روابط‌تان ایجاد کند.

برای مثال:

۱. صادق باشید، اما هرگز نامهربان نباشید.

۲. بیاد داشته باشید که جمالت‌تان را به عبارت "من" شروع کنید و بگذارید بازتاب حرف‌هایتان بر شما باشد.

۳. به هم حمله نکنید یا حالت تدافعی بخود نگیرید.

۴. از فرمول احساسات استفاده کنید (من احساس خستگی، آشفتگی، شادی... می‌کنم).

۵. دقیقاً به نکته نظرتان اشاره کنید و مثبت باشید.

لذت ببرید. همچنان که برای آینده آماده می‌شوید، روابطتان را نیز غنا می‌بخشید. بیاد داشته باشید که شما در حال ایجاد عادت‌های سالمی هستید، که زندگی‌تان را در کنار هم پر بار خواهد کرد.

برای مثال: در رستورانی که هر دو آن را دوست دارید، میز رزو کنید. (این کار غیرمنتظره، طرف مقابل را خوشحال می‌کند.) در مورد لباسی که برای آن قرار خواهید پوشید، فکر کنید. لباسی را انتخاب کنید که فکر می‌کنید دیگری دوست داشته باشد

نکاتی برای قرارهای شب

طوری برنامه ریزی کنید که آن شب را کاملا به قرارتان اختصاص دهید.

در هنگام خوردن شام، با علاقه در مورد تمرین‌های قرار صحبت کنید. این قرار به شما کمک خواهد کرد به امیدها، آرزوها و انتظارهایتان نگاهی بی‌اندازید.

ما در بررسی‌هایمان در مورد ازدواج‌های دراز مدت، متوجه شدیم که در همه ازدواج‌های سالم و پر شور سه عامل مشترک بوده است:

۱. آنها روابط خود را درجه اول قرار می‌دهند.

۲. هر دو طرف به رشد در کنار هم متعهد هستند.

۳. در جهت نزدیک ماندن به یکدیگر تلاش می‌کنند.

اساساً، یک هدف در زندگی مشترک، مقصدی که هر دو توافق کرده‌اید در جهت رسیدن به آن تلاش کنید. درک تفاوت‌هایمان، بهبود مهارت‌های ارتباط، آموزش روش گوینده و شنونده و تلاش در جهت درک همدیگر، تعیین اهداف مالی و بودجه بندی، زنده نگه‌داشتن عشق پس از ازدواج و تقسیم مسئولیت‌های خانه

بررسی انتظارات در زندگی مشترکتان:

۱. **تعهد و امنیت،** آگاهی از تعهدی همیشگی در روابط، رفاه مالی و مادی.

۲. **همراهی و دوستی،** داشتن دوستی که در تمام خوشی‌ها و ناخوشی‌ها زندگی همراه شماست، یک دوست جانی که علایق مشترکی با هم دارید.

۳. **روابط صمیمانه،** تجربه صمیمیت فیزیکی و عشق در زندگی مشترک، لذت بردن از روابط عاشقانه‌ای که عمیق‌تر می‌شود.

۴. **دوست داشتن و محبت کردن،** تجربه چیزهای ظریفی که به شما می‌گوید "دوستت دارم"، "برایم ارزش داری" و "به تو فکر می‌کنم".

۵. **تشویق کردن،** حمایت و تحسین کلامی تلاشتان در حرفه‌تان، در خانه و غیره.

۶. **نزدیکی فکری،** گفت و گو و رشد کردن در کنار یکدیگر در زمینه‌های مشترک فکری.

۷. **فعالیت‌های دو طرفه،** انجام فعالیت‌هایی در زمینه‌های اجتماعی، سیاسی، ورزشی، مسائل باوری فکری و سرگرمی، همراه یکدیگر.

۸. **ایجاد یک خانواده،** داشتن یک خانواده و تربیت فرزندان همراه هم.

پذیرش تفاوت‌ها

هدف، یافتن فرصتی است که بررسی کنید، که چگونه می‌توانید از توانایی‌های یکدیگر بهره بگیرید و چگونه می‌توانید در زمینه‌هایی که با یکدیگر فرق دارید، مکمل یکدیگر باشید. انسیه باید یک پالتو می‌خرید از فریدون خواست که همراهش برود فریدون با خود فکر کرد، که این کار چندان طول نمی‌کشد، به یک دو مغازه سر می‌زنیم، پالتو را می‌خریم و به خانه برمی‌گردیم. اما فریدون اشتباه فکر می‌کرد به پاساژ که رسیدند، به طرف پالتو فروشی رفتند.

در مسیری که می‌رفتند، انسیه کفش‌هایی را دید که نظرش را جلب کرد. داخل کفش فروشی رفتند تا نگاهی به آن‌ها بی‌اندازند. بالاخره از کفش فروشی بیرون

آمدند و بار دیگر به سمت پالتو فروشی رفتند. همین که از کنار کتاب فروشی رد شدند، انسیه کتابی را به خاطرش آمد که دنبالش بود. (بیست دقیقه ای دیگر گذشت) در این هنگام فریدون عصبانی شده بود کتاب و کفش چه ارتباطی به پالتو داشتند؟ فریدون نمی‌توانست هیچ ارتباطی بین آنها پیدا کند به عقیده فریدون وقتی دنبال چیزی هستی، مستقیماً به طرف آن برو آن را بخر و به خانه برگرد. اما انسیه این گونه فکر نمی‌کند. به نظر او جستجو کردن بخشی از تجربه خرید کردن است. تقریباً سی سالی از ازدواج آن دو می‌گذرد. آنها یاد گرفتند با تفاوت‌های همدیگر کنار بیایند. اما هنوز نظرشان درباره خرید کردن متفاوت است و احتمالاً همیشه این گونه خواهد بود. تفاوت‌های بین زن‌ها و مردان در ازدواج زیاد است... شباهت‌های خواسته‌های زنان و مردان از ازدواج بسیار بیش از تفاوت‌های آن‌هاست. توصیه کلی من این است اگر می‌خواهید رابطه عالی داشته باشید، روش برخورد شما با تفاوت‌ها، اهمنیتی بیش از خود آن تفاوت‌ها دارد

تفاوت‌های شخصیتی

آیا شنیده‌اید که می‌گویند: "افراد متضاد، یکدیگر را جذب می‌کنند." طبق تجربیات روانشناسی این تمرین کاملاً صحت دارد. مثل اینکه یکی از همسر درونگرا باشد و دیگری برونگرا. افراد برونگرا از بودن در کنار مردم انرژی می‌گیرند و شاد می‌گردند، در حالی که درونگراها از تنهایی لذت می‌برند. شما به چه طریقی احساس لذت و شادی می‌کنید؟ زمانی که هر چه در ابتدا مهناز و پرویز را مجذوب یکدیگر کرده بود، آزاردهنده شد. آنها سعی کردند یکدیگر را تغییر دهند این کار عملی نشد. پرویز نمی‌فهمید چرا مهناز نمی‌تواند به مسائل بخندد و زندگی را تا این حد جدی نگیرد. مهناز می‌خواست پرویز درونگر و تحلیل‌گر باشد. ضمن اینکه به مشاور مراجعه کردند، به گونه‌ای بنا به پیشنهاد مشاور آنها باید به مجموع سوأل‌های روانشناسی پاسخ می‌دادند. سپس مشاور، به پرویز گفت: "نقاط قوت تو این زمینه‌ها هستند." پرویز همچنان که احساس بهتر پیدا می‌کرد مشاور ادامه داد: "و این‌ها زمینه‌هایی هستند که در آن‌ها ضعیف هستید." شنیدن این قسمت برای پرویز چندان لذت‌بخش نبود. اما مشاور درست به هدف زده بود.! سپس همین روند را با مهناز ادامه داد و نقاط

قوت و ضعف او را برشمرد. مشاور در حالی که به هر دو نگاه می‌کرد گفت: "شما دو تا در این زمینه‌ها با هم توافق دارید و در این زمینه‌ها دچار مشکل هستید." مشاور با سوأل‌های خود توانسته بود همه موارد را بطور دقیق مشاهده کند و چیزی از نظرش پنهان نمانده بود. سپس آن دو گفتند: اعتماد و اعتقاد ما به سوأل‌های روانشناختی سه برابر شد. سپس مشاور یکی از چالش برانگیزترین روش‌های مفید زندگی‌مان را به ما آموخت: "شما احتمالاً متوجه شده‌اید، که نقاط ضعف پرویز، همان نقاط قوت مهناز است و برعکس، نقاط ضعف مهنار نقاط قوت پرویز است. اگر هر کدام به دیگری اجازه دهد در زمینه‌های قوت خود عمل کند بی‌آنکه رنجیده خاطر گردد، توان و پتانسیل ایجاد یک زندگی زناشویی عالی را دارید."

روزی این زوج در یکی از سمینارهای من شرکت کردند من به تنهایی از آنها پرسیده‌ام که تمرین‌ها چگونه در زندگی‌شان عمل کرد؟ پاسخ دادند که ما بلافاصله توصیه شما را بکار گرفتیم اما این کار آنقدرها هم ساده نبود. برای هر دو ما سخت بود که تصدیق کنیم نقاط ضعف ما، نقاط قوت فرد مقابل است. این کار به زمان و تمرین نیاز داشت. گاهی این کار مشکل بود، اما ما توصیه شما را جدی گرفتیم. می‌دانستیم که اگر این توصیه را جدی بگیریم تیم قوی‌تری خواهیم شد

توانایی‌های خود را به عنوان یک زوج شناسایی کنید.

شاید بخواهید نقاط قوت و ضعف‌تان را ارزیابی و شناسایی کنید و توجه کنید که چگونه می‌توانید دیگری را تشویق کنید تا در حد ممکن در زمینه‌های قوت خود بیشتر کار کند. به اعتقاد من توانایی‌های متفاوت‌مان می‌تواند بما کمک کند تا به یکدیگر تعادل ببخشیم (به ویژه اگر به این تفاوت‌ها اهمیت دهیم و از آنها ترس به دل راه ندهیم). شاید شما بخواهید به دنبال راه‌هایی باشید تا بصورتی هماهنگ با هم کار کنید. برای ازدواجی موفق(همسران باید بیاموزند که چگونه به شباهت‌ها و تفاوت‌های یکدیگر اهمیت دهند و آنها را بکار بگیرند

هدفمندی برای حفظ پیوند مهرآمیز

هدف ما آن نیست که مانند هم باشیم. ما متفاوت آفریده شده‌ایم. اما پذیرفتن

هم و بهره بردن از نقاط قوت و ضعف یکدیگر، مهارتی است که برای یک ازدواج موفق اهمیت زیادی دارد. تمرکز بر نقاط ضعف، مانند آب در آونگ کوبیدن است. مشاهده کرده‌ایم که زوج‌ها از تمرکز بر نقاط قوت مشترک یکدیگر بسیار بهره می‌برند و این نقاط را به عنوان دارایی‌های همسرشان به شمار می‌آورند، اتفاق جالبی رخ می‌دهد، آن‌ها از همدیگر چیزهایی را می‌آموزند

در یکی از سمینارهایم یک زوج که قبلا با من تمرینات پیوند مهرآمیز را انجام دادند، به جمع گفتند: "وقتی که متوجه شدیم باید روی نقاط ضعف خود کار کنیم تبدیل به تیم قوی‌تری شدیم ثابت کرده‌ایم که می‌شود با کار و خواستن پیوند خود را مستحکم کنیم. ما در عین تفرقه روی وحدت و یگانگی کار کردیم شما نیز می‌توانید تیمی قوی شوید." شما هم می‌توانید با هم اندیشی روش‌هایی را برای ایجاد تعادل بیابید. می‌توانید زندگی زناشویی فوق‌العاده‌ای براساس تفاوت‌هایتان بنا کنید. به دنبال دارایی‌های پنهان تیم خود باشید. اگر مشتاق یادگیری و رشد در کنار هم باشید، از گنجینه‌هایی که کشف خواهید کرد شگفت زده می‌شوید

حل مشکلات به صورت یک زوج

همه باید با دقت گوش دهند، آرام صحبت کنند و دیر خشمگین شوند. نیلوفر فریاد زد "به هیچ وجه، من به هیچ عنوان به تورنتو نمی‌آیم. حتی باورم نمی‌شود این را از من بخواهی." بهمن گفت: "نیلوفر، تو درست متوجه نشدی. من مجبورم به شهرمان برگردم تا به والدینم کمک کنم. چرا در این مورد این قدر خودخواهی؟" نیلوفر و بهمن که نامزد بودند برای مشاوره قبل از ازدواج به دفتر رجوع کرده بودند. هر دو جدی و عصبانی بودند. بهمن به عنوان فرزند ارشد خانواده‌اش احساس می‌کرد باید به تورنتو برگردد تا به والدینش کمک کند، زیرا پدرش کم کم داشت سلامتی خود را از دست می‌داد. بهمن در تورنتو بزرگ شد و علاقه‌ای نداشت که به ایالت دیگری برود. در تورنتو او از مصاحبت با دوستان و خانواده‌اش لذت می‌برد و در شغل جدیدش نیز در حال پیشرفت بود. در مورد چنین موضوع مهمی، بهمن حس می‌کرد که نیلوفر توجه‌ای به پدر او ندارد و نیلوفر عقیده داشت که بهمن به احساسات او توجه نمی‌کند. گفت‌وگوی آنها در

مورد محل زندگی و بهترین راه کمک به والدین بهمن به بحث‌های تندی تبدیل شده بود که باعث شد هر دو احساس کنند که دیگری او را درک نمی‌کند و احساس سردرگمی و عصبانیت می‌کردند. آن‌ها نمی‌توانستند به گونه‌ای در مورد مشکل خود بحث کنند که موثر باشد و آن را حل کنند. تنها بهمن و نیلوفر نیستند که از حل مشکلاتشان عاجز هستند. بیشتر زوج‌ها، گه‌گاهی تلاش مذبوحانه‌ای می‌کنند تا مثبت باشند و از حمله به دیگری اجتناب کنند

چگونه تعارض‌ها را کنترل می‌کنید؟

علی، وقتی با تعارضی مواجه می‌شود، واکنش معمول او عقب‌نشینی است. آیا شما معمولا از مشکلات فرار می‌کنید؟ ممکن است از نظر فیزیکی فرار کنید، مانند بیرون رفتن از اتاق، یا ممکن است از نظر عاطفی فرار کنید، مانند سرد برخورد کردن با دیگری. شاید احساس ناامیدی می‌کنید و حس می‌کنید که به هر حال، شما برنده نیستید. پس چرا در مورد این مشکل بحث کنید؟ فرار و عقب نشینی این عیب را دارد که به روابط آسیب می‌زند. و مانع از راه حل ممکن می‌شود

مسعود، معمولا گرایش به حمله دارد، او ترجیح می‌دهد آنچه سارا انجام داده یا نداده است متمرکز شود و مسئولیتی را از جانب خود نمی‌پذیرد. طبق تحقیقات روانشناسی خصوصیات مسعود و علی بسیار زیاد هستند، حتی گونه جدیدی را هم مشاهده کرده‌ایم، که ترکیبی از مسعود و علی هستند. آن‌ها برخورد دیگری را با حمله کردن کنترل می‌کنند و سپس به درون لاک‌شان فرو می‌روند.

سمیرا، سال‌های قبل او در خانه پدریش یاد گرفت که دیگران را خشنود کند. او که کوچک‌ترین دختر خانواده بود، متوجه شد که بیان عقیده، خطرناک است. در واقع به او اجازه ابراز عقیده نمی‌دادند. حتی امروز نیز او دوست دارد دیگران را خشنود کند، اما حالا گاهی جسورتر است. بنابراین از تعارض جلوگیری می‌کند، تا هم رنگ جماعت شود. او با هر عقیده‌ای که ابراز شود موافقت می‌کند. علاقه‌اش به هماهنگی و مقبول بودن مانع از آن می‌شود که عقیده واقعی خود را بیان کند. چنین شخص اغلب پس از سال‌ها زندگی زناشویی همراه با تسلیم و اطاعت یکباره همسرش را ترک می‌کند. هیچ کس نمی‌تواند بفهمد چه چیزی

باعث رفتن او شد

مرضیه، اگر مشکل عاطفی یا مشکل پیچیده‌ای پیش بیاید، گاهی به جای آنکه به موضوع بپردازد، به قسمت دیگری از خانه پناه می‌برد و تلویزیون یا کامپیوتر را روشن می‌کند. او زمانی که با تعارض مواجه می‌شود، خود را مشغول می‌کند. این افراد اغلب به کار کردن اعتقاد دارند و وقتی تنشی وجود دارد، خود را سرگرم کار دیگری می‌کنند

حل مشکلات به صورت یک زوج

فریبا، از برخورد جلوگیری می‌کند. تنها، به روشی متفاوت این کار را می‌کند. او استدلال‌گر است. شعار او این است، به هر قیمتی از احساسات دوری کن! اما خارج از استدلالش هیچ احساسی ندارد. او دوست دارد با حقایق و ایده‌ها برخورد کند

سبک شما چیست؟

آیا شبیه یکی از دوستان بالا هستید؟ شاید بخواهید به آخرین باری که عصبانی شدید فکر کنید. آیا می‌توانید بیاد آورید چه احساسی داشتید؟ احساس می‌کردید شما را درک نمی‌کنند. یا احساس ترس، ناراحتی، تحقیر و تنهایی می‌کردید؟ چه واکنشی نشان دادید؟

در مورد یک واکنش مناسب برای خشم فکر کنید:

می‌توانم بگذارم آتش مشکل و گرفتاری سرد شود.

می‌توانم سریعاً از الگوی ارتباطی تهاجمی خارج شوم.

می‌توانم مانع از لبریز شدن دیگ جوشان خشم خود شوم.

ما می‌توانیم مشکل را با هم حل کنیم و احساس صمیمیت بیشتری کنیم.

راه‌های دیگر.

خوشبختانه امید به بهبودی هست. تمام پاسخ‌های بالا عملی هستند. اما ابتدا مهم است که با خشم برخورد کنیم و از الگوی تهاجمی خارج شویم.

بنا براساس کار با زوج‌ها طی سال‌ها، عقیده بر این است که رمز حل اختلافات، آن چیزی نیست که در مورد آن بحث می‌کنیم، بلکه ایجاد روشی برای نگاه به آن مسئله از همان جهت است. توصیه می‌کنم که سعی کنید مشکل را به صورت یک تیم حل کنید. وقتی با مشکلی روبرو می‌شوید، یک انتخاب دارید. همان‌گونه که در مقاله‌های قبلی اشاره کردم، کسب تجربه در بیان احساسات واقعی و درک احساسات همسرتان می‌تواند به تسهیل کار شما با یکدیگر بصورت یک تیم کمک کند. پیشنهاد می‌کنم همچنان به صحبت کردن ادامه دهید تا هر دوتان موضوع را درک کنید و به دنبال یک راه حل باشید. حتی اگر مجبور باشید کمی یا (حتی در حالت مشکل‌تر)مقدار زیادی از خود مایه بگذارید (کمکی از مشاوره بگیرید).

گفتگو کردن درباره مشکلات

گاهی واقعاً مشکل است، که مانند افراد متمدن در مورد یک مشکل صحبت کنیم. در واقع بسیاری از موضوعاتی که در موردش صحبت می‌کنیم، قابل حل نیستند یا واقعاً به اراده قوی نیاز دارند، اما باید بتوانیم در مورد آنها گفتگو کنیم و دیدگاه یکدیگر را درک کنیم

دکتر جان گاتمن، پژوهش‌گر ازدواج در دانشگاه واشنگتن، گزارش می‌دهد:
که ۶۹٪ مشکلات ازدواج جزو مشکلات دائمی هستند، با وجود این اختلاف‌ها، می‌توانند با رضایت به زندگی‌شان ادامه دهند، البته اگر بتوانند روشی را برای برخورد با مسائل پیدا کنند که آن‌ها را مستأصل نکند (از کمک مشاور دریغ نکنید). این امر با شناخت مشکل شروع می‌شود و با بحثی مفید و مثبت ادامه پیدا می‌کند

یاد بگیریم به نوبت صحبت کنیم

کتاب **"جنگ برای حفظ ازدواج چهارچوبی"** به ما نشان می‌دهد تا با استفاده از فن گوینده / شنونده هر بار در یک موقعیت قرار گیریم و زوج‌ها را تشویق می‌کند، تا **"به نوبت صحبت کنند"**. برای اینکه مشخص شود چه کسی رشته کلام را در دست بگیرد، کارهای مختلفی می‌توان انجام داد. می‌توانیم یک مداد،

عینکتـان یـا یـک لیـوان را برداریـد و بگوییـد: "مـن صحبـت می‌کنـم." شـخص مقابـل، شـنونده اسـت. هـدف صحبـت کـردن در مـورد موضـوع، منحـرف نشـدن از آن و رسـیدن بـه نقطـه‌ای اسـت کـه هـر دو احساسـات و نظـر دیگـری را درک می‌کنیـد. فـن گوینـده / شـنونده روش امنـی بـرای صحبـت دربـاره مسـائل حسـاس بـه زوج‌هـا ارائـه می‌کنـد. بـه شما سـاختار می‌دهـد و توانایـی شما را در بـه دسـت گـرفتن رشـته کلام و صحبـت دربـاره احساسـات‌تان بـه وضـوع و بـه شـکل قابـل درکـی، افزایـش می‌دهـد. بـدون آنکـه بـه شـخص دیگـری حملـه کنیـد. در ابتـدا ایـن کار شـاید بـه نظـر بسـیار مشـکل باشـد، امـا ایـن روش عملـی اسـت زیـرا هـر دو طـرف از قوانیـن پیـروی می‌کننـد.

تمرین معرفت در گفتگو با یکدیگر

قوانینی برای گوینده

۱. از جانب خود صحبت کنید.

۲. از جملات و عبارات کوتاه استفاده کنید مطالب را تکرار نکنید.

۳. صبر کنید تا شنونده حرف‌هایتان را با زبان خودش بازگو کند.

قوانینی برای شنونده

۴. آنچه را می‌شنوید، به زبانی دیگر بازگو کنید.

۵. بر پیام گوینده متمرکز شوید. حرف‌های گوینده را رد نکنید.

۶. گوینده اجازه صحبت دارد.

۷. وقتـی شـنونده، مطالـب را بـه زبـان خـود بـاز می‌گویـد، همچنـان گوینـده، کلام را در دسـت خواهـد داشـت.

۸. به هم اجازه صحبت بدهید.

قبـل از آن کـه از فـن گوینـده / شـنونده اسـتفاده کنیـد، می‌توانیـد مقاله‌هـای قبلـی راجـع بـه "مهارت‌هـای ارتباطـی" را مـرور کنیـد

از الگوی ارتباطی پیوسته استفاده کنید.

جملات‌تان را با کلمه "من" شروع کنید.

از عباراتی که با کلمه "تو" و سوالاتی که با "چرا" شروع می‌شود اجتناب کنید.

توافق کنید که از نظر کلامی به هم حمله یا از خود دفاع نکنید.

حال بگذارید مجدداً به سراغ نیلوفر و بهمن (در ادامه بحث مقاله قبلی، بهمن از نیلوفر می‌خواهد به خاطر پیری و نیاز والدینش به شهر تورنتو برای زندگی بروند) برویم. آنها وارد بحث بی‌ثمری در مورد محل زندگی‌شان پس از ازدواج شده بودند

نیلوفر: تو فکر می‌کنی که رفتن ما به تورنتو دائمی خواهد بود؟

بهمن: من فکر نکردم که برای همیشه به تورتنو برویم.

نیلوفر: یعنی رفتن ما موقتی است، مثلا برای دو سال.

بهمن: درست است. همین حالا هم قرار نیست به آنجا برویم. فقط می‌خواهم تو در جریان باشی که اگر حال پدرم بدتر شد، به آنجا برویم

نیلوفر: پس شاید لازم نباشد که بلافاصله پس از ازدواج به آنجا برویم و اگر والدینت واقعاً به تو نیاز داشتند، به آنجا خواهیم رفت

نیلوفر: بله، فکر می‌کنم کم کم داریم یکدیگر را درک می‌کنیم.

بهمن و نیلوفر به خوبی روی موضوع متمرکز شدند و کم کم توانستند به یکدیگر ارزش و اعتبار ببخشند. آنها برای اولین بار توانستند نظر یکدیگر را ببینند. برای حل مشکل تنها از روش گوینده / شنونده استفاده کنید. سعی نکنید آن را حل کنید. اگر متوجه شدید که دارید درباره راه حل‌های ممکن صحبت می‌کنید، بحث را قطع کنید و به خود مشکل بپردازید. بخاطر داشته باشید که بسیاری از موضوعاتی که ما در موردشان صحبت می‌کنیم، مشکلات دائمی و غیرقابل حل هستند و ما فقط باید بتوانیم بصورت قابل درکی در مورد آنها گفت‌گو کنیم.

وقتـی توانسـتید بطـور کامـل در مـورد مشـکل صحبـت کنیـد و هـر دو واقعـاً نظـر یکدیگـر را درک کردیـد، می‌توانیـد بـه راه حل‌هـای مشـکل بپردازیـد

حل مشکل

وقتی احساسات خود را بیان و احساس یکدیکر را درک کردید،

چهار گام زیر را برای حل مشکل در نظر بگیرید:

گام اول: مشکل را مجدداً بیان کنید. می‌توانید آن را بنویسید.

گام دوم: تعییـن کنیـد کـه کـدام یـک از شما بیـشتر بـه یـک راه حـل و همیـن طـور بـه کمـک شـخص مقابـل بـرای کمـک نیـاز داریـد

گام سوم: در مـورد راه حل‌هـای ممکـن هـم فکـری کنیـد. ایـن کار می‌توانـد رونـد خلاقیت‌های‌تـان باشـد. در ایـن زمـان کمـی شـوخی و سر زندگـی نیـز نتیجـه بخـش اسـت

گام چهارم: طرحی برای عمل انتخاب کنید. نتیجه هم فکری‌های شما به احتمال زیاد به یکی از سه شکل زیر خواهد بود:

هدیـه‌ای از عشـق بدهیـد. بگوییـد "در حـال حـاضر ایـن مسـئله بـرای تـو مهم‌تـر از مـن اسـت، پـس مـن می‌خواهـم بـا خواسـته تـو کنـار بیایـم".

هدیـه‌ای از منحـصر بـه فـرد بـودن بدهیـد. مـا مجبـور نیسـتیم در مـورد همـه چیـز توافـق داشـته باشـیم. شـاید ایـن موضـوع یکـی از مسـائل همیشـگی مـا باشـد (ماننـد دمـا) مـا بایـد زندگی‌مـان را بپذیریـم و بـا آن کنـار بیاییـم.

هدیـه مصالحـه بدهیـد. هـر کـدام از مـا می‌توانـد کمـی از خـود گذشـتگی داشـته باشـد و هـر دو در حـد وسـط قـرار بگیریـم. بـه سراغ نیلوفـر و بهمـن می‌رویـم تـا ببینیـم چگونـه طـی ایـن چهـار گام توانسـتند مشـکل رسـیدگی بـه والدیـن بهمـن را حـل کننـد.

به هم اجازه صحبت بدهید.

در پیروی از گام اول: آنهـا نوشـتند کـه مـا می‌خواهیـم طـرح دو جانبـه قابـل توافقـی

برای کمک و حمایت از والدین بهمن بیابیم، بطوری که روابط‌مان آسیب نبیند

در پیروی از گام دوم: بهمن نیاز به حمایت از طریق نیلوفر دارد.

در پیروی از گام سوم: راه حل‌های ممکن.

نتیجه هم‌فکر نیلوفر و بهمن این فهرست شد:

نقل مکان به تورنتو بطور دائمی.

نقل مکان به تورنتو به مدت دو سال و سپس بازگشت به ونکوور.

نقل مکان والدین بهمن به ونکوور.

هماهنگی با برادر و خواهر بهمن برای کمک گرفتن از آن‌ها. ماندن در ونکوور و سفر بهمن هر دو ماه یکبار برای سر زدن به والدینش.

گام چهارم: انتخاب طرحی برای عمل.

پس بهمن و نیلوفر چه راه حلی یافتن؟ پشتکار آن‌ها استفاده از ابزاری بود که مشاور خانواده به آن‌ها معرفی کرده بود. آن‌ها به شکلی عالی در مورد مشکل گفتگو کردند، تا به نقطه‌ای رسیدند که طرحی عملی را انتخاب کردند. فعلا بهمن تصمیم گرفته است تا در ونکوور بماند و هر شش هفته یکبار چند روزی آخر هفته به دیدن والدین می‌رود.

همه مشکلاتی دارند

مادامی که زنده‌ایم، با موقعیت‌های سختی رو به رو خواهیم شد و مجبوریم دست به انتخاب بزنیم. پس شما را تشویق می‌کنم، قبل از "بله گفتن" مهارت‌های گفتگو درباره مشکلات و حل مشکلات را بیاموزید. بدترین ازدواج‌ها آن‌هایی هستند که مرد و زن تصمیم گرفته‌اند در کنار هم زندگی کنند و تنها یکدیگر را تحمل نمایند. در این حالت تعارضی وجود ندارد اما صمیمیتی نیز در بین نیست. تلاش دو جانبه برای یافتن راه حل صادقانه، ارزشمند است. ازدواج شما به این ترتیب قدرتمندتر خواهد بود. بیشتر اوقات، اگر مایلید با هم همکاری کنید، به مشکل حمله کنید نه به یکدیگر. به خشم‌تان رسیدگی کنید قبل از حل کردن مشکل

سعی کنید به خوبی در مورد آن گفتگو کنید. می‌توانید راه حل عملی بیابید

توانایی‌های خود را به عنوان یک زوج شناسایی کنید.

شاید بخواهید نقاط قوت و ضعفتان را ارزیابی و شناسایی کنید و توجه کنید که چگونه می‌توانید دیگری را تشویق کنید تا در حد ممکن در زمینه‌های قوت خود بیشتر کار کند. به اعتقاد من توانایی‌های متفاوت‌مان می‌تواند بما کمک کند تا به یکدیگر تعادل ببخشیم (به ویژه اگر به این تفاوت‌ها اهمیت دهیم و از آنها ترس به دل راه ندهیم). شاید شما بخواهید به دنبال راه‌هایی باشید تا بصورتی هماهنگ با هم کار کنید. برای ازدواجی موفق همسران باید بیاموزند که چگونه به شباهت‌ها و تفاوت‌های یکدیگر اهمیت دهند و آنها را بکار بگیرند

برای مثال: فرناز در امر خرید تبحر دارد. او می‌تواند از فروشگاهی که کمی دورتر از خانه است، اجناسی را با قیمت پایین‌تر بخرد. او مخارج خانه را تنظیم می‌کند و بیشتر خرید خانه را انجام می‌دهد. وقتی بهروز به خرید می‌رود، احتمالا با ۱۲ قوطی کنسرو چرب و خوشمزه مورد علاقه‌اش به خانه می‌آید، بدون آن که شیر و نان مورد نیاز را خریده باشد. آیا ما همیشه در مورد مسائل مالی و خرید توافق داریم؟ البته که نه، اما ارتباط برقرار کردن، مصالحه و تهیه برنامه درآمد، پس انداز و خرج کردن پول‌مان را آموخته‌ایم. همکاری کردن بویژه در امور مالی یک امتیاز برایمان بوده است

بیاییم توانایی‌های خود را در قالب یک زوج شناسایی کنیم.

طبق تحلیل روانشناختی هفت طیف دوگانه بودن انسان‌ها را مشخص می‌کنند. دو طرف هر طیف قوت‌ها و ضعف‌ها، فواید و معایبی دارند. مشاهده اینکه در هر طیف، شما در کدام قسمت قرار دارید، به شما کمک می‌کند تا دارایی‌های خود را بشناسید، به یکدیگر تعادل ببخشید و ببینید که وجود تفاوت‌ها اشکالی ندارد. همچنین گاهی ممکن است که متوجه شوید که در قسمت‌های مختلف این طیف‌ها قرار دارید

به عنوان مثال: گاهی ممکن است خیلی برونگرا، و گاهی نیز آرام و درونگرا باشید. پیشنهاد این است که هر طیف را مانند یک الاکلنگ در نظر بگیرید.

خودتـان و همسرتـان را روی آن ببینیـد ملاحظـه کنید کـه چگونـه می‌توانیـد بـه یکدیگـر تعـادل بخشـید. اگـر هـر دو نفرتـان در یـک طـرف ایـن طیـف قـرار داریـد، بایـد فکـر کنیـد، کـه چگونـه می‌توانیـد ضعفـی را کـه هـر دو داریـد جبران کنیـد.

احساساتی / حقیقت گرا

افـراد احساسـاتی، احساسـات و عواطیفشـان را بـه راحتـی بیـان می‌کننـد. آنهـا فضـای بـاز را دوسـت دارنـد و اگـر تنشـی در روابـط پدیـد آیـد، سـعی می‌کننـد کـه فضـا را شـفاف کننـد. آنهـا دوسـت دارنـد مشـکلات را بـر طـرف سـازند و (نگذارنـد ناراحتی‌شـان تـا روز بعـد بمانـد). افـراد احساسـاتی بیـشتر بـه روابـط علاقمندانـد تـا بـه حقایـق. حقیقت‌گراهـا بیـشتر دربـاره عقایـد و تبـادل اطلاعـات صحبـت می‌کننـد تـا بیـان احساسـات. آنهـا ترجیـح می‌دهنـد احساسـات ناخوشـایند را مطـرح یـا تصدیـق نکننـد و زمانـی کـه موضـوع عاطفـی بـه میـان می‌آیـد، ناراحـت می‌شـوند. آنهـا بیـشتر هدف‌گـرا هسـتند تـا انسان‌گرا. دیـدگاه متفـاوت شما حتـی می‌توانـد سـودمند باشـد. تصـور کنیـد کـه می‌خواهیـد بـرای مشـکل خاصـی راه حلـی پیـدا کنیـد و یکـی از شما دو نفـر حقیقت‌گرا و دیگری احساساتی است. تصمیمـی کـه براسـاس احساسـاتی محـض باشـد می‌توانـد مشکل‌سـاز باشـد. امـا از سـوی دیگـر، تصمیمـی کـه کاملا براسـاس اطلاعـات شـناختی باشـد نیـز ممکـن اسـت داده‌هـای مهمـی را نادیـده بگیـرد و کار سـاز نباشـد. اهمیـت هیـچ یـک روش‌هـای فکـری بیـشتر یـا کـمتر از دیگـری نیسـت. شما می‌توانیـد بـا توجـه بـه اینکـه هـر کـدام از کجـا آمده‌ایـد، روابط‌تـان را متعـادل سـازید. شمسـی احساسـاتی‌تر از وحیـد اسـت او بیـشتر حقیقت‌گـرا اسـت. شمسـی نسـبت بـه وقایـع عاطفـی حسـاس اسـت و بـا بچـه هـا (بـه ویـژه در دوران نوجوانی‌شـان) بـهتر از وحیـد ارتبـاط برقـرار می‌کـرد. امـا او بـا روش شـناختی خـود، کشـتی خانـواده را پیـش می‌رانـد. متوجـه شـده‌اند کـه بـه عنـوان هـمسر یکدیگـر و والدیـن فرزنـدان، هنگامـی کـه در مـورد مسـائل عاطفـی و هـم حقایـق صحبـت می‌کردنـد بـهتر می‌توانسـتند تصمیـم بگیرنـد. اگـر شما هـر دو احساسـاتی یـا هـر دو حقیقت‌گـرا هسـتید، شـاید بخواهیـد بدانیـد کـه چگونـه می‌توانیـد فقـدان بخـش دیگـر را جبران کنیـد

درونگرا / برونگرا

براسـاس مشـاهدات بـه ایـن نتیجـه رسـیده‌ایم، کـه افـراد برونگـرا از بـودن در کنـار

مـردم انـرژی می‌گیرنـد و شـاد می‌گردنـد، در حالـی کـه درون‌گراهـا از تنهایـی لـذت می‌برنـد. شما بـه چـه طریقـی احسـاس شـادی و لـذت می‌کنیـد؟ همسرتـان چگونـه احساس شادی می‌کند؟ افراد درون‌گرا بـه عنوان زوج دوست دارند اوقاتـی را بـه تنهایـی بگذراننـد و اوقـات خصوصی‌شـان را حفـظ کننـد. پیشـنهاد بـرای آن‌هـا شرکت در تیم ورزشـی و گروه‌هـای مطالعاتـی همسران اسـت. آن‌هـا بهتر اسـت ضمن شرکت کـردن، لیسـت اسـم‌ها را بگیرنـد و از آن لیسـت بـا کـس یـا کسـانی کـه احسـاس نزدیکـی می‌کننـد بـرای عصرانـه بـه منـزل خـود دعـوت کننـد. زویـا و محمـد هـر دو برون‌گرا هسـتند. از نظر آن‌ها هر چه افراد بیشتری در اطرافشان باشند بهتر اسـت. آن‌ها عقیده دارنـد تعطیلاتـی کـه در آن دوستان‌تـان همـراه شما نباشـند، چـه ارزشـی دارد؟ آن‌هـا از وجـود دیگـران انـرژی می‌گیرنـد، بـه دیگـران اهمیـت زیـادی می‌دهنـد و در زنـدگی دیگـران حضـور دارنـد. زویـا و محمـد بـرای آن‌کـه بـه تعـادل برسـند، بایـد سـاعت‌ها و روزهایـی را بـه خـود اختصـاص دهنـد. روابـط براسـاس دو نفـر شـکل می‌گیـرد و قطعـاً بایـد بـه انـدازه کافـی زمانـی را بـرای "دو نفـر" در نظـر بگیرنـد تـا سلامت و رشـد روابـط خـود را تضمیـن کننـد.

خودجوش / برنامه ریز

خـود جوشـی روشـی از زندگـی اسـت و در نتیجـه آن کارهـای جالـب و لـذت بخشـی صـورت می‌گیـرد. امـور کسـل کننـده زندگـی (ماننـد برنامه ریـزی بـرای غـذا، پرداخـت صورت‌حساب‌هـا یـا نظافـت خانـه) ممکـن اسـت مـورد بی‌توجهـی قـرار گیرنـد. برنامه‌ریـزی، سـاختار را دوسـت دارنـد و ممکـن اسـت در خطر جدیـت و هدفمنـدی بیـش از حـد قـرار گیرنـد. آن‌هـا معمولاً افرادی منظم هسـتند و ترجیح می‌دهند یک کار را بارهـا و بارهـا بـه یـک صـورت انجـام دهنـد. برنامـه ریزهـا بایـد محـرک ملایمـی بـرای گسـترش افق‌هـای خـود داشـته باشـند.

شما در کجای این طیف قرار دارید؟

اگـر هـر دوی شما خودجـوش هسـتید، می‌توانیـد بـه توافـق برسـید کـه قبـل از هـر تعهـدی و قـراری بـا هـم موضـوع مـورد نظرتـان را بررسـی کنیـد. اگر هـر دو برنامه‌ریز هسـتید، می‌توانیـد همسرتـان را غافلگیـر کنیـد. هـرگاه کـه برنامـه‌ای می‌ریزیـد، بـرای شما "برنامه‌ریـزی شـده" و بـرای همسرتـان "خودجـوش" اسـت!

اگر متضاد هم هستید، آیا می‌توانید روش‌هایی را برای تعادل یکدیگر بیابید؟ شاید فرد برنامه‌ریز به خاطر برنامه فرد خودجوش که می‌گوید "چرا امشب شام بپزیم؟ برای شام بیرون برویم"، برنامه خود را لغو کند. از طرف دیگر، فرد خودجوش می‌تواند توافق کند که بنشیند و برنامه‌های زمان بندی تهیه غذا را برای هفته بعد بنویسد. مثلاً "بیا جمعه دیگر ماهی کباب درست کنیم".

تعامل برای حفظ پیوند مهرآمیز

هدف ما آن نیست که مانند هم باشیم. ما متفاوت آفریده شده‌ایم. اما پذیرفتن هم و بهره بردن از نقاط قوت و ضعف یکدیگر، مهارتی است که برای یک ازدواج موفق اهمیت زیادی دارد. تمرکز بر نقاط ضعف، مانند آب در هاون کوبیدن است. مشاهده کرده‌ایم که زوج‌ها از تمرکز بر نقاط قوت مشترک یکدیگر بسیار بهره می‌برند و این نقاط را به عنوان دارایی‌های همسرشان به شمار می‌آورند، اتفاق جالبی رخ می‌دهد، آنها از همدیگر چیزهایی را می‌آموزند. در یکی از سمینارهایم یک زوج که قبلا با من تمرینات پیوند مهرآمیز را انجام دادند، به جمع گفتند: **"وقتی که متوجه شدیم باید روی نقاط ضعف خود کار کنیم تبدیل به تیم قوی‌تری شدیم و ثابت کرده‌ایم که می‌شود با کار و خواستن پیوند خود را مستحکم کنیم. ما در عین تفرقه روی وحدت و یگانگی کار کردیم شما نیز می‌توانید تیمی قوی شوید."** شما هم می‌توانید با هم اندیشی روش‌هایی را برای ایجاد تعادل بیابید. می‌توانید زندگی زناشویی فوق‌العاده‌ای براساس تفاوت‌هایتان بنا کنید. به دنبال دارایی‌های پنهان تیم خود باشید. اگر مشتاق یادگیری و رشد در کنار هم باشید، از گنجینه‌هایی که کشف خواهید کرد شگفت زده می‌شوید.

پر حرارت / آرام

افراد پرحرارت دائم در حال حرکت هستند. اگر کسانی که دور و بر این افراد هستند چنان بر کارشان متمرکز نباشند، این افراد به راحتی کارهای آنها را سازماندهی می‌کنند. آنها ایده‌ها و انرژی بسیار زیادی برای عملی‌کردن خواسته‌هایشان دارند. افراد آرام به راحتی در حاشیه حرکت می‌کنند. آنها انعطاف‌پذیرند. و به ندرت زندگی را سخت می‌گیرند. آنها به اندازه افراد پرحرارت رهبر نیستند، بلکه

به صورت‌های دیگری تأثیر می‌گذارند. آنها معمولا گوش شنوای خوبی هستند و بیشتر مشاوران چنین ویژگی‌ها را دارند. ما در این زمینه متضاد هستیم مریم پر حرارت است، از نظر او یک روز "کسل کننده" روزی است که کاری برای انجام دادن وجود ندارد. او خواب نیمروز را دوست ندارد (شاید چیزی را از دست بدهد). فریدون می‌گذارد در زندگی جریان یابد. او به آهستگی (اما پیوسته)، هوشمند و مصمم حرکت می‌کند. در این طیف، ما اغلب از دیدگاه‌های یکدیگر بهره می‌گیریم و به هم اعتدال می‌بخشیم، اما نه همیشه! وقتی مریم کاملاً روی طرحی متمرکز می‌شود، زمان از دستش خارج می‌شود و می‌تواند ساعت‌ها بدون وقفه، بدون استراحت کار کند. اما فریدون پس از مدتی کار را متوقف می‌کند و پانزده دقیقه می‌خوابد. این کار مریم را دیوانه می‌کند. وقتی این دو باید کاری را در زمان کوتاهی به انجام برسانند، مریم به موقع کارش را به پایان می‌رساند اما فریدون ناراحت است که نتوانسته به جزئیات برسد. شما در کجای این طیف قرار دارید؟ اگر هر دوی شما پر حرارت و یا آرام هستید، آیا می‌توانید روش‌هایی را برای ایجاد تعادل پیدا کنید؟ اگر عکس هم هستید، آیا می‌توانید یکدیگر را متعادل کنید؟ روش‌هایی که ما برای تعادل بخشیدن به هم انجام می‌دهیم، این است که وقتی مریم بیش فعال می‌شود، فریدون او را آرام می‌کند و وقتی فریدون کمی کم تحرک می‌شود، مریم به او انگیزه می‌دهد

شب زنده‌دار / سحرخیز

چرا بسیاری از افراد شب زنده‌دار با سحر خیزان ازدواج می‌کنند؟ طبق مشاهدات‌مان، این امر به زوج‌ها در نگهداری از فرزندانشان طی سال‌های نوزادی تا نوجوانی کمک می‌کند، به این صورت که شب زنده‌دار وظایف شب را بر عهده می‌گیرد. روانشناسان می‌گویند: "ما با ساعت‌های بیولوژیکی درونی به دنیا می‌آییم." ساعت درونی شما چگونه است؟ پرثمرترین ساعات روز برای شما چه زمانی است؟ صبح؟ عصر؟ شب؟ احتمالا تشخیص این طیف کار ساده‌ای است. اما تعادل بخشیدن به آن بسیار مشکل است

وقت شناس / بی نظم

آدم‌ها از جهت دیگری نیز با هم تفاوت دارند. اگر شما هر دو وقت‌شناس و یا

هـر دو بی‌نظـم هسـتید، می‌توانیـد بـه راه‌هایـی بـرای ایجـاد تعـادل فکـر کنیـد. سـاعت شماطـه‌دار، سـاعت مچـی زنگـدار، یادداشـت‌هایی بـرای خـود می‌توانـد کارسـاز باشـد. اگـر در ایـن مـورد عکـس هـم هسـتید، بایـد بـه شـیوه‌های تعـادل بخشـیدن بـه یکدیگـر فکـر کنیـد و یـا کمـک بگیرید

ولخرج / صرفه جو

طیـف دیگـر مربـوط بـه نگـرش افـراد بـه پـول اسـت. عـده‌ای بـا پـس انـداز کـردن انـرژی می‌گیرنـد، برخـی دیگـر هـم بـا خـرج کـردن. پریـا و دامـون بـه فکـر ازدواج هسـتند و از اینکـه هـر کـدام در یـک سر طیـف ولخرجـی / صرفـه جویـی هسـتند، مشـکل دارنـد. پریـا در خانـواده‌ای بـزرگ شـده کـه پـول پـارو می‌کردنـد. بـر عکـس خانـواده دامـون، بسـیار اقتصـادی و صرفـه جـو بودنـد. پریـا و دامـون در نظـر دارنـد پـس از ازدواج بـا هـم برنامه‌هـای مالـی مـشترک داشـته باشـند، بنابرایـن بایـد سـخت تلاش کننـد تـا گرایـش پریـا بـه ولخرجـی و تمایـل دامـون بـه مال‌انـدوزی تعدیـل شـوند. شما خـود را در کـدام قسـمت ایـن طیـف می‌بینید؟ ایـن کـه آیـا تمایـل داریـد بـا هـم کار کنیـد تـا بـه تعـادل برسـید؟ اگـر ایـن زوج از ابتـدا طـرح مالـی، عملـی داشـته باشـند از بـروز برخـی مشـکلات مالـی کـه ممکـن اسـت بعدهـا گریبان‌گیـر شـود جلوگیـری می‌کننـد. مـن بـرای کمـک جهـت یـک شروع مثبـت چهـار مرحلـه عملـی زیـر را پیشـنهاد می‌کنم

ارزیابی بدهی‌های فعلی: میـزان بدهـی کـه همـراه خـود وارد زندگـی مشترک‌تـان می‌کنیـد شـامل وام‌هـای دانشـجویی، قصـد ماشـین و قصـد منـزل و یـا شـاید تعهـد بـه کمـک، بـه والدیـن و یـا هـر نـوع تعهـد مالـی دیگـر. امـا اگـر هـر کـدام شما مشـکلاتی داریـد دربـاره بدهـی و بهره‌هـای ناشـی از آن کـه بـرای دراز مـدت می‌توانـد واقعـاً کشـنده باشـند، مسـئله پیچیده‌تـر می‌شـود و بـر علیه‌تـان پیـش مـی‌رود و ممکـن اسـت بـه روابط‌تـان آسـیب بزنـد. پـس می‌توانیـد حـالا راجـع بـه آن صحبـت کنیـد

اهداف مالـی خودتـان را تعییـن کنیـد: هـر نگرشـی کـه در مـورد کـنترل مسـائل مالـی و بدهی‌هایتـان داریـد، بهتر اسـت اهـداف مالـی کاملا مشـخصی داشـته باشـید. اسـکات پـک در کتـاب **"جاده ای با مسافران انـدک"** چنیـن می‌نویسـد: **"یکی از نشانه‌های بلوغ، توانایی به تعویق انداختن کام بخشی است."** اما ما در عصر فوریـت و سرعـت زندگـی می‌کنیـم، غـذا آمـاده، نوشـیدنی فـوری، کارت اعتبـاری فـوری.

ما بطور مکرر شنیده‌ایم که همه چیز می‌توانیم داشته باشیم و همین الان هم می‌توانیم داشته باشیم. اگر یاد بگیریم که کامروای‌ها را به تاخیر بی‌اندازیم، بسیاری مشکلات ازدواج کم می‌شوند

ایجاد یک برنامه مالی قابل اجرا: باید هزینه‌های ریز و درشت را در نظر بگیرید و در رابطه با درآمدتان بودجه بندی بکنید

روش سبد مشترک: اولین روشی که سعید و زهره می‌گویند: "برای کنترل پول‌مون در پیش گرفتیم، این بود که همه پول‌مون را یکجا بگذاریم." این روش در ابتدا زندگی، بسیار مفید و مدیریت راحتی را می‌طلبد. هدف ما آن نیست که مانند هم باشیم. ما متفاوت آفریده شده‌ایم. اما پذیرفتن هم و بهره بردن از نقاط قوت و ضعف یکدیگر، مهارتی است که برای یک ازدواج موفق اهمیت زیادی دارد. تمرکز بر نقاط ضعف، مانند آب در آوند کوبیدن است

گام‌هایی رقص‌وار به سوی ایجاد نگرشی توام با عشق به زندگی

رابرت گلدمن (محقق و روانشناس) زیبایی عشق را از طریق واکنش ـ تغییر ـ تحول و تکامل معنی می‌کند

۱. اصل **ذهن‌گرایی**: ما را به درک بهتر ذهن تواناتر می‌سازد. نیروی ذهنی، یا کنترل ذهن، به این دلیل دارای تاثیر است که جهان پدیده‌ای ذهنی است و تمام پدیده‌ها از جایگاه نسبی ذهن ما دیده می‌شوند. یعنی ما هر آنچه فکر می‌کنیم می‌بینیم. همانطور که ما دنیای خود را خودمان ایجاد می‌کنیم، سپس قادر می‌شویم آن را از نو پدید آوریم. یعنی از ذهن خود برای کُنترل کردن دنیای خود استفاده کنیم.

۲. در اصل **تطابق**: می‌توان آنچه در عالم مادی وجود دارد، آن را در عالم ذهنی هم یافت. همچنین این اصل به شما کمک خواهد کرد که مشکلاتی را که دارای درجات متفاوتی در شکل بروز می‌کنند، از طریق مواجهه با درجات خفیف‌تر آنها را حل نمایید. زیرا براساس اصل تطابق، یک مشکل در شکل خفیف آن، در واقع همان مشکل در شکل شدیدترین آن است.

۳. اصل **قدرت**: به اصل ارتعاش معروف است. همه چیز در حال یک حرکت دائمی و بی پایان است.

۴. اصل **تضاد**: براساس این اصل، هر پدیده‌ای دو بعد دارد. یعنی هر پدیده در جهان دارای ضد خودش نیز هست و این دو موجودیت متضاد، از نظر درجه و کمیت با همدیگر متفاوت هستند، ولی از نظر ماهیت با یکدیگر تفاوتی ندارند. ما اصل تضاد را با نظر چرخش نگرشمان از دوست نداشتن به دوست داشتن، از حالت عجز و ترس به خوش‌بینی، از افکار وحشت و تنفر به عشق، از احساس گناه و تشویق به بخشش خود، از خشم و اضطراب به خونسردی تبدیل به کار خواهیم برد. (خوش بینی_منطقه خنثی_تنفر و ترس)

با محدود کردن معنای عشق به یک نگرش، در می‌یابیم که بر طبق اصل تضاد، عشق و تنفر فقط از نظر کمیت و درجه با یکدیگر تفاوت دارند. برای درک بهتر این موضوع، فردی را در نظر بگیرید، که منبع یک عشق مطلق است. عشق مطلق، در انتهای تضاد مقیاس مثبت قرار دارد. یعنی جایی که در آن هیچ پدیده منفی‌ای وجود ندارد و همه چیز در آنجا مثبت است. بنابراین، این فرد فقط با نگرش مثبت مورد ارزیابی قرار خواهد گرفت و هر چه که او انجام دهد یا به زبان آورد، از نظر ما مثبت خواهد بود. بطور کلی ما این فرد را با نگرشی که در بردارد یعنی تمام جنبه‌های عشق، خواهیم نگریست. همانطور که اشاره شد سومین اصل قدرت، به اصل ارتعاش معروف است. بر طبق این اصل، همه چیز در حال یک حرکت دائمی و بی‌پایان است و هرگونه تغییراتی در شکل آنها بروز می‌گردد. به عنوان نمونه، براساس این اصل، سلامتی دارای ارتعاش خاص خود است، بیماری نیز همینطور، موفقیت و شکست نیز هر کدام دارای ارتعاش خاصی هستند

برای مثال: هنگامی که ما دچار بیماری می‌شویم، آنچه که در بطن بیماری قرار دارد، ضعیف‌تر شدنِ ارتعاشات بدنمان است، لذا جهت مقابله با هر بیماری، فقط کافی است که ارتعاشات بدنمان را تنظیم کنیم، خواهیم دید که بزودی شفا خواهیم یافت. چهارمین اصل قدرت، اصل تضاد است. براساس این اصل نیز همه پدیده‌ها دو بُعد دارند یعنی هر پدیده در جهان دارای ضد خودش می‌باشد و این دو پدیده متضاد، فقط از نظر درجه و کمیت با یکدیگر متفاوت هستند ولی از نظر ماهیت با یکدیگر تفاوتی ندارند. طبق مقیاس تضاد رسم شده بالا، ترس در قطب منفی مقیاس، قرار دارد و با تفکر بیشتر در مورد کلمه ترس، پی

می‌بریم که ترس احساسی از انتظار است. بنابراین در هر دو قطب مثبت و منفی مقیاس تضاد، کلمه انتظار را قرار داده و ترس را این‌گونه تعریف خواهیم کرد: ترس احساسی از یک انتظار منفی است، یعنی فردی که دچار ترس می‌شود، در انتظار وقوع وقایع ناخوشایند به سر می‌برد. اما در برابر احساس ترس، احساس خوش بینی یعنی عشق قرار دارد. بنا بر توضیحات داده شده، می‌توان عشق را این گونه تعریف کرد: **"عشق یک نگرش مثبت است."** با توجه به این تعریف، حال باید ببینیم که چگونه می‌توانیم از نیروی عشق در زندگی روزمره خود بهره‌برداری کنیم. فرض کنید که در آشپزخانه شما مقدار زیادی ظروف کثیف وجود دارد که شما برای شستن آنها احساس اجبار و اکراه می‌کنید. در این حالت، پیکان مقیاس تضاد در جهت منفی تنفر قرار خواهد گرفت، زیرا که شما نسبت به شستن ظروف کثیف نگرش منفی دارید. اگر شستن ظروف اینهمه نفرت‌انگیز است، پس چاره کار چیست؟ در جواب این سوأل باید گفت که چاره کار، تغییر دادن نگرشمان است. شما نباید درباره شستن ظروف مشغله فکری داشته باشید بلکه به جای آن، شما باید به آشپزخانه بروید و علاوه بر ظرف نشسته، کل وسایل آشپزخانه را بشویید و برق بی‌اندازید. با انجام این عمل، نگرش شما به سمت مثبت مقیاس تضاد تغییر مسیر خواهد داد و از داشتن آشپزخانه‌ای تمیز و براق لذت خواهید بُرد. پس لازم است که شما در مورد تمام امور زندگی، نگرشتان را از تنفر به عشق تغییر دهید و به جای اینکه فقط ظرف‌های آشپزخانه‌تان را بشویید کل آشپزخانه را برق بی‌اندازید. با استفاده از نیروی عشق، شما به راحتی می‌توانید باز تجربه‌های‌تان را نسبت به عوامل و موقعیت‌های دردسرساز زندگی تغییر دهید. اگر عشق به عنوان نگرشی مثبت مورد استفاده قرار گیرد، همیشه مشکل‌گشا خواهد بود. با این اوصاف ما انسان‌ها از هر نژاد، شغل، طبقه، و فرهنگ که باشیم، اگر بی‌آموزیم که با نگرشی مثبت و همراه با عشق به چالش‌های‌مان بنگریم، حتماً موفق خواهیم بود.

در این رابطه گلدمن می‌گوید: "با مُنور کردن دل به انوار تابناک عشق، شما به منبعی سرشار از نیرو و انرژی دست خواهید یافت که هرگز تمام شدنی نیست و با اتکا به این منبع خواهید توانست یک روز تاریک بارانی را به روزی سرشار از تحرک و شادمانی تبدیل کنید و یا یک غذای بی‌مزه را طوری ببلعید که گویی تا

به حال چنان غذایی به این خوشمزگی نخورده‌اید." بطور کلی می‌توان گفت در زندگی، هر پدیده منفی قابل تغییر به نوع مثبت (نگرش عشق) آن است. در ریشه‌یابی چیزهایی که باعث آزردگی شما می‌شود، یا هنگامی که با موقعیت منفی و ناخوش آیندی روبرو می‌شوید، همیشه بخاطر داشته باشید که در نقطه مقابل آن، یک موقعیت مثبت (توام با عشق) نیز وجود دارد (اصل تضاد) پس در چنین موقعیت‌هایی، بهتر است همیشه سعی کنیم که نگرشمان را تغییر دهیم و حوادث ناخوشایند را به عنوان مانعی در نظر بگیریم که می‌باید از پیش رو برداشت، یا اینکه اصلا این حوادث را نوعی خودآزمایی به حساب بی‌آوریم. خواهید دید با ایجاد نگرش مثبت در خودتان، موانع و آزمون‌ها را به راحتی پشت سر خواهید گذاشت بطور کلی، اگر ما در هر زمینه‌ای حداکثر تلاشمان را با داشتن نگرش مثبت، به عمل آوریم، زندگی‌مان همیشه لذت بخش و همراه با عشق و با نشاط خواهد بود. بیاد داشته باشیم که تغییر ذهنیت از تنفر به عشق باعث می‌شود که زندگی شما سرشار از خوشی و لذت شود و در تمام زمینه‌های زندگی موفق عمل کنید.

"باورهایمان عواطف‌مان و واقعیت‌مان را می‌آفرینند و واقعیت‌مان سپس باورهای‌مان را تأیید می‌کند. ما زندانی ساختار باورهای محدود خود هستیم." رابرت الیاس نجمی"

برای مثال: اندیشه‌ها و عواطفی را می‌آفرینیم، که اهمیت چندانی برای انرژی‌ها و افکارمان قائل نمی‌شوند و همین برخورد است که به شکست می‌انجامد. این واقعیت در مورد هر باوری خواه مثبت خواه منفی صادق است. سلامتی، پول، رابطه، توانایی‌های شخصی، تنبلی ذهنی یا فلج ذهنی، (حوصله از جا بلند شدن را ندارم)، تنفر و قضاوت، سرشت مرگ و زندگی (عدم سوگواری سالم) و هر پندار انسانی دیگر فعالیت دایره‌ای زندانی کردن خود معمولاً تا زمانی ادامه می‌یابد که گونه‌ای بحران می‌آفرینند که باعث می‌شود از آن باورهای خاص دست کشیم.

این بحران‌های زندگی می‌توانند به طُرق مختلف روی دهند: از طریق بیماری، جدایی از عزیزی، یا از دست دادن چیزی با اهمیت برای ما از قبیل پول، شهرت، موفقیت یا شاید افسردگی حاصل از توهم در مورد زندگی، یا داشتن

اضطراب که راه موفقیت را سد می‌کند، که آن هم نمایانگر نداشتن ایمان به کار است. این فاجعه‌های خود آفریده که از درون خودمان سرچشمه می‌گیرند، باید از دام‌های حلقه‌وار معیوب منفی تمیز داده شوند. فقدان اعتماد به نفس نمونه رایج آن می‌باشد، که اغلب در مورد کسانی اتفاق می‌افتد که فاقد امنیت درونی هستند، دارای باورهای شرطی‌اند، مثل زن باید شوهر داشته باشد تا کامیاب باشد یا تا ازدواج نکند موفق و قابل پذیرش نخواهد بود. باورهای مخرب تری مثل **"مردها وفادار نیستند"** و یا **"مردها عشق نمی‌جویند"**. این‌ها باورهای جاافتاده هستند که نقش مرد و زن را به شکل بیمارگونه‌ای تعریف کرده‌اند، باعث می‌شوند که افراد نقش قربانی را بازی کنند و زن یا مرد بعنوان پدیده‌ای جدا از خود و خارج از کنترل احساس کنند. اگر این جریان باور وجودی را حفظ کند، به طور کامل به دامان نومیدی می‌افتد. باور اصلی او این است که باید ازدواج کند تا شاد، ایمن و پذیرفتنی باشد. همچنین اگر او بر این باور باشد که همه چیز به این جسم مادی خلاصه می‌شود، به دلیل بسیار مبهم و ناروشن عدم حضور شوهرش تیره روزتر می‌شود. در حالی که اگر به هستی جان باور داشته باشد، همین روند را با درد و رنج کمتری تجربه می‌کند. همین حالت با آن باور در مورد مردی صادق است که عزیزش را از دست می‌دهد. زن اکنون این فرصت را یافته که باورهایش را تغییر دهد و نیروی بالقوه‌ای را در خود پیدا می‌کند که می‌فهمد خوشبختی حالت درونی و مستقل از عوامل بیرونی است. سپس این بحران بصورت تجربه رشد می‌کند و فرد نیرومندتر و پویاتر می‌شود و اکنون از بیش از پیش نیروهای درونی‌اش که قبلا نادیده گرفته می‌شدند، مورد استفاده قرار می‌گیرد. ممکن است مدتی با دو نظام باوری زندگی کند تا سرانجام سودمندی یکی از آن‌ها را برایش به اثبات برسد. همه ما توانایی‌هایی داریم که اگر بخواهیم می‌توانیم با نگرشی منضبط و مثبت آنها را در خود پرورش دهیم. همچنین استعدادهای خاصی داریم که در اینجا مطرح شده‌اند. عده‌ای می‌گویند: "نمی‌توانند آرام بگیرند، نمی‌توانند فکر نکنند، و نگران نباشند، من خیلی عصبی هستم". منظور آنها در واقع این است که آنها نه راستی نکوشیده‌اند که با فکری باز، چگونه آرام گرفتن را یاد بگیرند. به زبان رُک ممکن است باور نداشته باشند که می‌توانند آرام و شاد باشند و می‌توانند با ذهن‌شان مدیریت استرس و اضطراب و شیدایی را کنترل کنند که گرفتار افکار اتوماتیک منفی نشوند و یا به

زبانی دیگر خود را گروگان افکار ناسالم نکنند. تمام کسانی که به شکل مرتب و اصولی از کمک‌های مشاوره، نرمش، آرام سازی و مراقبه استفاده کرده‌اند توانستند تا حدی چگونگی آرام بودن را فرا بگیرند.

چگونه گام‌های رقص‌وار به سوی ایجاد نگرش توأم با عشق به زندگی را بدست آوریم؟

در درون هر یک از ما میل طبیعی به رشد، بازسازی و تکامل وجود دارد که ما را به سوی کمال بخشیدن، توان بخشیدن روحی و به قدرت انسانی بالقوه و خلاق بودن خود واقع بینانه رهنمون می‌سازد و ما از زمان غارنشینی تا جامعه امروز، ما شاهد حضور این میل در روند تکامل دائم و میل درونی نسبت به شناخت و بیان خلاقیت بوده‌ایم. می‌توان خود را با الماسی نتراشیده مقایسه کرد که سطوح ناصاف و نامرتب سطح آن، زیباییش را پنهان کرده است. به تدریج با یاد گرفتن خود و کودک درون خود، درس‌های زندگی را و غلبه بر موانع و تکامل بخشیدن به نیروی درون، ناهمواری‌ها و زمختی‌های بیرونی صیقل می‌یابند و زیبایی‌ای درونی‌مان جلوه می‌کنند. برای بیشتر ما که از آرامش بهزیستی خانوادگی کودکی برخوردار بوده‌ایم این رشد ناخودآگاه صورت می‌گیرد. تجربیات معنوی و دینداری سالم (پدرها و مادرهای‌مان آنچه باور داشتند به راستی عمل کردند) موجب آرامش روان است. اگر قرار است به خود کمک کنیم، باید یاد بگیریم تا پزشک، روانشناس، عالم و روحانی (مولانا در تعریف روحانی بودن می‌گوید عاشق بودن و شدن) خویش باشیم و هم زمان روی جسم، ذهن، جان خود کار کنیم. این سه جنبه وجودمان به شکل جدایی‌ناپذیری به یکدیگر جوش خورده‌اند و برای رشد خود به یک اندازه به توجه نیاز دارند؛ که ما را وقف تکامل معنوی خود کنند. هر یک از ما باید تعادل شخصی خود را بیابد، که با تغییر نیازهایمان، تغییر کنیم. کنار آمدن با دل آزردگی‌ها و قدرت پذیرفتن اتفاقی که در گذشته افتاد. نظرهای یادگیری تقویت بشود (کوشش برای یادگیری بیشتر که ما را در تصمیم‌گیری کمک می‌کند) و پاداش داده شود منظور همان تشویق به جا برای بالا بردن اعتماد بنفس است. عصب شناسی مدرن معتقد است که تجربه‌های ماندگار بدین معنا، که او سیمرغ درونش را باز پروری می‌کرد، بدین وسیله ما با یک روش سالم روانشناسی با کودک درون خود آشتی می‌کنیم و با خود به صلح می‌رسیم.

شرط اول دوست داشتن خود، دوری کردن از احساسات تنفر و قضاوت کردن و عصبانیت است و برای اینکه آن احساس منفی را تبدیل به رفتار زیبایی بکنیم خود را از خودشیفتگی به عشق و صمیمیت برسانیم. سعی نکنیم از مکانیزم دفاعی استفاده بکنیم، هر رفتار نامناسب را در خود شناسایی بکنیم، از تنبلی ذهنی که به شکل یک عادت در آمد، آن را تبدیل به رفتار جدید الگو ذهنی در بیاریم؛ بهای این کار صرف وقت، انرژی و تعهد برای انجام می‌باشد. برای ایجاد هیجانات فکری و فیزیکی در ما که بهتر بتوانیم فکر کنیم و به فلج ذهنی مبتلا نشویم ورزش است که باید جز برنامه روزانه خود قرار دهیم. با رفتار جدید و جابجا کردن الگوهای رفتاری سالم و تعهد به خود در تمرین روزانه‌مان سعی کنیم متعهد به برنامه بشویم.

برای مثال: کِشی به دستمان ببندیم که یادمان باشد هر روز از ساعت ۷تا ۸ ورزش کنیم، وقتی برای رشد معنوی خود بگذاریم. به کسانی که فکر می‌کنیم دشمن ما هستند عشق و مهر در دل و در واقع خودمان نسبت به آنها ایجاد کنیم و با این کار پر از انرژی، تنفر و ظلم به خود را از خود دور سازیم. ما دارای سرشت جوهری درونی هستیم که فراسوی شرطی شدن‌های آن باورهای ما است، اینکه می‌توانیم واقعیت خود را از راه تغییر باورهای خود تغییر دهیم گام اول این روند، تشخیص چنین باورهاست. ایجاد انگیزه و منش برتر با بلوغ عاطفی و فکری بالاست، آشنا کردن خود با یافتن گام‌ها برای خود شکوفایی شدن و کار کردن با خود برای رشد حرمت نفس ـ عزت نفس و اعتماد بنفس بالا، احساس قدرتمندی در مقابل زندگی هدف‌مند با انگیزه قوی که جلوی لایه‌های ناشی از بیم که در خویشتن واقعی رشد کرده و بزرگ شده را بگیریم، (لازم است با کودک درون خود تماس حاصل کنیم و یاد بگیریم که آن را به صورتی که هست بپذیریم و دوست بداریم و در عین حال در مورد حقیقت سرشت به آن آموزش دهیم. آنگاه می‌توانیم به آسیب‌های روحی و بدفهمی‌های کودک درون را شفا دهیم و کل جسم و ذهن خود را از تنش خالی کنیم، کودک درون خود را مجسم کنیم و با آن ارتباط برقرار کنیم او را به شکل مثبت تقویت کنیم کودک درون ما لازم دارد که از مهر، امنیت و ارزشمندی و شایستگی بشنود در فکر خود با مهر و عطوفت او را در آغوش بگیریم. کودک را در بازوان خود حس و مجسم کنیم و درباره

نیازهای خود در مقام بزرگسال با او صحبت کنیم. در همه زمینه‌های مهر و شادی و تماس درونی که زندگی را با خودمان در صلح باشیم و آنچه را که احتیاج به نمایش ندارد، نمایش ندهیم و با آن کودک یکی شویم. فروید وقتی مسئله ضمیر خودآگاه و ناخودآگاه را طرح کرد، این طرح گلوله‌ای بود در اقیانوس اطلاعات روانشناسی که قسمت عظیم هویت انسان را مطرح می‌کند. در تداوم آن گشتلات (روانشناس مدرن) می‌گوید: انسان موجودی است دارای آگاهی و هوشیاری که وقتی به مراتب میزان آن‌ها به بالاتر برسند، تاثیر کیفی بوجود می‌آورند. مثلث درمانی را گشتلات پیشه می‌گیرد، انسان درمانی و طریق شناخت درمانی یکی از اضلاع مثلث بشمار می‌رود. یکی از راه‌های رفتار درمانی و خودآگاهی نسبت به در لحظه زندگی کردن است، بگذاریم چشم‌ها و گوش‌های‌مان نسبت به اینجا و اکنون باز باشند و آن را تجربه کنند. زمان حال در واقع تنها واقعیت ماست. آینده و گذشته توهم‌اند آنها جز در ذهن ما هستی ندارند. آزادی در لحظه فعلی است. اوج قدرت و امنیت درونی در لحظه است. ما هم در میدان توانمندی خودمان کم کاری نکنیم، آموزش و یادگیری را در خود زیاد کنیم و حد و توان را در خود به تدریج بالا ببریم. آن را هم فقط با شناخت رفتاری نشان دهیم و ما سعی کنیم روابط معیوب والدین خود را با خود حمل نکنیم.

هنگامی که تنفر باز می‌ایستد، عشق پدیدار می‌گردد. "کریشنا مورتی" چنانچه عشق کسی را در خود احساس کنید اما این عشق را به او ابراز نکنید و فراتر از دیوارهای روحی عاطفی خود قدم نگذارید صمیمیت را تجربه نخواهید کرد. آنچه ازدواج را نابود می‌سازد و عشق و محبت را میان زن و شوهر می‌کشد کمبود عشق و محبت نیست بلکه کمبود صمیمیت و نزدیکی است. باربارا دی آنجلین در کتاب با هم بودن "صمیمیت و نزدیکی واقعی چیست؟ می‌توان گفت صمیمیت تجربه مشترک است که در آن حد و مرزها بین شما و همسرتان ذوب و ناپدید می‌شود و سپس یگانگی، پیوند و وحدت وجود را تجربه می‌کنید. در واقع سیراب‌سازی عشق و ازدواج چیزی نیست مگر خلق لحظه‌هایی از صمیمیت و نزدیکی. صمیمیت اتفاق و رویدادی است که در ارتباط میان شما و شخص دیگر رخ می‌دهد. شما می‌توانید با کسی باشید اما قلب و روحتان فرسنگ‌ها با او فاصله داشته باشد. از طرق دیگر می‌توانید با یک مکالمه تلفنی صمیمیت را احساس

نمایید. شما می‌توانید صمیمیت و نزدیکی بسیاری میان خود و فرزندان‌تان، دوستان و همکاران، محیط زیست، دنیای اطرافیانتان و حتی با خودتان را و صمیمیت و نزدیکی را با درون خود تجربه کنید؛ و خود را از انرژی زندگی پر کنید."

زمانی که زنان حمایت عاطفی و عشقی لازم را از مردان خود دریافت می‌نمایند، درک می‌کنند که مورد علاقه شوهرانشان هستند و شوهرانشان آنها را دوست دارند. در این قضیه مهم نیست که مرد چه چیزی برای آنها تأمین خواهد کرد، بلکه مستحکم بودن عشق و علاقه و تداوم آن عشق برای زن مهم و اهمیت دارد. هرگاه زن بداند و باورش بشود که شوهرش او را به راستی و برای همیشه دوست دارد هیچ مشکلی نخواهد داشت. زمانیکه مرد بدون تقاضای زنش اقدام به کاری می‌کند، زن عشق و محبت شوهرش را به خوبی درک می‌کند. بعد از این اگر مرد دچار فراموش کاری شود که اکر کاری را که بایستی انجام می‌داد بدهد، زن با مهر و عاطفه و بدون لحن متوقعانه، شوهرش را به کار فراموش شده یادآور می‌شود. کسب مهر و محبت از جانب مرد به گونه‌ای دیگر است. او زمانی عشق و محبت زنش را باور خواهد کرد که زن در برابر فعالیت‌ها، تلاش‌ها، فداکاری‌ها و انجام کارهایش مورد تقدیر و تشویق قرار خواهد داد. اگر زن دارای روحیه خوب باشد و از زندگیش اظهار رضایت کند، مرد خواهد یافت که در کارش موفق بوده است و این خود به نوعی تقدیر و تشکر است. با راحتی خیال همسر، او نیز راحت خواهد شد

عشق به ستاره دنباله‌داری شبیه است، که گویی در تمام طول زندگی ما فقط یکبار پدیدار می‌شود، دلمان را نوازش می‌کند و می‌رود. برای تماشای این ستاره دنباله‌دار، باید بیاموزیم و تمرین کنیم و نگه دارش باشیم. "کریستیان بوبن"

هیچ نوع کامیابی و موفقیتی نیست، که بدون تعهدات پیش پا افتاده به ثمر برسد. همه می‌دانیم که رابطه زن و شویی پایدار خود نوعی کامیابی است، که البته روزانه، ساعتی، لحظه به لحظه به دست آمده است. قدر مسلم، کار آسانی نیست و پاداش آن هم فوری بدست نمی‌آید و مستلزم ایثار در الویت‌های ترجیحی است و اینکه طرفین متعهد شوند در تمام شرایط زندگی با هم سهیم

باشند، ملاحظه کار باشند، گوش شنوا داشته باشند، تا با تعهدات پیش پا افتاده به این مرحله کامیابی برسد. که خود به منزله گام‌هایی قهرمانانه برای رسیدن به اهداف والایی زناشویی دراز مدت است. همه ما دلمان می‌خواهد بخشی مثبت در زندگی همسرمان باشیم. به هر حال، بیشتر اوقات روز ما با پرداختن به کار و الزامات و به دنبال کامیابی سپری می‌شود. به همین دلیل بسیار مهم است که مردم در روابطشان به دنبال علایق مشترک بگردند و آن را گسترش دهند. علایق مشترک باعث تشویق ارتباط مثبت و لذت می‌شود و رابطه‌ی زن و شوهر را تقویت می‌کند. لذت و سرگرمی فریبا و اشکان این است که هر فرصتی را برای قایق سواری و پارو زدن استفاده می‌کنند. این زوج ساکن دیپکو هستند که سی سال است با هم ازدواج کرده‌اند، تصمیم گرفتند از مسیر رودخانه‌ای در مرز بین کانادا و امریکا به سفری چهار ماهه بروند و از طبیعت لذت ببرند. فریبا می‌گوید: "ما هر دو عاشق آب و قایق‌رانی هستیم. جایی فوق‌العاده زیباست. درخت‌ها، صخره‌ها، پرندگان دریایی، گل و گیاهان، بوی درختان کاج. چه آرامشی! با هم بودن چقدر خوب است. ما عاشق پارو زدن در طبعت بکر هستیم." اشکان می‌گوید: "ما برای برگشتن به زندگی پر تنش روزمره عجله‌ای نداریم. دنیا بدون ما هم به کار خودش ادامه می‌دهد. تحقیقات نشان می‌دهد، زوج‌هایی که علایق مشترک دارند، بیشتر از بقیه زندگی زناشویی‌شان دوام دارد. فعالیت‌های دیگری که باعث تنوع زندگی می‌گردد و از یکنواختی بیرون می‌آید و در ایجاد روحیه بهتر و بیشتر در روابط دو نفر موثر است

شامل: جشن گرفتن به مناسبت‌های خاص، مهمانی رفتن و یا مهمانی دادن، هدیه دادن، به تفریح و بازی پرداختن و یا به مسافرت کوتاه رفتن می‌باشد. که همین تغییرات و تحولات روحی منجر به تکامل روحی سالم روابط می‌گردد. تنها دوام در زندگی، همانند عشق در رشد، جاری و روان بودن و در رهایی است. کوشش کنید زندگی را با شادی و شعف سپری ساخته و شگفتی‌های آن را لمس و احساس کنید. از زندگی توقع نداشته باشید که همه محبتی به شما ارزانی کند، شما هم در قبال آن وظایف و تعهداتی برای خود قائل شوید. عشق بورزید برای آنکه دوست دارید، دوست دارید محبت کنید، ایثار کنید برای اینکه میل به از خود گذشتگی و فداکاری دارید. درختچه‌های گل شکوفا می‌شوند، چون باید شکوفا شوند. پیوند

مهرآمیز، مهر ورزیدنی است که در آن افراد درگیر رابطه، با عشق و درک و پذیرش تفاوت‌ها یکدیگر رشد می‌کنند.

برای مثال: گفتگو فعال و سهیم کردن تجربه روزانه نه اینکه تو با من نمی‌خندی من نیز با تو نمی‌خندم. همه طنز و خنده از لامپ تصویر بیرون می‌طراود و ما با هم به آن می‌خندیم. هر چه بیشتر از حرف زدن با همدیگر بپرهیزیم، پیوند میان ما گسسته‌تر و بی‌جان‌تر می‌شود. پیوند مهرآمیز، تجربه‌ای عرفانی و در عین حال ملموس و پر تحرک است و خود هدف است. جایی که خودخواهی به بخشایندگی، شریک شدن‌ها و دل سوزاندن‌ها تغییر شکل می‌دهد، جایی که خیر وجود هر دو آدم به اوج می‌رسد و بدی و شر وجودشان فرو می‌افتد. برای دوام و پایداری پیوند مهرآمیز، یاری دادن به دیگری تا رشد و پیشرفت کند و به اهداف خویش نایل آید. گونه‌ای در هم آمیختگی، با من بخندد، اما نه به من. با من بگرید، اما نه بخاطر من، زندگی را دوست بدارد، خود را، مرا دوست بدارد. چنین پیوندی بر اساس آزادی و هرگز در قلب حسود نمی‌روید

تعیین مقررات

انجام دادن یا انجام ندادن، این ذات مقررات است. قواعد و مقررات به زندگی خانواده جهت می‌دهد. مقررات آگاهانه مقرراتی است که ما در موردشان فکر و تعمق کرده‌ایم. و اسیر سنت‌های بی معنی نمی‌شویم. آنها صرفاً از سر یک لحظه ناراحتی ما وضع نشده‌اند. بلکه پس از مدتی فکر در مورد اینکه چرا این مقررات لازم است، هدف آن چیست و آیا واقعاً به نفع همه هست یا نه تعیین شده‌اند. مقررات آگاهانه یعنی که ما صرفاً بخاطر اینکه در خانواده ما این جزو مقررات است آنها را وضع نکرده‌ایم. مقررات خوب یعنی پدر و مادر هر دو در مورد آن بحث کرده و به توافق رسیده‌اند. هر یک از ما در خانواده‌ای بزرگ شده‌ایم و در نتیجه مقررات متفاوتی داریم. من پس از ازدواج مقررات خودم را در خانواده جدیدم می‌آموزم. و همسرم هم مقررات خودش را و اگر این مقررات با هم جور نباشند اغلب اوقات با هم کشمکش پیدا می‌کنیم. این کشمکش‌ها را باید مثل بقیه کشمکش‌های زناشویی حل و فصل کرد. ما باید به حرف‌های یکدیگر گوش کنیم، با احترام با عقاید یکدیگر برخورد کنیم، صادقانه احساسات و

افکارمان را بگوییم. اگر نتوانستیم به هم موافقت کنیم از خودمان بپرسیم: "پس بر سر چه چیزی می‌توانیم توافق کنیم؟" و به دنبال یک را حل میانه باشیم که عقاید هر دوی‌مان را در برگیرد. همچنان که بچه‌ها بزرگتر می‌شوند، آنها را در روند تصمیم‌گیری به حساب آورد. برای مثال اگر سیمین معتقد هست که دختر شانزده ساله‌اش باید ساعت ده شب حتماً در منزل باشد شوهرش مسعود فکر کند که ساعت یازده خانه باشد. می‌توانند روی ساعت ده و نیم توافق کنند. اگر سیمین معتقد هست که آروغ زدن عمدی بچه‌ها فوق‌العاده بی‌ادبانه است، اما شوهرش مسعود فکر می‌کند کار بامزه‌ای است شاید بتوانند این کار را در خانه و اتوموبیل ممنوع کنند و در حیاط خلوت مجاز بشمارند.

ارزیابی مقررات

برای اینکه مقررات سالم باشند لازم است که والدین به عقاید یکدیگر احترام بگذارند و هیچ کدام هنگام وضع مقررات مستبدانه عمل نکنند. اگر مقررات به بچه‌ها مربوط است و خودشان هم آنقدر بزرگ شده‌اند که عقاید خاص خود را داشته باشند، این بدان معنا نیست که آنها حرف آخر را می‌زنند بلکه بدان معناست که والدین باید افکار و احساسات آن‌ها را در نظر بگیرند. وقتی خانواده‌ها این کار را می‌کنند در واقع نه تنها اهمیت اطلاعات را به فرزندان‌شان یاد می‌دهند. بلکه روند تعیین مقررات را نیز به آنها می‌آموزند. مقررات سالم معقولند. آنها در خدمت کارکرد مثبت هستند. مثل صداقت، سخت کوشی، مهربانی، سخاوت و نظایر آن و همچنین ما می‌دانیم که آنها باید در کودکی این را یاد بگیرند. بنابراین درخواست مرتب کردن رختخواب یا جارو کشیدن اتاق می‌تواند قانون معقولی برای کودک باشد. اما آداب نزاکت چه؟ اگر پدر و مادر معتقد باشند که "لطفاً" و "متشکرم" بهتر از "بده" و "اه" است. مقررات معقول همیشه هدف مثبت، سالم در عین حال به روشنی بیان می‌شوند. قوانین ناگفته قوانین ناعادلانه است نمی‌توان از کودک انتظار داشت به مقرراتی که از آن بی‌خبر است گردن بنهد. والدین مسئولیت دارند که مقررات را برای کودک تفهیم کنند. اگر کودک محبت والدین را احساس کنند معمولاً ارزش این گونه مقررات را تشخیص می‌دهند.

تعیین عواقب

تعلیم موثر اطاعت، مستلزم این است که عواقب مقررات را دنبال داشته باشد.

برای مثال: اگر یکی از مقررات ما این باشد که فرزندان ما سیگار نکشند، چنانچه مُچ فرزندی را در حین سیگار کشیدن گرفتیم، او باید فوراً یک هویج بخورد، یک هویج کامل بتاکاروتین موجود در هویج به بدن کمک می‌کند تا بر مضرات نیکوتین فائق شود و احتمالاً این است که او پیش از سیگار دوم فکر کند. اگر دوباره مقررات را نقض کرد، باید از مقری‌اش ۲۵ دلار به "انجمن قلب کانادا" کمک مالی کند. مقاله‌ای درباره خطرات سیگار برای ریه انسان بخواند. به احتمال قوی این عواقب می‌تواند فرزندان ما را قانع کند که سیگار کشیدن برای شترها خوب است نه بچه‌ها!!!! اگر فرزند شانزده ساله‌تان را هنگام نقض سرعت مجاز رانندگی مشاهده کردید می‌توانید به مدت یک هفته امتیاز رانندگی او را لغو کنید. تکرار خطا سبب محرومیت از حق رانندگی به مدت دو هفته خواهد شد.

همسر عاشق و سالم چگونه همسری است؟

من چه گام‌هایی می‌توانم بردارم تا نقش خودم به عنوان یک زن و یا شوهر بهتر و سالم‌تر کنم. مرد یا زن عاشق، همسرش را شریک زندگی‌اش می‌داند. همسر یک موجود زنده است، تا با او ارتباط برقرار کنیم. او کسی نیست که کنترلش کنیم و در راه ارضای نیازهای خودمان به دنبال تسلط بر او باشیم. زن و مرد موجودی هستند که باید اول او را بشناسیم و بدانیم او نیز اهداف خاص خود را دارد. زن و مرد نسبت بهم کودک نیستند که نیاز به قیم داشته باشند. او با شریک زندگی‌اش ارتباط می‌خواهد برقرار کند. ایده زن و مرد به مثابه شریک زندگی به قدمت خود ادبیات بشر است. در ازدواج، مرد و زن شریک یکدیگر می‌شوند. ما از نظر جسمانی فرق داریم و نقش‌مان در روند تولید مثل به وضوع متفاوت است. علم روانشناسی امروز بحث‌های بسیاری در تفاوت‌های روانی زن و مرد کرده است. یگانه بودن ما به این معنی است، که هر یک از ما مسائل را متفاوت با هم مطرح می‌کنیم. اما بعنوان افراد برابر وارد گفتگو و رابطه می‌شویم. تفاوت‌ها، دارایی ما هستند نه بدهی. وقتی به اتفاق هم تصمیم می‌گیریم هر یک از ما امتیاز استفاده از دانش و اطلاعات دیگری را که طی

سال‌ها کسب شده به دست می‌آورد. شراکت یعنی هدف ما این است که بهترین تصمیم ممکن را بگیریم. همسر عاشق همسری است که درباره آنچه برای همسرش از همه بهتر است فکر می‌کند و مصمم است تا روند تصمیم‌گیری را در این جهت هدایت کند. در واقع تصمیم گیری یعنی مشارکتی که هر کس به خیر و صالح دیگری فکر می‌کند و حاصل آن تصمیمی است که برای هر دو نفر یا کل خانواده بهترین تصمیم به شمار می‌آید. در عین حال ما در حوزه مسائل مالی زندگی زناشویی‌مان نیز شریک هستیم. شوهر عاشق با زنش صحبت می‌کند. عمیق‌ترین آرزو یک زن این است که شوهرش را بشناسد وقتی که شوهر از افکار، احساسات و آرزوهای خود حرف می‌زند زن احساس می‌کند که شوهرش اجازه ورود به دنیای خودش را به او داده است. وقتی شوهری مدت‌های طولانی درباره احساساتش حرف نمی‌زند، زن احساس می‌کند که شوهرش رابطه‌اش را با او قطع کرده و در نتیجه زن احساس انزوا و تنهایی می‌کند. گاهی زن با جر و بحث‌های خود یا واکنش‌های قضاوت‌گرایانه راه ارتباط و گفتگوی شوهر را می‌بندد. علی در جلسه مشاوره بمن گفت من دیگر افکارم را با زنم سیمین در میان نمی‌گذارم چون هر بار در مورد چیزی با او صحبت می‌کنم او فوراً جبهه و حالت تدافعی می‌گیرد. او یا با عقیده من مخالفت می‌کند یا مرا زیر سوأل قرار می‌دهد. بعد از دو جلسه مشاوره روشن شد که عقاید سیمین در کودکی همیشه سرکوب شده بود و در نتیجه او بطور ناخودآگاه تصمیم گرفته بود که در بزرگسالی همیشه عقایدش صحیح باشد. بخشی از مشکل سیمین وسواس بود که همه عقاید و افکار را بررسی و ارزیابی کند تا تصمیم‌گیری نهایی و تعیین اینکه چه عقیده‌ای درست است و کدام عقیده غلط به بحث ادامه بدهد. این الگو ارتباطی بسیار ناراحت کننده است و راه گفتگو را می‌بندد. شوهرش که مدیر عاشق است پس از کمک گرفتن مشاور و با حضور سیمین ارتباط را با گفتگو تبادل نظر مثبت، باز آزاد و گشوده و پذیرا که از مشخصات مهم یک زندگی زناشویی سالم است به شیوه معمول زندگی مشترک بدل کرد. زن و شوهر عاشق، همدیگر را در صدر الویت‌های زندگی خویش قرار می‌دهند. این الویت‌ها اغلب اوقات خود را در اعماق ما نشان می‌دهد. سخنان و رفتار مهربانانه ما به یکدیگر همان بارانی است که در قلب آسمان پنهان می‌شوند تا روزی بر سر ما فرود ببارند و گسترده شوند و بدین سان راز ما در سراسر دنیا سبز خواهد شد. "رومی"

چالش و تشویق خلاق در سلامت همسر (شهامت ایجاد کردن):

عشق و سازگاری باید دست در دست یکدیگر حرکت کنند تا رابطه‌ای دوام داشته باشد.

احساس نیاز متقابل در رابطه زناشویی تولید مهر و عشق و هیجان می‌کند.

عشق کافی نیست. اگر زن و شوهر در مسیر مشابهی حرکت نکنند، اگر به اتفاق رشد نکنند، عشقشان از هم گسسته می‌شود.

اگر همسر شما دقیقاً مثل شما باشد، بسیار ملال‌انگیز می‌شود. تفاوت‌ها تولید جذابیت می‌کنند.

عشق به تنهایی کافی نیست. عشق و سازگاری و آگاهی، اجزا و ابزار مهم تداوم زندگی زناشویی هستند.

برنامه‌ریزی برای صمیمیت بیشتر به اندازه برنامه‌ریزی زمانی برای کار و تفریح مهم است.

اگر به آنچه می‌خواهید نمی‌رسید، پیش از اینکه خواسته‌تان برآورده نشود موضوع را با همسرتان در میان بگذارید.

به همسرتان بگویید که چرا او را دوست دارید. گفتن اینکه او را دوست دارید کافی نیست. ذکر دلایل دوست داشتن همسر به عشق شما معنا می‌دهد.

برای پایدار ماندن عشق در زندگی زناشویی زن و شوهر باید به یک اندازه به خود و به همسرشان توجه داشته باشند.

دوست داشتن همسر به معنای موافقت همیشه با او یا همیشه داشتن احساس خوب به او نیست. بدین معنا نیست که باید همیشه هر کار آنها را دوست بدارید.

هیچ کس کامل و بی‌عیب و نقص نیست. همه رنجش‌های سرکوب شده سر از تنفر در می‌آورند. اگر به خودتان اجازه ندهید که بیزاری خود را به شکل مناسبی نشان دهید، این احساس سرکوب می‌شود و همراه با آن توان مهر ورزیدن

را از دست می‌دهید. وقتی نتوانید احساسات منفی خود را ابراز کنید و آن را با همسرتان در میان بگذارید، روی هم انباشته می‌شوند و ابعاد وسیعی به خود می‌گیرند. این امکان هم وجود دارد که آن را سرکوب کنید و به این امید که برای همیشه فراموش شوند اما اثراتشان باقی می‌ماند و ابعاد بی‌تناسب پیدا می‌کنند. خشم سرکوب شده واگیردار است، از شخصی به شخص دیگر منتقل می‌شود.

"دکتر هارولد بلوم فیلد" در کتاب راهنمای غنا بخشیدن به روابط می‌نویسد:

با آموختن، احساس کردن و ابراز احساسات منفی خود می‌توانیم بخش‌هایی از خود را که قبلاً از دست داده‌ایم مجدداً بدست آوریم. مجبور نیستیم زندانی گذشته‌های خود شویم. می‌توانیم به آزادگی برسیم و غنای وجودی خود را با دیگران سهم شویم و حمایت و شناختی را که احتیاج داریم، متقابلاً دریافت کنیم. تا با خود مهربان‌تر باشیم و روابطی مبتنی بر عشق و مهر پر دوام ایجاد کنیم. از همه مهم‌تر دوست داشتن خود را می‌آموزیم که عشقی فراتر از همه عشق‌هاست. نیاز به عشق بر مجموعه سایر نیازها می‌چرخد.

عشق همسر یک خیابان دو طرفه است.

همه ما نسبت به تحسین و ستایش واکنش خوبی نشان می‌دهیم. از کوچکترین بچه تا پیرترین انسان‌ها، وقتی دوستاران ما هستند، تحسین‌مان می‌کنند، ما بیشتر و شدیدتر تلاش می‌کنیم. نمونه این زن، منحصر به فرد نیست. عشق قدرتمندترین سلاح نیروی خیر در دنیاست وقتی زنی دوست داشتن شوهرش را انتخاب می‌کند این امر تغییر شدیدی در نگرش نسبت به افزایش مهارت‌های خود به عنوان یک شوهر و پدر عاشق ایجاد می‌کند. همه ما دوست داریم که فکر کنیم که کسی ما را بی‌قید و شرط دوست دارد. کودک خواهان این نوع عشق از جانب والدینش است، اما زن و شوهر نیز خواهان عشق بی‌قید و شرط یکدیگر هستند. سوگند می‌گوید: "در بیماری و سلامت، در فقر و ثروت، همیشه و تا زمانی که ما زنده هستیم." این یعنی عشق بی قید و شرط. در یک ازدواج سالم ما عملاً این را تجربه می‌کنیم. نیازهای مرد شبیه نیازهای زن نیست از بسیار جهات، ازدواج عبارت است از: پیمان کمک متقابل. هر دوی ما مخلوقات محتاج هستیم. این همان چیزی است که ما را به سوی هم می‌کشاند. اصل قضیه این

است که زن و مرد برای هم ساخته شده‌اند. تفاوت‌های ما برای تکمیل‌مان طراحی شده‌اند. وقتی ازدواج سالم باشد، نیازهای شوهر از راه رابطه نزدیک و صمیمانه با زنش و نیازهای زن از راه رابطه نزدیک و صمیمانه با شوهرش برطرف می‌شود. به همین سادگی مشکل اینجاست که نیازهای ما یکی نیستند. ویلارد هالی در کتاب‌های خود به نام **"نیازهای مرد، نیازهای زن"**، می‌گوید پنج نیاز اصلی شوهر عبارتند از:

۱. رضایت جنسی

۲. داشتن همراه در حوزه تفریح و سرگرمی

۳. همسر جذاب

۴. حمایت در خانه

۵. تحسین و ستایش

در حالی که پنج نیاز اصلی زن عبارتند از:

توجه و دلسوزی

گفتگو

صداقت و گشودگی

حمایت مالی

تعهد و وفاداری

این بدان معنا نیست که همه شوهران و همه زنان دقیقاً در این مقوله می‌گنجند. این صرفاً بدان معنی است که نیازهای ما تقریباً همیشه متفاوتند. نکته مهم این است که نیازهای اصلی شوهرتان را کشف کنید و راه‌های رفع آن‌ها را بیابید. وقتی نیازهای شوهرتان را رفع می‌کنید او بیشتر احساس ارزشمندی و رضایت خواهد کرد. وقتی هر دوی ما به رفع نیازهای یکدیگر تمرکز می‌کنیم، هر دو برنده می‌شویم. این بهترین نوع ازدواج است. وقتی نیازهای ما برآورده می‌شود، فرزندان ما نه تنها الگوی یک ازدواج موفق را در پیش رو دارند، بلکه از مزایا و

مواهـب آن نیـز بهره‌منـد می‌شـوند. زنـان و شـوهرانی کـه نیـاز عاطفـی یکدیگـر را بـرآورده می‌سـازند پـدر و مادرهـای بسـیار بـهتری هسـتند.

منابع پنهانی دانش از طریق درک همسر

هنگامـی کـه قبـول می‌کنیـد کـه میـزان درک و برداشـتتان محـدود اسـت. بـه راحتـی قبـول می‌کنیـد، کـه ممکـن اسـت برداشـت همسرتـان از قضیـه درسـت باشـد. جهـان جدیـدی بـه روی شما آغـوش می‌گشـاید. بجـای آنکـه نقطـه نظـر متفـاوت همسرتـان را حمـل بـر مخالفـت او بـا نقطـه نظـر خـود کنیـد آن را منبعـی از دانـش و یادگیـری می‌یابیـد. "تـو چـه حقایقـی را می‌دیـدی کـه بـر مـن پوشـیده بـود.؟"

"تو چه چیزی را آموخته بودی که من قادر به درک آن نبودم؟"

ازدواج به شـما فرصـت می‌دهـد کـه همیشـه از واقعیت‌هـای خـود و دیگـری درس بی‌آموزیـد. هـر کـدام از برخوردهـای متقابـل شما، نکتـه‌ای حـاوی حقیقـت و بصیـرت و نـگاه گذرایـی بـه پنهـان و کل موجودیـت شما وجـود دارد. هنگامـی کـه بـه منبـع در حـال رشـد دانـش خـود می‌افزاییـد. در واقـع عشـق واقعـی را خلـق می‌کنیـد، عشـقی بـر اسـاس حقیقـت وجـودی خـود و همسرتـان، نـه عشـقی بـر پایـه وهـم و خیـال. شما احتیـاج بـه اطلاعـات ناآشـکار درونـی خـود و همسرتـان داریـد. دانشـی دربـاره ویژگی‌هـای شـخصی کـه از خـود جـدا کرده‌ایـد و اطلاعاتـی دربـاره دنیـای درونـی همسرتـان و بـه عواملـی کـه بـه بهبـود روابـط زناشـویی شما کمـک می‌کنـد. بـا نـگاه مختصری بـه روابـط شـکوه و مهـرداد کسـب ایـن دانـش بـه تعـداد زیـادی بسـتگی بـه تمایـل شما دارد، بـه اینکـه چقـدر مایـل باشـید همسرتـان را درک کنیـد و بـه ایـن یادگیـری اهمیـت دهیـد. هنگامـی کـه هـر دو شما بـه کسـب اطلاعـات بیـشتری دربـاره دنیـای دیگـری علاقـه نشـان دادیـد، جزئیـات زندگـی روزه‌مـره بصـورت معـدن طلایـی از اطلاعـات در می‌آیـد. از مراجـع خـود، بیـژن پرسـیدم ناراحتـی شما از فـروغ هـمسرت چـه اسـت؟ او گفـت: "فـروغ مرتـب مـرا بدلیـل بی‌نظمـی مـورد انتقـاد قـرار می‌دهـد. او می‌گویـد، مـن هرگـز نمی‌توانـم بـه تـو متکـی باشـم! تـو همیشـه بی‌نظـم و بی‌ترتیبـی. " فـروغ می‌گفـت: "بیـژن در ترتیـب دادن برنامـه بـرای تعطیـلات وحشـتناک اسـت، هـر وقـت بـه پیـک نیـک می‌رویـم لـوازم اصلـی را جـا می‌گـذارد، او هرگـز تولـد بچه‌هـا یـادش نیسـت و هـر وقـت می‌خواهـد آشـپزی بکنـد همـه چیـز را

بهم می‌ریزد و در آشپزخانه شلوغی به بار می‌آورد. " بیژن در پاسخ گفت: "آنچه می‌گویی حقیقت ندارد" تو داری اغراق می‌کنی خودت از من بی نظم‌تری!" چگونه می‌توان این مشاجره تلخ را به اطلاعات سودمند مبدل ساخت؟ اگر بیژن احساس کند آنچه همسرش گفته صحیح است، چیزی درباره خصوصیات خود می‌آموزد. بسیار از مردم در دیدن معایب اطرافیان استاد هستند. متأسفانه اکثر افراد این اطلاعات با ارزش را در جمله‌های انتقادی و سرزنش‌آمیز بیان می‌کنند به گونه‌ای که همسر فوری حالت دفاعی به خود می‌گیرد. اگر بیژن می‌توانست به حالت دفاعی خود غلبه کند، متوجه می‌شد که او در بسیاری از زمینه‌ها او به راستی بی‌نظم و ترتیب است. درد ناشی از انتقاد بیشتر به علت صحیح بودن آن است. اگر بیژن می‌توانست حقیقت اظهار نظرهای فروغ را قبول کند قادر بود به راحتی بفهمد کدام خصوصیات اخلاقی است که وی دوست دارد آن را نفی کند و از آن داده‌ها می‌توانست رشد و تغییر کند. فروغ و بیژن می‌توانند از این اظهار نظرها بیاموزند که با وسعت ذهن اطلاعات ارزشمندی در مورد زخم‌های کودکی خود بدست آورند. از بیژن خواستم این کار را با یک روند ساده انجام دهد ابتدا لازم است انتقاد را روی یک ورقه کاغذ بنویسد. "تو همیشه بی‌نظم و ترتیبی"

وقتی همسرم بی‌نظمی نشان می‌دهد چه احساسی در من بیدار می‌شود؟

وقتی همسرم این رفتار را از خودش نشان می‌دهد چه افکاری به ذهنم می‌رسد؟

چه احساسات عمیق‌تری می‌تواند در زیر این افکار و احساسات نهفته باشد؟

وقتی خودم بچه بودم هیچ وقت دچار این افکار و احساسات می‌شدم؟

با طی کردن این روند تحلیل ساده فروغ می‌تواند متوجه شود که رفتار همسر خاطرات کودکی را در او بیدار می‌کند. این تمرین به او کمک می‌کند به این کشف نائل آید که پدر و مادر فروغ افراد بی‌نظمی بودند و فرصتی برای توجه به نیازهای او نداشتند. جای تعجب نیست که وقتی همسر چنین رفتاری از خودشان نشان می‌دهد او دچار ترسی نظیر ترس دوران کودکی می‌شود، "چرا من کسی را ندارم که از من مراقبت نماید." پنهان در پس انتقاد از همسر، فریاد کودکانه دوران بچه‌گی به گوش می‌رسد. " چرا کسی نیست از من مراقبت کند؟"

بسیاری از جمله‌های تکراری و انتقادهای هیجانی شما از همسرتان اظهار نظرهای به لباس مبدل در آمده‌ای از نیازهای برآورده نشده خودتان است.

می‌توان یک رشته اطلاعات از این انتقاد بدست آورد. انتقادی که اغلب نیاز به درون‌نگری دارد. فرض کنیم اظهار نظرهای زن درباره همسر، در مورد خودش مصداق داشته باشد. به عبارت دیگر تمام مدت که فروغ بیژن را به بی‌نظمی متهم می‌کند، خودش هم ممکن است همان قدر آدم بی‌نظمی باشد. بیژن برای پی بردن به این حقیقت می‌تواند یک پرسشی از خودش بکند: انتقاد من از همسرم تا چه حد می‌تواند در مورد خودم مصداق داشته باشد؟ سپس می‌تواند متوجه شود که نحوه بی‌نظمی او متفاوت از همسرش می‌باشد. برای نمونه آشپزخانه او ممکن است شلوغ و بی‌نظم بوده و در برنامه‌ریزی برای تعطیلات خیلی تند و بی‌دقت عمل کند زمینه‌هایی که همسرش در آن نقطه ضعف دارد ولی در انجام وظایف اداری و برنامه‌ریزی و تنظیم بودجه منزل بسیار دقیق و ماهر می‌باشد. با بینش جدید، او می‌تواند متوجه شود که آیا هدفش این نبوده که بخشی منفی از وجودش را با بیان احساسات درونی، فرافکن کردن آن به همسرش و انتقاد از او زنده کند؟ در زبان روانشناسی، با این عمل، او فرافکنی‌های خود را "قبول" و "رد" می‌کند. بنابراین از انتقادهای متقابل، اطلاعاتی بدست آورده و آنها را به روند مؤثر رشد آفرینی مبدل می سازید.

مثال قدیمی: "خاشاکی را که در چشمت فرو رفته بیرون بیاور تا بتوانی خاشاک چشم دیگری را ببینی." برای آنکه درک خود را از واقعیت ذهنی همسرتان عمیق‌تر سازید، باید خود را آموزش دهید تا به گونه موثرتری ارتباط برقرار نمایید

نتیجه

یکی از پیامدهای مهم این تمرین بسیاری از شکاف‌های درون کودکی ما را شفا می‌بخشد. ما توسط پدر، مادر، معلمان و بستگان‌مان که به ما تلقین کردند "تو درک نمی‌کنی، تو حس نمی‌کنی" جریحه‌دار شدیم. اکنون وقتی همسرمان از این زنجیر نفی و انکار پا بیرون می‌گذارد و به ما می‌گوید "من احساسات و افکار تو را درک می‌کنم" کل وجود ما احساس اعتبار و سر زندگی می‌کند. ما دیگر احساس نمی‌کنیم که باید بخش‌هایی از وجودمان را از خود جدا کنیم تا مورد محبت

قرار گیریم و تایید شویم. ما می‌توانیم همان فرد پیچیده و چند بعدی باشیم که هستیم و مورد قبول اطرافیانمان قرار گیریم

هشیار زیستن در رابطه با پیوند مهرآمیز

مثل آینه عمل کردن نام راهبرد ارتباطی است، که دو کار مهم انجام می‌دهد:

۱. به شما کمک می‌کند اختلافات لفظی میان خود را به کمترین میزان برسانید.

۲. به شما تعلیم می‌دهد بیشتر از گذشته پذیرای پیام‌های لفظی همسرتان باشید.

وقتی یکی از شما فکر یا احساسی را می‌خواهد ابراز کند آن را در جمله ای ساده و روشن که با "من" شروع می‌شود بیان می‌نماید. در زیر نمونه‌ای از مشکلاتی که افراد می‌توانند با این نحوه برقراری ارتباط، داشته باشند. گفتگوی زیر با مراجعین‌ام در دفترم آخر هفته داشتم میان زن و شوهری بنام عذرا و سیاوش که چند ماه بود با هم ازدواج کرده بودند اتفاق افتاد

سیاوش: "عذرا من از سیگار کشیدن تو خیلی ناراحت می‌شوم، دوست دارم وقتی پهلوی من هستی بیشتر ملاحظه من و بکنی."

عذرا: "وقتی از من درخواست ازدواج کردی، می‌دانستی که من سیگار می‌کشم و تو این حقیقت را قبول کردی. چرا همیشه دوست داری از من انتقاد کنی؟ تو باید مرا همانطور که هستم قبول داشته باشی. می‌دانی که من سعی می‌کنم کمتر سیگار بکشم." سیاوش حرف‌های عذرا را با انتقاد شدیدتری پاسخ داده

سیاوش: "قبول دارم که تو سعی داری کمتر سیگار بکشی ولی جالب است که وقتی اینجا می‌آیی و علامت "سیگار کشیدن قدغن!" است را می‌بینی سیگار نمی‌کشی ولی در منزل من از اینکه بوی سیگار در همه جا پیچیده کلافه می‌شوم."

عذرا: "درست می‌گویی ولی اینجا خانه من نیست و من احساس می‌کنم حق دارم در منزل خودم سیگار بکشم."

من اضافه می‌کنم: "اجازه دهید این صحبت را از اول شروع کنیم و ببینیم آیا می‌توانیم آن را بصورت تمرینی برای برقراری ارتباط، نه برخورد متقابل در آوریم. سیاوش خواهش می‌کنم دوباره جمله‌ای را که گفتی تکرار کن."

سیاوش: "خوشحالم که با هم زندگی می‌کنیم ولی وقتی زندگی مشترک را شروع کردیم تصور نمی‌کردم تحمل سیگار کشیدن تو آنقدر برایم مشکل باشد."

گفتم: "خوب حالا دوست دارم این جمله را ساده کنی بطوری که درک آن راحت‌تر باشد."

سیاوش: "ببین من از سیگار کشیدن تو ناراحتم. فکر نمی‌کردم اینطور باشد، ولی حالا هست."

عذرا: "واقعاً متاسفم که سیگار کشیدن من تو را اذیت می‌کند..."

گفتم: " از تو نخواستم که از همسرت معذرت بخواهی. فقط آنچه سیاوش به تو گفت بگو که احساسات او را پذیرفته و درک می‌کنی."

عذرا: "حالا فهمیدم، الان متوجه شدم که سیگار کشیدن من واقعاً تو را آزار می‌دهد. تو متوجه این موضوع نشدی تا ما زندگی مشترک را شروع کردیم. حالا سیگار کشیدن من واقعاً تو را آزار می‌دهد آیا تو منظورت همین است؟"

من گفتم: "عالی شد. نگرانی سیاوش در صدای تو انعکاس داشت. آیا آنچه عذرا گفت زبان حال تو بود؟ آیا او توانسته آنچه تو گفتی را درک کند؟"

سیاوش: "آری این درست احساسی است که من دارم. چقدر راحت شدم. این نخستین باری است که او به خود زحمت داد حرف مرا گوش کند."

همانطور که واکنش سیاوش نشان می‌دهد، رضایت عجیبی به انسان می‌دهد اگر طرف مقابل احساس می‌کند پیامش بطور دقیق گرفته و شنیده شده است. آنان وقتی احساس می‌کنند همسرشان به حرف‌هایشان توجه کامل دارد شادی غیرمنتظره‌ای را تجربه می‌کنند. وقتی حرف‌های شخصی بطور کامل فهمیده می‌شود او (زن یا مرد) ناگهان احساس تحرک و انرژی زیاد می‌کنند. یکی از پیامدهای مهم این تمرین همان‌طور که در مقاله هفته پیش اشاره کردم، بسیاری از شکاف‌های درون کودکی ما را شفا می‌بخشد. ما توسط پدر، مادر، معلمان و بستگانمان که به ما تلقین کردند "تو درک نمی‌کنی" "تو حس نمی‌کنی" جریحه‌دار شدیم. اکنون وقتی همسرمان از این زنجیر نفی و انکار پا بیرون می‌گذارد و به ما

می‌گوید: "من احساسات و افکار تو را درک می‌کنم" کل وجود ما احساس اعتبار و سر زندگی می‌کند. ما دیگر احساس نمی‌کنیم که باید بخش‌هایی از وجودمان را از خود جدا کنیم تا مورد محبت قرار گیریم و تایید شویم. ما می‌توانیم همان فرد پیچیده و چند بعدی باشیم که هستیم و مورد قبول اطرافیانمان قرار گیریم.

پیوند مهرآمیز آگاهانه

متوجه می‌شویم که انجام تمرین‌ها نیاز به صرف وقت و احساس تعهد دارد. برای پایان رساندن آنها، نیاز دارید یک یا دو ساعت در هفته را کنار بگذارید که آن هم بدون وقفه و به مدت چند ماه. ممکن است نیاز داشته باشید یک پرستار بچه استخدام کنید یا بعضی از فعالیت‌های خود را حذف کنید تا وقت کافی پیدا نمایید. همانطورکه به یک مشاور مراجعه می‌کردید نیاز به صرف وقت داشتید. این احساس تعهد نیاز به درک این واقعیت دارد که یک پیوند مهرآمیز تا چه اندازه برای شما مهم است. رابطه مثل بالونی پر از هوا می‌ماند، شما نمی‌توانید به یک طرف آن فشار بیاورید بدون آنکه تغییری در شکل کلی آن حاصل شود. هنگامی که با بی‌غرضی بهم گوش می‌دهید احساساتتان را با همسرتان در میان گذارید، از واکنش‌های دفاعی یا پرخاشگرانه خودداری می‌کنید و می‌کوشید تا رضایت خاطر همسرتان را فراهم آورید. پیشرفت‌های قابل ما لحظه‌ای می‌توانند اتفاق بیفتد. در نهایت مقاومت همسرتان به تغییر، ممکن است از بین برود. ممکن است مایل باشید که به یک راهنمایی احتیاج داشته باشید تا به شما برای ساختار جلسه‌ها کمک کند. زمانی که در این راه قدم می‌گذارید متوجه می‌شوید که سفر در راستای یک ازدواج آگاهانه، هرگز راه مستقیم نیست. لحظه‌هایی هستند که شما احساس صمیمیت و شادی بسیار می‌کنید. بیراهه رفتن، دوران طولانی رکورد و پس رفت‌های غیرمنتظره هم وجود دارند. به هنگام این پس رفتن‌ها ممکن است احساس نومیدی یا انتقاد از خود کنید. مراجعانم اغلب به من می‌گویند ما دو مرتبه مرتکب اشتباه شدیم. دوباره همان الگوی قدیمی را دنبال کردیم. تصور می‌کردیم دوره بازگشت به گذشته به اتمام رسیده و دیگر با آن کاری نداریم. چه عیبی در کار ما وجود دارد؟

به آنها پاسخ می‌دهم که ازدواج و عشق بصورت یک خط مستقیم جلو نمی‌روند.

روابط بصورت دایره و گردباد در دوران است. دوران توأم با آرامش و دوران پرتلاطم و پر جوش و خروش وجود دارد. حتی زمانی که احساس می‌کنید چالشی را بارها و بارها انجام داده‌اید، باز مقداری تغییر وجود دارد. آنچه اتفاق می‌افتد این است که شما تجربه‌تان را عمیق‌تر می‌سازید و سطح آگاهی خود را در زمینه تغییری که صورت گرفته بالا ببرید. این تغییرات ممکن است نامحسوس باشند ولی تمام مدت حرکتی وجود دارد. چنانچه با اراده و تصمیم به فرایند رشد و تغییر ادامه دهید و با سعی و پشتکار فنون ذکر شده را انجام دهید به طور حتم به پیشرفت دائمی و مطمئن در مسیر خود در پیوند مهرآمیز آگاهانه نایل خواهید آمد

عشقی را که می‌خواهیم در رابطه بیابیم

در سطح هوشیار ما برای کسب شادی تلاش فراوان می‌کنیم. بنابراین چرا باید از شادی ترس داشته باشیم؟ وقتی بچه بودیم، انرژی حیات در درون‌مان بی‌مرز و بی‌حد بود. ما شادی عمیقی را تجربه می‌کردیم ولی این نشاط و شادی، محدود بودند. افرادی که در زندگی سرکوب شدن‌هایی را تجربه کرده‌اند، با تمرین **"بازگشت به روابط عاشقانه"** مشکل دارند. آنان به سختی می‌توانند در مقابل هر درخواست انعطاف پذیری نشان دهند

برای نمونه یکی از مراجعانم مردی به نام فریبرز با عزت نفس پایین، در فهرستی که در تمرین، تهیه کرده بود در رابطه با نیازهایش اشاره نموده بود که دوست دارد هر روز از همسرش (نیلوفر) یک تعریف یا تمجید دریافت کند. این کار برای همسرش کار راحتی بود چون شوهرش، کیفیت‌های قابل ستایش بسیار داشت. ولی وقتی شروع به تمجید از او کرد مانند برخوردی که دیشب با سیروس (پسرمان) داشتی خیلی خوشم آمد حرف‌های قشنگی به او زدی. شوهر فوری آن را با انتقاد نفی می‌کرد: "درست است ولی من باید بیشتر از این کارها بکنم. من هیچ موقع برای این بچه وقت کافی نمی‌گذارم." هر تعریفی که فریبرز درباره خود می‌شنید، خود ناپذیر و غیرقابل انطباق با تصویر ذهنی او بود. می‌دانستم که فقدان درک، ناتوانی او را برای آنکه چیز شادی بخشی را تمنا کند می‌پوشاند. برای آنکه به این سد عاطفی غلبه کند به او گفتم از همسرش بخواهد کاری موافق میل او انجام دهد فقط به سود او است. در ضمن روشی است که طی آن همسرش می‌آموزد

چگونـه مهربان‌تر باشـد. بی‌درنگ قلـم بدسـت گرفت و ظـرف چند دقیقـه فهرسـتی از بیسـت و شـش کار کـه دوسـت داشـت هم‌سـرش برایـش انجـام دهد تهیـه نمـود. آنچه در اصل انجام می‌دهند این است که در پـس یک سپر روانی که در کودکی بـر پـا کرده‌انـد خـود را از شـر پـدر و مـادر سـلطه‌جوی خویـش پنهـان سـازند. آنان از بچگی این موضوع را کشف کردند کـه یکی از روش‌هـای احسـاس اسـتقلال کردن در کنـار پـدر و مـادر سـلطه‌جو این بـوده که افکار و احساسـات خود را پنهـان کنند. هنگامی که پـدر و مـادر را از این اطلاعـات بـا ارزش محـروم کردنـد، آنـان کمتـر موفق می‌شـدند بـه حریـم ایشـان تجـاوز کنند. پـس از مدتـی، بسـیاری از افـراد انزواگر آخریـن پنهان کاری را انجام دادنـد، به این ترتیب کـه احساساتشـان را از خودشـان هـم پنهـان می‌سـاختند. هـر چـه باشـد انسـان هـر چـه کمتـر بدانـد در امنیـت بیشـتری است. همانطـور کـه پیش‌تـر هـم اشـاره کـردم انزواگرهـا بطـور ناآگاهانـه در ازدواج بـا افرادی که نیاز به معاشـرت دارنـد، افرادی که نیاز ارضا نشـده بـرای کسـب دوسـتی و صمیمیـت دارنـد کشـمکش دوران کودکـی را دوبـاره خلـق می‌کننـد بـا این کار آنـان بـه تضادی کـه به هنگام کودکـی آنان را از پـا در آورده پایـداری می‌بخشـند. ولی حقیقت موضوع این است که هـر دو نیلوفر و فریبرز نیـازی مشـابه به عشـق، علاقه و توجـه دارنـد. اخـتلاف فقـط در ایـن اسـت کـه یکـی از آنـان بیشـتر در تمـاس بـا آن احساسـات اسـت تا دیگـری. فریبرز کـه عـزت نفـس پاییـن دارد، می‌توانـد بـه تدریج هویت مثبتی کسـب کنـد. او می‌توانـد بـا سـهیم کـردن دیگـران در نیازهـای شـخصی، اسـتقلال و تمامیـت خـود را از دسـت ندهـد. تـرس ناشـی از رفتارهـای جدیـد، مبـدل بـه لذاتـی می‌شـود کـه آنهـا محـرک آن بودنـد، و این لذات کـم کم بـا احسـاس امنیـت و شـادی قریـن می‌گـردد. و رفتارهـای مهربانانـه وسـیله راحـت و قابـل اعتمـادی می‌گـردد بـرای رشـد شـخصی فریبـرز و نیلوفر واقعیت این است آنچـه بـرای همسـرتان انجـام می‌دهیـد در واقـع بـرای خودتـان انجـام می‌دهیـد. شـما موجـب رشـد شـخصی خـود می‌شـوید

پیدا کردن آگاهی و تغییر رفتار در پیوند مهرآمیز

ازدواج آگاهانه به منزله یک سفر است، نه به مقصد رسیدن.

هارویل هندریکس روانشناس امریکایی می‌گوید: "بصیرت و تغییر هم پیمان‌های قوی و محکمی می‌باشند. برای مرد یا زن فقط کافی نیست که به انگیزه‌های ناهشیارانه ازدواج پی ببرند. بینش به تنهایی زخم‌های کودک را حل نمی‌کند و در ضمن آنقدر قوی نیست که تغییرات رفتاری در روابط ایجاد نماید. بدون درک دلایلی که در پشت رفتارها خوابیده، زوج‌ها فقط رشد محدودی را تجربه می‌کنند."

تجربه به من آموخته که موثرترین روش، درمانی است که دو مکتب فکری را به هم می‌آمیزد. هر چه شما به انگیزه ناخودآگاهانه خود بیشتر پی ببرید و آنها را مبدل به رفتارهای پشتیبان سازید، راحت‌تر می‌توانید رابطه آگاهانه و ثمر بخشی را بوجود آورید. وقتی باغبانی می‌کنید به سود شماست اگر از ابزار پیشرفته استفاده کنید. در زندگی زناشویی بهتر است به همین شکل عمل کنید. چنانچه ابزار و مهارت‌های لازم را در اختیار داشته باشید به راحتی موفق می‌شوید، ازدواجی را که می‌خواهید بسازید.

تصور ذهنی برای شناخت خود به قصد پیوند مهرآمیز

در ادامه تمرینات قبلی‌ام "آینه" این بار به تصور ذهنی می‌پردازیم. هنگامی که زن و شوهر در این شیوه ارتباطی، مهارت کافی پیدا کردند آنان را به روش جمع‌آوری اطلاعات دیگری هدایت می‌کنم: یک تمرین تصویر ذهنی که به آنان کمک می‌کند با زخم‌های دوران کودکی بیشتر آشنا شوند. پس از پایان تمرین از آنان می‌خواهیم با استفاده از شیوه "آینه" مشاهداتشان را در اختیار یکدیگر بگذارند. این راهبرد موثری است برای زوج‌ها که یکدیگر را آنطور که واقعاً هستند به دنبال کمال معنوی در پیوند مهرآمیز ببینند. پیش از شروع تمرین از حمید و دیبا می‌خواهم به موسیقی ملایمی گوش بدهند و چشم‌هایشان را ببندند و آرام بگیرند و از آنان می‌خواهم نخستین خانه پدری خود را که در خاطره دارند مجسم کنند. بعد می‌خواهم خود را بصورت یک طفل خورد سال مجسم کنند که به دنبال پدر و مادرش می‌گردد. اولین فردی را که ملاقات می‌کنند. مادرشان است یا زنی که در کودکی از آن‌ها مراقبت می‌کرده، و روی آنها تاثیر بسزایی گذاشته. به آنان می‌گویم تصور کنید ناگهان از نیروهای معجزه آفرینی بهره‌مند شده‌اید.

می‌توانید خصوصیات مثبت و منفی این زنان را با شفافیت کریستال مشاهده کنید. آنان باید با این خصوصیات توجه کرده و بعد به مادر خود بگویند همیشه از آنها چه می‌خواستند. و اینکه هرگز به خواسته خود نرسیدند. به همین ترتیب می‌خواهم با پدرشان یا افرادی که مسئول مراقبت از آنان بوده‌اند یا افرادی که در شکل‌گیری شخصیت، نفوذ زیادی روی‌شان داشتند، روبرو شوند. وقتی اطلاعات کلیدی در مورد این افراد جمع‌آوری کردند، از ایشان می‌خواهم آهسته چشم‌های خود را باز کنند و اطلاعاتی را که گردآوری کرده‌اند روی یک ورق کاغذ بنویسند. اغلب از کثرت اطلاعات گردآوری شده از طریق این تمرین ساده، دچار حیرت می‌شوند. برای نمونه، حمید بعد از اینکه تمرین را انجام داد و برای نخستین بار متوجه شد که در کودکی چقدر تنها و بی‌کس بوده. او این اطلاعات مهم را از خود پیدا کرده بود، چون احساس تنهایی برای او معنی و مفهوم نداشت. او چگونه می‌توانست در یک خانواده چهار نفری با پدری آخوند و مادری از خود گذشته احساس تنهایی کند؟ در خیال، او تمام منزل را به دنبال پدر گشت ولی او را پیدا نکرد. وقتی با مادرش روبرو شد، نخستین پرسشی که خود به خود در زبانش جاری شد، این بود: "چرا همیشه مشغول و گرفتاری؟ نمی‌توانی درک کنی که من به تو نیازمندم؟" رسیدن به این بصیرت‌ها به او کمک کرد به علت افسرگی مزمن خود پی ببرد. او گفت: "تا امروز و این لحظه افسردگی‌ام برایم معما بود."

این نوع تمرین اطلاعاتی بدست می‌دهد که به کمک آن می‌توان تصاویر درونی جنس مخالف که آنها را در انتخاب همسر هدایت کرده، ترسیم نمایند. تنها کاری که باید انجام دهند این است که ویژگی‌های مثبت و منفی همه افراد کلیدی دوران کودکی خود را جمع‌آوری کرده و ویژگی‌هایی که بیش از همه روی آنان تاثیر گذاشته را جدا کنند. این‌ها کیفیت‌هایی است که در همسر خود به دنبال آن می‌گشتند. بعد از تمرین از حمید و دیبا می‌خواهم آنچه آموخته‌اند را با یکدیگر در میان بگذارند. از آنان می‌خواهم با دقت به همدیگر گوش بدهند. نه اینکه یکی سعی کند حرف دیگری را تعبیر یا تفسیر کند. تعمیم بخشد یا با عقاید خود مقایسه کند. تنها کاری که هر یک اجازه دارند انجام دهند این است که یکی آینه دیگری باشد و اظهار نظرهای او را تکرار کند برای آنکه نشان دهد چه مقدار از آنها را درک کرده. با انجام این تمرین، حمید و دیبا شروع به

مشاهده آنچه در پس رفتار عصبی، معمابرانگیز یا وسواسی آنان نهفته و همچنین زخم‌هایی که نیاز به التیام دارد می‌پردازند. این عمل، محیط عاطفی و برخوردار از پشتیبانی و شفقتی بین آنها و بوجود می‌آورد و کمک می‌کند که نیازهای تأمین نشده دوران کودکی روی دیبا و حمید تاثیر می‌گذارد زمانی که به آگاهی لازم می‌رسید، هرگونه برخورد متقابلی میان شما و همسرتان، ابراز شده یا نشده، می‌تواند بصورت منبع ارزشمند اطلاعات در آید.

تدوین برنامه‌های آموزشی برای ایجاد پیوند مهرآمیز

در مقاله‌های قبلی درباره گام‌های اولیه در راه خلق ازدواج آگاهانه با شما صحبت کردم. گفتم که چگونه بر تعداد برخوردهای متقابل لذت بخش بی‌افزایید تا نزدیکی و صمیمیت بیشتری بین شما و همسر شما بوجود آید در نتیجه تا بتوانید انرژی بیشتری صرف رابطه زناشویی بنمایید. درباره شیوه‌هایی بحث کردم که به کمک آن می‌توانید درباره خود و همسرتان دانش بیشتری بدست آورید. اکنون موقع آن رسیده که درباره چگونگی التیام دادن زخم‌های عمیق‌تر کودکی صحبت کنم. در این مقاله یاد می‌گیریم که چگونه نومیدی مزمن و دیرینه خود را به راه‌هایی برای رشد و تعالی مبدل سازید. در واقع بسیاری از افراد به این نتیجه‌گیری عاقلانه می‌رسند که آنچه بیش از همه از همسر خود توقع دارند، کمترین چیزی است که آن‌ها قادر به تقدیم آن هستند

دو حقیقت:

۱. ما وارد زندگی زناشویی می‌شویم در حالی که هنوز زخم‌های دوران کودکی را با خود همراه داریم.

۲. ناخواسته همسرانی را انتخاب می‌کنیم که خصوصیاتی نظیر پدر و مادرمان دارند. همان افرادی که به جریحه‌دار کردن روح ما در درجه اول کمک کردند، به نظر می‌رسد که مقدر و سرنوشت این است که با ازدواج، ناخرسندی‌های دوران کودکی را تکرار کنیم نه درصدد ترمیم آن‌ها برآییم.

تنها اندرز من به مراجعین و خوانندگان من این است که به دلایل پنهانی انتخاب همسر پی ببرند و حاضر باشند حقیقت سرد و تلخ را قبول کنند. آگاهی، بینش

تفاهم و تایید، تنها آرام کننده‌ای است که می‌توان ارائه داد

دکتر هندریکس در کتاب **"چگونه عشقی را که می‌خواهیم بیابیم"** می‌گوید:
"پس از آزمایشات گوناگون، به این نتیجه رسیدم عشقی که ما در جستجوی آن هستیم نه تنها باید از طرف شخصی باشد که در کنار او احساس امنیت و صمیمیت می‌کنیم، بلکه از طرف شخصی باید باشد، شبیه پدر و مادرمان، بقدری شبیه که ذهن هوشیار نتواند بین آنان تمایزی قائل شود."

این به ظاهر یگانه راه ممکن برای از بین بردن دردهای دوران کودکی است. ممکن است از محبت و توجه اطرافیان‌مان لذت ببریم ولی اثرات آن موقتی است. درست نظیر شیر طبیعی با مصنوعی می‌ماند. ذائقه ما ممکن است نتواند بین شکر طبیعی و مصنوعی تفاوت بگذارد ولی بدن‌مان غذایت این شکر را در یافت نمی‌کند. به این دلیل است که ما به دنبال عشقی از جانب مراقبان اصلی یا افرادی شبیه آنان می‌گردیم که ذهن ناهوشیارمان نتواند بینشان تفاوت بگذارد. چنانچه همسران‌مان همان ویژگی‌های منفی مراقبان ما را دارند چگونه می‌توانند ما را شفا بخشند؟ آیا آنان آخرین نفری نیستند که بتوانند زخم‌های کودکی ما را التیام بخشند؟

برای مثال:

اگر دختری یک پدر منزوی و درون‌گرا دارد، بطور ناخودآگاه یک شوهر معتاد بزهکار را انتخاب کند چگونه می‌تواند نیاز به نزدیکی و صمیمیت را از طریق چنین همسری تأمین نماید؟

اگر پسر یک مادر افسرده مورد تجاوز قرار گرفته، همسری افسرده و سرد مزاج انتخاب کند چگونه می‌تواند نیاز جنسی و سرور و شادی مورد نیاز خود را بدست آورد؟

اگر دختری که پدرش را در کودکی از دست داده با مردی نامزد شود که حاضر به ازدواج با او نیست چگونه می‌تواند احساس دوست داشتنی بودن و امنیت کند؟ و صد ها مثال‌های دیگر... اگر مردم مایل باشند که شفا پیدا کنند، همسران آنان هم باید تغییر کنند.

مـرد معتـاد بـه کار بایـد مقـداری از وقـت و انـرژی خـود را صرف همـسر خویـش بکنـد.

همـسر افـسرده و سرد مـزاج بایـد انـرژی و حـس شـهونیت خـود را دوبـاره بدسـت آورد.

معشـوق رو گـردان و فـراری بایـد موانعـی را کـه در راه صمیمیـت و نزدیکـی وجـود داشـت از میان بـردارد.

تنهـا در ایـن صـورت قـادر خواهنـد بـود دقـت و توجـه‌ای کـه یـک عمـر بـه دنبـال آن بودنـد را نسـیب هـمسران خـود کننـد. اگـر مـا رونـد انتخـاب ناآگاهانـه را کـم کـم از زاویـه جدیـدی ببینیـم، ایـن واقعیـت دارد آنچـه زن یـا شـوهر از نظـر عاطفـی بیـش از همـه بـه آن نیـاز دارنـد، هـمسرش در کمتریـن مقـدار و درجـه قـادر بـه تأمیـن آن اسـت. درسـت در همیـن راسـتا هـمسر نیـاز بـه تقویـت دارد.

برای نمونه: یکـی از مراجعینـم بـه نـام خانـم میـترا در خانـواده‌ای بـزرگ شـده بـود کـه کسـی عـادت بـه نـوازش کـردن و محبـت فیزیکـی نشـان نمـی‌داد. امیـر شـوهرش کـه عـادت بـه ابـراز محبـت فیزیکـی نداشـت. نیـاز تأمیـن نشـده میـترا در کودکـی بـه گونـه تغییرناپذیـری بـا فقـدان توانایـی امیـر بـه تأمیـن ایـن نیـاز جـور بـود. اگـر امیـر تلاش بکنـد بـر مقـاومت خـود غلبـه کـرده و نسبـت بـه تنهـا انـدرز مـن بـه مراجعیـن و خواننـدگان مـن ایـن اسـت کـه بـه دلایـل پنهانـی انتخـاب هـمسر پـی ببرنـد و حـاضر باشـند حقیقـت سرد و تلـخ را قبـول کننـد. آگاهـی، بینـش تفاهـم و تأییـد، تنهـا آرام کننـده‌ای اسـت کـه می‌تـوان ارائـه داد. هـمسرش میـترا محبتـی بیـشتر نشـان دهـد، نـه تنهـا میـترا نـوازش فیزیکـی مـورد نیـازش را دریافـت می‌کنـد، بلکـه امیـر هـم بـه تدریـج احسـاس‌های فیزیکـی خـود را بدسـت مـی‌آورد. بـه عبـارت دیگـر در ایـن تلاش کـه هـمسرش را شـفا دهـد، او هسـته وجـودی خـودش را هـم شـفا می‌بخشـد. رونـد انتخـاب ناآگاهانـه، دو فـرد را آنچنـان بهـم پیونـد می‌دهـد کـه می‌تواننـد یکدیگـر را شـفا دهنـد و هـم صدمـه رسـانند، ایـن بسـتگی بـه علاقـه و تمایـل آنـان بـه رشـد و تغییـر دارد

تبدیل فرضیه به عمل در پیوند مهرآمیز

قبلا دربـاره گام‌هـای اولیـه در راه خلـق ازدواج آگاهانـه بـا شما صحبـت کـردم. گفتـم کـه

چگونه بر تعداد برخوردهای متقابل لذت بخش بی‌افزایید تا نزدیکی و صمیمیت بیشتری بین شما و همسر شما بوجود آید، در نتیجه تا بتوانید انرژی بیشتری صرف رابطه زناشویی بنمایید. درباره شیوه‌هایی بحث کردم که به کمک آن می‌توانید درباره خود و همسرتان دانش بیشتری بدست آورید. اکنون موقع آن رسیده که درباره چگونگی التیام دادن زخم‌های عمیق‌تر کودکی صحبت کنم. در مقاله قبلی یاد گرفتیم که چگونه نومیدی مزمن و دیرینه خود را به راه‌هایی برای رشد و تعالی مبدل سازیم. در واقع بسیاری از افراد به این نتیجه‌گیری عاقلانه می‌رسند که آنچه بیش از همه از همسر خود توقع دارند، کمترین چیزی است که آنها قادر به تقدیم آن هستند. به عبارت دیگر در این تلاش که همسرش را شفا دهد، او هسته وجودی خودش را هم شفا می‌بخشد. روند انتخاب ناآگاهانه، دو فرد را آنچنان بهم پیوند می‌دهد که می‌توانند یکدیگر را شفا دهند و هم صدمه رسانند، این بستگی به علاقه و تمایل آنان به رشد و تغییر دارد از این پس همه توجه‌مان را صرف این مهم می‌کنیم که توان شفا بخشی ازدواج را به یک واقعیت عملی مبدل سازیم. در قدم اول چگونه می‌شود که افراد را تشویق کنیم که کوشش کنند بر محدودیت‌های خود غلبه نمایند به گونه‌ای که بتوانند نیازهای همسران خود را برآورده سازند؟ با زوج مراجعم مریم و مسعود تمرینی را که قبلاً تدوین و تنظیم کرده بودم اینطور مطرح کردم فهرستی از نیازها و خواسته‌های خود را تهیه کنند. این تمرین مانور دادن برای گریز نباید باشد. بدین شکل که زن و شوهر از هم می‌خواهند که قاطعانه‌تر و یا انعطاف‌پذیرتر بوده و یا کمتر مستبدانه عمل کنند. در واقع از طرف مقابل می‌خواهند که بر برجسته‌ترین ویژگی‌ها منفی خود غالب آید. این تمرین باید بر پایه اصل هدیه دادن باشد نه داد و ستد. چون در آن صورت ذهن ناهوشیار هیچگونه تغییر رفتار را قبول نمی‌کند. حرف من صریح و روشن بود. گفتم: "مریم اکنون از تو می‌خواهم فهرستی از رفتارهای خاص تهیه کنی که به تو کمک می‌کند بیشتر احساس علاقه و توجه کنی. آیا می‌توانی اطلاعات عینی و قابل لمس ارائه دهی از اینکه چگونه مسعود می‌تواند نقش زنده و مثبت‌تری را در زندگی تو ایفا کند؟ و به ارضا و تحقق آن آرزو کمک کند؟" در حالی که مریم مشغول تهیه فهرست بود، از مسعود هم این فهرست را خواستار شدم که بعد با گذاشتن این اطلاعات در اختیار یکدیگر اجبار و الزامی به برآوردن نیازهای یکدیگر ندارند. هدف از این تمرین

۱۴۸

این است، به زن و شوهرها آموزش دهم اگر همسران آنها تمایل به تغییر رفتار خود داشتند، راهبرد ویژه‌ای در اختیار داشته باشند. تعدادی از فهرست درخواستی مریم از این قرار است:

۱. "دوست دارم هفته‌ای یک شب را انتخاب کنیم تا بتوانیم به اتفاق با هم بیرون برویم."

۲. "دوست دارم پنجشنبه آینده که برای نهار به اداره تو می‌آیم مرا به دوست‌هایت معرفی کنی."

۳. "دوست دارم روز تولدم هدیه‌ای که خودت خریده و بسته بندی کرده‌ای از تو دریافت کنم."

۴. "دوست دارم روز یکبار از دفترت برای احوال‌پرسی به من زنگ بزنی."

۵. "دوست دارم کار اداری را طوری تنظیم کنی که مجبور نباشی شنبه‌ها و یکشنبه‌ها در دفتر بمانی."

۶. "دوست دارم اتاق خوابت را از من جدا نکنی."

طبق دستور من مسعود در خواست‌های مریم را بازبینی کرد و آنها را برحسب مشکل بودن درجه‌بندی نمود و درخواستی را که انجامش برایش تا حدی آسان بود و می‌توانست به آنها احترام گذارد را انتخاب کرد. وقتی مسعود متوجه شد که این رفتارها مورد تأمین یکی از خواسته‌های برآورده نشده کودکی مریم می‌شود چون اجازه داشت مشکل‌ها را برحسب مشکل و آسان بودن آنها درجه‌بندی کند، و چون آزاد بود هر کدام از آنها را انتخاب یا رد سازد، برایش به نسبت آسان بود که از خودسازی و سازگاری نشان دهد. با این وجود، با توجه به اینکه تعدادی از خواسته‌های مریم دارای پتانسیل رشد برای مسعود بود، برای او بسیار مشکل بود آنها را بپذیرد. از جمله برای او خیلی سخت بود که اتاق خوابش را رها کند. "من از این اوقات تنهایی لذت می‌برم، به راستی برایم دشوار است آن را از دست بدهم. هیچ تمایلی ندارم این خواسته را به اجرا بگذارم." برایم جای تعجب نبود که این اولین و مهم‌ترین خواسته مریم بود. خواسته‌ها و آرزوهای عمیق و شدید زن و شوهر اغلب با مقاومت شدید دیگری روبرو است

مریم عقیده داشت، "من احساس نمی‌کنم ازدواج کرده‌ام مگر با همسرم توی یک اتاق بخوابم." وقتی تو تصمیم گرفتی اطاقت را عوض کنی من یک هفته تمام اشک ریختم من از این کار بیزارم." به مریم یادآوری کردم این که همسرش بداند چقدر در کنار او بودن برای مریم مهم و حائز اهمیت است، اطلاعات ارزشمندی است ولی او به هیچ وجه متعهد و مجبور به همکاری نیست. تنها کار معقول و منطقی که او می‌تواند انجام دهد این است که مسعود را از نیازهای خود مطلع کند و رفتارهای خود را طبق خواسته‌ها و نیازهای مسعود تغییر دهد. زمانی که ما روی خواسته‌های مریم کار می‌کردیم مسعود فهرستی از خواسته‌های خود را ارائه داد. انتقاد اصلی او از مریم این بود که فوری قضاوت می‌کرد. عقیده‌اش این بود که مریم همیشه از او انتقاد می‌کند. و این برای او خیلی دردناک بود. چون پدر و مادرش همین خصوصیات را داشتند. او با خنده و نگاه زیر چشمی به من اضافه کرد: "با همه اطلاعاتی که در اینجا بدست آوردم، این یکی از دلایل بود که مرا به مریم جذب کرد." یکی از در خواست‌های مسعود این بود که روزی یکبار مورد تمجید همسرش واقع شود. مریم اعتراف کرد بعضی از روزها برای او مشکل است از شوهرش تعریف کند." تصور می‌کنم مسئله اینجاست که مسعود کارهای بدون مسئولیت زیاد انجام می‌دهد. مشکل ما فقدان تمایل من نیست بلکه رفتار نامهربانانه او است. مریم اهمیت و اعتبار شکایت مسعود را نادیده می‌گرفت. یکی از فواید یادگیری رفتار جدید این است که مریم درخواست مسعود را برای تمجید از او بپذیرد. اگر این خواسته را عملی می‌ساخت بهتر و زودتر به کیفیات مثبت همسرش پی می‌برد. در طی روند شفای همسر، مسعود مقداری از تمجیدهایی را که شایسته آن بود دریافت کرد. مریم هم قبول کرد که ویژگی منفی انکار شده را تغییر دهد. در این روند، او (مریم) خودش بصورت شخصیت دوست داشتنی و کاملی در می‌آمد.

زمانی که زن و شوهر وفادارانه این تمرین را برای چند ماه انجام می‌دهند، متوجه فایده پنهانی دیگری می‌شوند، عشقی که آنان نثار یکدیگر می‌کنند زخمی درونی خودشان را تسکین و شفا می‌بخشد. زخم‌هایی که خودشان از وجودش غافل بودند. مسعود و مریم تصمیم گرفتند که بطور خصوصی با من کار کنند و این، بیش از یکسال ادامه داشت. رابطه مریم و مسعود به تدریج رو به بهبود گذشت

و پس از چند ماه در یکی از جلسات مریم اعتراف کرد رابطه او با مسعود بقدری خوب شده که حاضر است از درخواست خود به سود او صرف نظر کند. مسعود موفق شده بود اعتماد و اطمینان مریم را در مورد عشقی که به او دارد جلب نماید. در کمال تعجب مسعود دیگر مایل نبود از همسرش جدا شود چون "در اتاق خودم احساس تنهایی می‌کنم." علت این تغییر رفتار برای چه بود؟ در پاسخ به نیاز مریم مسعود بیشتر به نیاز پنهانی خود پی برده بود. در گفتگویی که با مسعود داشتم متوجه شدم که پدر و مادر او از ابراز عشق فیزیکی و لفظی خوششان نمی‌آمده. در ابتدای زناشویی مسعود به علت طبع مهربانی که همسرش داشت به او جذب شد. ولی اکنون با تعمق کردن روی مسائل و علاقه‌اش به گسترش رابطه، موفق شد بر مقاومتش غلبه کند و به نیاز مریم پاسخ دهد. در این فرایند او به نیاز سرکوب شده خود به محبت پی برد و موفق شد نیاز پنهانی خود به علاقه و توجه را ارضا نماید

نتیجه

بارها ضمن مشاوره با زن و شوهرها شاهد پدیده درمان دو جانبه بوده‌ام، اکنون با اطمینان می‌توانم بگویم که همه زن و شوهرها نیازهای مشابه هم دارند، ولی آنچه توسط یکی آشکارا بیان ابراز می‌شود، توسط دیگری به سختی نفی می‌گردد. ولی زن یا شوهر که نیاز خود را تاکنون نفی کرده موفق می‌شود بر مقاومت خود غلبه کند و نیاز آشکار همسر خود را برآورده سازد. بخشی از ذهن ناخودآگاه این علاقه و توجه را متوجه خود فرد می‌سازد. برای اینکه بدانیم چرا ناخودآگاه، چنین عمل می‌کند، نیاز داریم بحث گذشته‌مان را در مورد مغز بیاد بیاوریم. مغز قدیم به آن پاسخ می‌گوید، نمادهای خلق شده توسط قشر مخ است. به علت فقدان تماس با دنیای خارج، مغز قدیم تصور می‌کند همه گونه رفتاری از درون هدایت می‌شود. هنگامی که شما این توانایی را پیدا می‌کنید که نسبت به همسرتان مهربان‌تر و با محبت‌تر باشید، مغز قدیم تصور می‌کند هدف شما مهربانی به خود است، نه به دیگری

شناسایی مقاومت در تغییرات سودمند

مقاومت در مقابل ارضای یک نیاز عمیق درونی، بیشتر از آن معمول و متداول

است که مردم باور دارند. اکثر مراجعان که درمان را نیمه کاره رها می‌کنند برای این نیست که قادر به انجام کاری مثبت نمی‌باشند، بلکه نمی‌توانند با تشویق و اضطرابی که تغییرات مثبت بوجود می‌آورد خود را وقف دهند. از مراجعانم با اصرار می‌خواهم که به تمرین **"یادگیری رفتارهای جدید"** ادامه دهند تا زمانی که اضطرابشان قابل کنترل شود. اگر به خود وقت کافی بدهند، یاد می‌گیرند که تحریم‌هایی که مانع رشد شان شده شبح‌های گذشته بوده و روی زندگی فعلی آنان کوچکترین نفوذی ندارد. یکی از درون‌نگری‌های، فروید این بود: **"که در پس هر آرزویی ترس از تحقق آن آرزو وجود دارد."**

دامون که موفق شده بود پیشرفت عالی و قابل ملاحظه‌ای در زمینه قبول رفتارهای جدید (نگاه روز) از خود نشان دهد. در پاسخ به همسرش که از او خواسته بود بیشتر در اختیار همسر و فرزندانش باشد او به تدریج اولویت‌ها را در اداره‌اش مشخص کرد. او دیگر کارهای اداره‌اش را به منزل نمی‌آورد. ولی هنگامی که همسرش از او خواهش کرد در مسئولیت پدری‌اش فعال‌تر باشد به شدت از خود مقاومت نشان داد. دامون یک روز به دفتر من آمد و منفجر شد. "اگر من بخواهم تغییر بیشتری در رفتارم بدهم نابود خواهم شد، من دیگر خودم نخواهم بود! و این مرگ شخصیت من بشمار خواهد آمد!" تغییر رفتار به گونه‌ای که همسرش از او خواسته بود به این معنی بود که "منی" که او می‌شناخت باید کنار می‌رفت. مدیر اجرایی فعال و موفق، باید مبدل به یک والد خونسرد، مهربان و با توجه می‌شد. در سطح ناخودآگاه، برای او این تغییر مساوی با مرگ بود. به او اطمینان دادم اگر به تغییر رفتار خود ادامه دهد، ممکن است گهگاهی دچار تشویش و اضطراب بشود، ولی مطمئناً نخواهد مرد. او نابود نمی‌شد برای آنکه "او" از رفتارها، ارزش‌ها یا باورهایش متفاوت بود. او از مجموعه همه اینها بزرگتر بود. در واقع اگر سعی می‌کرد تعدادی از رفتارهای محدود کننده خود را تغییر دهد، بطور حتم موجود متعالی دوست داشتنی و کاملی می‌شد که در بچگی بود. او قادر بود بخش ملایم و علاقمند به رشد شخصیت خود را تقویت کند، بخشی که در تلاش او برای پیشرفت و بهترین بودن در دنیای تجارت، به کلی کنار گذاشته شده بود. از این تغییر، خانواده او سود می‌بردند و او هم به صورت انسان کامل‌تری در می‌آمد

آغاز بیداری برای خود و روابط

این حقیقت که زندگی طولانی توأم با موفقیت موضوعی کاملا فردی است، یک عامل تصادفی و اتفاقی نیست، بلکه از جمله مهمترین مطالب است. در حال حاضر تنها ۵ درصد جمعیت ما در این فاصله سنی بین ۸۵ تا ۱۰۰ سالگی زندگی می‌کنند.

برنیس نوگارتن محقق روانشناس در دانشگاه شیکاگو به پنج عامل مهم زیر برای لذت بردن از زندگی اشاره کرده است:

۱. لذت بردن از فعالیت‌های روزانه.

۲. معنی‌دار دیدن زندگی.

۳. احساس دستیابی به هدف‌های عمده.

۴. داشتن تصویر ذهنی خوب و خود را موجودی ارزشمند در نظر گرفتن.

۵. خوشبین بودن.

جرج ویالنت در تحقیقاتی که در دانشگاه هارورد انجام داد به گروه بندی دیگری رسید که در زمینه بهداشت روان مشابه یافته های بالا است. به اعتقاد ویلانت کسانی عمر طولانی می‌کنند که بتوانند به لحاظ روانی با مسائل زندگی سازگار باشند. به اعتقاد ویالنت عوامل زیر در طی کردن زندگی طبیعی از اهمیت زیاد برخوردار است. اکنون رابطه شما بر اساس علاقه و توجه متقابل خواهد بود. عشقی که به بهترین وجهی منجر به تعالی "خود" شده، زیست نیرو از شما دور کرده و متوجه همسرتان می‌سازد. هنگامی که علاقه و توجه متقابل ادامه پیدا می‌کند، درد گذشته به تدریج از بین می‌رود و هر دو شما واقعیت کمال و تمامیت بایسته خود را تجربه می‌کنید.

۱. داشتن زندگی خانوادگی با دوام همراه با پیوند مهرآمیز

۲. احساس رضایت از زندگی زناشویی

۳. به ندرت تنها زیستن

برای آن که هراس مرگ را از خود دور کند، به او پیشنهاد کردم به فعالیت‌هایی که ترس او را تشدید می‌کند ادامه دهد. به او گفتم در ابتدا، صدای درونی ممکن است بگوید: "دست نگهدار آنقدر زیاده روی نکن، من خواهم مرد. من خواهم مرد" ولی اگر تو به تغییر رفتارت ادامه دهی، مغز قدیم دوباره به گردش در می‌آید. و صدا آرام می‌شود. "من روزی خواهم مرد، ولی من نمی‌میرم." هراس از مرگ دیگر عامل بازدارنده در مبارزه شما برای رشد شخصی به شمار نخواهد آمد. عشقی که منجر به خود شکوفایی می‌شود. همچنین درباره چگونگی التیام دادن زخم‌های عمیق‌تر کودکی صحبت کردم. در مقاله قبلی یاد گرفتیم که چگونه نومیدی مزمن و دیرینه خود را به راه‌هایی برای رشد و تعالی مبدل سازیم. از این پس همه توجه‌مان را صرف این مهم می‌کنیم که توان شفا بخشی ازدواج را به یک واقعیت عملی مبدل سازیم. با زوج مراجعینم تمرینی را که قبلاً تدوین و تنظیم کرده‌ام اینطور مطرح می‌کنم فهرستی از نیازها و خواسته‌های خود را تهیه کنند.

این تمرین مانور دادن برای گریز نباید باشد. بدین شکل که زن و شوهر از هم می‌خواهند که قاطعانه‌تر و یا انعطاف پذیرتر بوده و یا کمتر مستبدانه عمل کنند. قدرت شفا بخش ازدواج دیگر یک توقع ناآگاهانه نیست، بلکه حقیقت روزمره زندگی است ازدواج می‌تواند تمایل پنهانی شما به شفا یافتن به تکامل رسیدن برآورده سازد، ولی این کار به گونه‌های که شما می‌خواهید اتفاق بیافتد، راحت و خود به خود، بدون توصیف دقیق خواسته‌های‌تان، بدون درخواست، و بدون جبران متقابل، انجام نخواهد شد. شما باید فعالیت دوباره مغز قدیم را با روش آگاهانه و هدفمند برخورد متقابل تعدیل سازید. نباید دیگر از دنیای خارج انتظار داشته باشید که از شما مراقبت کند و باید مسئولیت شفای خود را به عهده بگیرید. راه حل عمیق بطور تناقض‌آمیزی این است که انرژی خود را صرف شفای همسر خود سازید. تنها در صورتی شفای روحی و روانی عمیق صورت می‌گیرد که نیرو و انرژی‌تان را از خود دور کرده و فقط متوجه همسر خود سازید. وقتی تمرین یادگیری رفتارهای جدید بصورت عمر عادی در مقابله با انتقاد و تضاد در آید، شما به مرحله جدیدی در سفر خود به سوی ازدواج آگاهانه می‌رسید. شما فراسوی مبارزه برای قدرت و فراسوی مرحله رسیدن به مرز تغییر و دگرگونی

حرکـت می‌کنیـد. اکنـون رابطـه شما بـر اسـاس علاقـه و توجـه متقابـل خواهـد بـود. عشـقی کـه بـه بهتریـن وجهـی منجـر بـه تعالـی "خـود" شـده، زیسـت نیـرو از شما دور کـرده و متوجـه همسرتـان می‌سـازد. هنگامـی کـه علاقـه و توجـه متقابـل ادامـه پیـدا می‌کنـد، درد گذشـته بـه تدریـج از بیـن مـی‌رود، و هـر دو شما واقعیـت کمال و تمامیـت بایسـته خـود را تجربـه می‌کنیـد.

اروپـل هندریکـس نویسـنده راهـنمای بهبـود بخشـیدن بـه روابـط زناشـویی می‌گویـد: **"ازدواج مثل پرورش و رویاندن گل است، شما همواره باید روی آن کار کنید. اگر غفلت نمایید علف‌های هرز رشد کرده، و گل‌ها را از بین می‌برند".**

واقعیـت ایـن اسـت آنچـه بـرای همسرتـان انجـام می‌دهیـد در واقـع بـرای خودتـان انجـام می‌دهیـد. شما موجـب رشـد شـخصی خـود می‌شـوید

برای مثال: روزی آمبوالـس وارد بیمارسـتان شـد و هما را بـرای جراحـی اضطـراری بـه بخـش اوژانـس آورد. او از درد وحشـتناک در ناحیـه شـکم شـکایت می‌کـرد. دکتر او می‌گفـت: "بـه ذهنـم رسـید کـه احـتمالاً آپانديـس او پـاره شـده اسـت، امـا وقـت شـکمش را معاینـه کـردم مشـکوک شـدم. شـکم نرمـی داشـت. و جالـب آنکـه شـکم اغلب بیمارانـی کـه ناراحتـی داخلـی شـکم دارنـد سـفت می‌شـود." وقتـی پرونـده پزشـکی ۲ سـانتی متری او را بـه مـن نشـان داد. فهمیـدم تاکنـون چنـد بـار روی شـکمش جراحـی شـده و علـت آن دردهایـی کـه او از آن شـکایت داشـت نیافتنـد. از شـوهرش خواسـتم کـه در اتـاق انتظـار بمانـد تـا مـن بـا بیمـار صحبـت کنـم. هما بمـن گفـت کـه شـوهرش چنـد سـال قبـل در جریـان یـک نـزاع بـا مشـت بـر شـکم او کوبیـده اسـت. از آن زمـان تاکنـون وقتـی شـوهرش نزدیـک اوسـت درد شـکمش بیشـتر می‌شـود. حـدس می‌زنـم کـه بیماری او را تشـخیص داده باشـید. بـه عکسـبرداری یـا جراحـی نیـازی نبـود. زن و شـوهر از آن روز ضمـن جـدا زندگـی کـردن موقـت بـه مشـاوره زن و شـویی می‌آینـد تـا در ایـن مـدت بـرای ادامـه زندگـی مـشترک آینـده تلاش بـرای یـافتن دگراندیشـی و بازنگـری بکننـد. همچنیـن بی‌آزماینـد کـه در هـم حسـی، هـم دردی، شـور زندگـی همـراه بـا شـور آگاهانـه و دل بلوغـی و ایجـاد فضـای امـن بایـد دو طـرف بکوشـند. همـه این‌هـا شرط تولـد روانـی همـسر آسـیب دیـده و اعتراف صادقانـه شـوهر کـه بـه همـسر قـول دهـد کـه حـاضر اسـت رشـد کنـد اسـت.

۴. پیشرفت ادامه‌دار در زندگی شغلی
۵. نداشتن معلولیت‌های ذهنی
۶. الکلی نبودن
۷. نداشتن بیماری‌های مزمن متعدد

سومین چشم انداز را اریک فی فر ارائه داده که روانپزشک دانشگاه دوک است و سال‌ها درباره مسائل پیر شدن در آمریکا بررسی کرده است. فی فر نیز مانند دو پژوهشگر قبلی معتقد است که استفاده از توانایی‌های ذهنی و جسمی در منتهای درجه بهترین راه برای خوب پیر شدن است. به اعتقاد او کسانی که با موفقیت پیر می‌شوند کسانی هستند که در سه زمینه عمده در زندگی رفتار موثری را به نمایش می‌گذارند: فعالیت جسمانی، فعالیت روانی و روابط اجتماعی

پیر شدن در ذهن انسان صورت می‌گیرد.

* بعد از ۲۰ سال، هر سگی یک سگ پیر می‌شود.
* بعد از ۳ سال هر موشی یک موش پیر می‌شود.
* بعد از ۱۰۰ سال یک نهنگ نهنگ پیر می‌شود.

در همه این مخلوقات سن بیولوژیکی تنها موضوعیست که اهمیت دارد و با این حال همه ما اشخاصی را می‌شناسیم که در ۸۰ سالگی جوان و در ۲۵ سالگی پیر شده‌اند. سر فرانسیس بیکن دانشمند مشهور عهد رنسانس درباره پیری می‌گوید: **"اگر نخواهید که پیر شوید پیر نشدن را انتخاب کنید."** اتکا به نفس بالا، اعتماد و ایمان و صداقت برخوردار بوده و خود را وقف خانواده خود بکنند. سودابه مراجعه ۸۰ ساله من تا به حال دارویی برای فشار خون مصرف نکرده است. حتی یکبار با حمله قلبی روبرو نشده است و نشانه‌ای از بیماری قند هم در او وجود ندارد. این یک اتفاق نیست امروز دوران جوانی ایام پیری شماست. و رفتاری که امروز با خود می‌کنید روی زندگی ۳۰ یا ۴۰ سال دیگر شما اثر خواهد داشت. سلامتی سودابه نتیجه مستقیم طرز و سبک زندگی او در زمانی است که هنوز چین و چروکی در چهره‌اش پدیدار نشده بود.

یک روز از سودابه پرسیدم: "فکر می‌کنی به چه دلیل به این خوبی پیر شده‌ای؟" او پاسخ داد: "با همسرم به سلامتی ارتباط روزانه را حفظ کردیم، از گرفتاری‌ها اجتناب کردیم و در هر روز زندگیم به شدت کار کردم و زحمت کشیدم." اما در واقع رمز و راز عمر طولانی آگاهی اشخاص است. آگاهی از قدرتی برخوردار است که پیر شدن را تغییر می‌دهد. بعضی‌ها از کار زیاد فرسوده می‌شوند، و این در حالی است که دیگران از کار زیاد نیرومند می‌گردد. تفاوت را باید در عوامل روانی و اجتماعی پیچیده‌ای جست و جو کرد که بدن ما پیوسته نسبت به آن واکنش نشان می‌دهد. قبل از بررسی انواع سه‌گانه تفاوت را باید در عوامل روانی و اجتماعی پیچیده‌ای جست و جو کرد که بدن ما پیوسته نسبت به آن واکنش نشان می‌دهد. قبل از بررسی انواع سه‌گانه سن انسان یعنی: سن تقویمی، سن بیولوژی و سن روانی باید در این زمینه بررسی بیشتری بکنیم

عمر پاینده همراه با عشق

قدرتمندترین عامل موثر در چگونه پیر شدن ناشی از آگاهی هوشیارانه است. یکی از مراجعین من بنام فریدون که مرد ۶۷ ساله است پس از بازنشسته شدن رفتارش به کلی تغییر کرد همسر او که نگران شده بود، او را به نزد من آورد. وقتی از او پرسیدم چه احساسی دارد؟

پاسخ داد: دارم پیر می‌شوم، اشکال دیگری در من نیست. اگر بیست سال جوان‌تر بودم وضعم فرق می‌کرد. اما فریدون ۲۰ سال پیش بی‌آنکه بداند، بذرهای روزگار امروزش را بر زمین افشانده بود. او که علاقه‌ای به شروع زندگی جدید نداشت وزن اضافه کرد و بیش از گذشته به نوشیدن الکل روی آورد و دو سال بعد از بازنشستگی با حمله قلبی روبرو شد. هر آینه بنظر می‌رسد کسی بد پیر می‌شود و آثار کهولت، ضعف و ناتوانی در او به شکل غیرطبیعی جلوه‌گر می‌گردد. بهتر است به طرز و سبک زندگی او دقیق شویم. تخمین زده می‌شود که یک دوم ظاهر شدن نشانه‌های پیری با عوامل زیر در ارتباط باشد

بدی تغذیه

عوارض جانبی ناشی از مصرف دارو

کشیدن سیگار

نوشیدن الکل زیاد

کم آب شدن بدن

افسردگی

فعالیت نکردن

کشیدن سیگار

نوشیدن الکل زیاد

کم آب شدن بدن

- و مهم‌ترین آن عدم حفظ سلامت جفت عاطفی و یا نداشتن جفت عاطفی

همه این عوامل از آگاهی هوشیارانه انسان نشأت می‌گیرد. تنها یا بطور مرکب هر یک از این عوامل می‌توانند روی اعمال رفتار افراد تأثیر بگذارند. اشخاص مسن مثل فریدون غذا کافی نمی‌خورند، به خوردن مایعات زیاد توجه ندارند، سیگار می‌کشند و برای رهایی از تنهایی به الکل پناه می‌برند و ساکت و تنها گوشه‌ای می‌نشینند تا معنای پیر شدن را به نمایش بگذارند. بیاییم این باورها را به حالت تعویق درآوریم و طرحی نو بریزیم. هدف و مقصد ما رسیدن به شرایطی است که در آن جوانی، نو شدن، خلاقیت، خشنودی و بی‌انتهایی تجربه متعارف ایام زندگی ما باشند. می‌خواهیم به جایی برسیم که در آن پیری، سستی و مرگ بی‌مفهوم شوند

ایجاد انگیزه مثبت برای زندگی پویا و کارساز

بسیاری از اشخاص در شرایط افسردگی، نگران و بی‌انگیزه می‌شوند و قدرت حرکت خود را از دست می‌دهند. بی‌انگیزگی حالاتی از ذهن است که آن را اغلب در اشخاصی که از عهده انجام کارهای مفید و سازنده بر نمی‌آیند مشاهده می‌کنیم. اشخاص موفق خوب می‌دانند که کار مقدم برانگیزه است. مهم نیست دوست دارید یا ندارید، دست به کار شوید، وقتی شروع کردید برداشتن قدم‌های بعدی

ساده‌تر می‌شود. نمودار زیر نشان می‌دهد که چگونه عمل به انگیزه، و انگیزه به عمل بیشتر منجر می‌گردد

اقدام.... انگیزه.... اقدام بیشتر

توضیح ساده‌ای دارد. هر چه بیشتر عمل بکنید، بیشتر لذت می‌برید، اما به هر صورت انجام و اقدام بر انگیزه مقدم است. پر کارها می‌دانند که زندگی پر از سختی است، می‌دانند که در راه رسیدن به هدف موانع و ناکامی‌های متعددی در راه است. در نتیجه هنگام برخورد با موانع، خیلی ساده آنها را می‌پذیرند و در برابر مشکلات می‌ایستند و با عزم و جزم به رویارویی آنها می‌روند. دختر من در دوران تحصیل دبیرستان به درس ریاضی بی‌علاقه بود، به قدر کافی نمی‌خواند و در نتیجه نمرات ضعیفی می‌گرفت. به یکبار خواندن قناعت می‌کرد و حال آنکه برای فهمیدن این درس لازم بود کتاب را چند بار بخواند هر وقت کتاب ریاضی را باز می‌کرد، ناراحت و عصبی می‌شد. زیرا بسیاری از مطالب را نمی‌فهمید. در نتیجه کتاب را تا شب امتحان کنار می‌گذاشت. گرفتاری اون این بود که گمان می‌کرد مواد درسی باید سهل و ساده باشند. در مقام توضیح به او می‌گفتم که برای من هم یاد گرفتن بعضی از درس‌ها دشوار بود و گاه مجبور می‌شدم ساعت‌های طولانی یک مطلب را مطالعه کنم. قبول این حرف‌ها برایش دشوار بود. سخنان مرا به حساب توصیه‌های مادرانه می‌گذاشت. تا اینکه فصلی از کتاب‌های عصب شناسی رفتار را که مدت یکسال آن را خواندم و با این حال خوب نفهمیدم به او نشان دادم. دید که زیر بسیاری از کلمات و عبارات را خط کشیده‌ام، متوجه شد که صفحات کتاب از شدت مطالعه فرسوده شده است. به او گفتم از پیشرفت آهسته‌ام ناراحت نبودم. هر بار که می‌خواندم بیشتر می‌فهمیدم و از اینکه به تنهایی و بدون کمک معلم می‌توانستم مطالب را درک کنم مغرور بودم. تحت تاثیر حرف‌های من دخترم نظرش را تغییر داد. حالا دیگر به درس ریاضی به چشم یک دشمن نگاه نمی‌کرد و با این تحولی که در او بوجود آمد، روحیه‌اش بهتر شد و بر شدت مطالعه خود افزود.

دکتر دیوید برنز نویسنده کتاب "شناخت درمانی" دلایلی که باعث عدم انگیزه افراد می‌شود را "آزمون تنبلی" می‌نامد.

برای مثال:

۱. اغلب اوقات تن به کار نمی‌دهم زیرا احساس می‌کنم که در حالت احساسی خوبی نیستم.

۲. گاهی اوقات از انجام کارها طفره می‌روم زیرا انجام آنها به نظرم دشوار می‌آید.

۳. گاهی اوقات از انجام کارها طفره می‌روم زیرا از شکست می‌ترسم.

۴. وقتی از دیگران خشمگین هستم، از انجام کارها طفره می‌روم. متأسفانه کامل‌گراها ستاره‌ها را هدف می‌گیرند و جز هوا نصیبشان نمی‌شود.

شخصاً وقتی بیش از اندازه تلاش می‌کنم و به خود فشار می‌آورم و تحت فشار روانی قرار می‌گیرم برعکس وقتی معیارهایم را تخفیف می‌دهم احساس آرامش بهتری بر من حاکم می‌شود و مفیدتر و خلاق‌تر می‌شوم. منظور این نیست که داشتن معیارهای بالا چیز بدی است. بدون توجه به کیفیت موفقیت‌های بزرگ علمی و هنری بسیار کم شمار می‌شد. اما این کامل‌گرایی وسواس گونه راه مناسبی برای بالا بردن کیفیت نیست. بزرگ‌ترین نیروی انگیزه بخش در جهان احساس شور و هیجان و رضایت از کاری است که انجام می‌دهید. اگر احساس می‌کنید پاداش تلاش خود را می‌گیرید، انگیزه‌ای بیشتر بدست می‌آورید. اشخاص موفق و مفید اغلب بخاطر کاری که می‌کنند به خود امتیاز می‌دهند و احساس هیجان دارند.

اگر شما پیوسته خودتان را دست کم می‌گیرید، مثلا خانه را نظافت می‌کنید، می‌گویید: "به اندازه کافی خوب نبود." یا ورزش می‌کنید، می‌گویید: "اهمیت نداشت." یا پیروزی به خصوصی نبود. در این شرایط در پایان روز احساس خستگی شدید می‌کنید و به نظرتان نمی‌رسد که کار ارزشمندی کرده باشید. اما در نهایت همه اجر و پاداش‌ها باید از درون انسان نشأت بگیرد تنها اندیشه شماست که می‌تواند شما را خوشحال یا ناراحت کند. اگر هرگز به خود امتیازی ندهید و برای خود بهایی قایل نشوید، به این احساس می‌رسید که هرگز نمی‌توانید کاری برای خشنودی خود صورت دهید و بنابراین امتحان کردنش بی معنی است

قاطعیت برای رشد انگیزه

۱. می‌توانم کار مورد علاقه‌ام را بکنم.
۲. به نظر کار سبکی می‌رسد.
۳. خیالم راحت می‌شود.
۴. اگر شروع کنم احساس بهتری پیدا می‌کنم.
۵. اتاقم مرتب‌تر می‌شود و آنچه را نیاز دارم راحت‌تر پیدا می‌کنم.
۶. اطاق منظره بهتری پیدا می‌کند.
۷. همسرم را شگفت زده می‌کنم و اعتبار به پیوند مهرآمیز می‌بخشم.

هدف‌های واقعی و به نسبت ساده را انتخاب کنید کار دشوار ساده می‌شود. با تغییر طرز فکر می‌توانید احساس را تغییر بدهید. می‌توانید بر ترس، نگرانی اضطراب، عصبیت و هراس‌های روانی خود غلبه کنید. فروید معتقد بود خشم فرو نشانده می‌تواند تولید افسردگی کند، به اعتقاد او اشخاص از ابراز خشم خود می‌هراسند. نگرانند که اگر خشم خود را بروز دهند مورد بی‌مهری و بی‌توجهی دیگران واقع خواهند شد. او معتقد است که افسردگی نوعی بیزاری از خویشتن است که از خشم روی هم انباشته ناشی می‌شود.

دکتر دیوید برنز می‌گوید: "تجربه‌های بالینی مرا متقاعد ساخته که به جای افسردگی این اضطراب و دلهره است که ناشی از خشم سرکوب شده به دل ریخته شده است."

من هم می‌گویم اشخاصی که از عدم انگیزه رنج می‌برند در برخی از زندگی افکار و احساسات منفی ابراز نشده دارند. بنابراین دچار نوعی بی تعادلی شیمیایی می‌شوند. البته نمی‌گویم که اضطراب شما صد در صد مربوط به ذهن شماست. اضطراب یک واکنش صرفاً جسمانی است. ضربان نبض شما ممکن است تشدید شود، انگشتان شما ممکن است خارش یا سوزش پیدا کنند. احتمال بروز تنگی نفس ظاهری هم وجود دارد. اما اغلب این تغییرات جسمانی ناشی از اثرات اضطراب نیستند و وقتی حال فرد بهتر می‌شود، حساسیت‌های جسمانی یا

به کلی از بین می‌روند و یا تخفیف می‌یابند. این را هم نمی‌گویم که برای درمان اضطراب، عدم انگیزه و هراس‌های روانی نباید هرگز از دارو درمانی استفاده کرد. با آنکه اغلب بیمارانی که از اضطراب‌ها و هراس‌های خفیف‌تری رنج می‌برند بدون دارو درمان می‌شوند، بسیاری از مسائل جدی‌تری را می‌توان با دارو درمانی برطرف کرد. اما این داروها هرگز جانشین مشاوره روانی یا روان درمانی به حساب نمی‌آیند. با کمی شجاعت و اندکی دلسوزی می‌توانید به هراس‌های خود پیروز شوید و مسایلی را که منجر به احساس ترس و وحشت شده‌اند برطرف سازید. و این تکرار نه از روی سهو بوده و نه بواسطه عمد بلکه براساس نیاز بوده

- **برنامه ریزی**

آیا به این نتیجه رسیده‌اید که فواید دست به کار شدن بیشتر است؟ به شما تبریک می‌گویم که تصمیم گرفته‌اید که تغییری در زندگی خود بدهید. شما پیشاپیش بلندترین قدم را برداشته‌اید. سعی کنید زمان شروع به کار را یادداشت کنید. اگر شما مراجع من باشید و بگویید که می‌خواهید کاری را که مدت‌ها از انجامش طفره رفته‌اید انجام دهید، از شما می‌پرسم: "دقیقاً در چه ساعتی از امروز می‌خواهی شروع کنی؟ ممکن است ساعتی را مشخص کنی؟" بعد از شما می‌پرسم: آیا احتمال می‌دهی کاری یا مشغله‌ای مانع شروع کار تو شود؟" موارد را به اتفاق یادداشت می‌کنیم. بعد می‌گویم: "حالا بگو چگونه می‌خواهی با این مشغله‌های احتمالی روبرو شوی و آنها را از میان برداری؟" بعد از شما می‌خواهم در ساعت معین به من زنگ بزنید و انجام شدن یا نشدن برنامه را به من اطلاع دهید. ممکن است کمی توهین‌آمیز به نظر برسد، اما به این نتیجه رسیده‌ام که وقتی متعهد می‌شوید کاری را در زمان مشخص شروع کنید، احتمال موفقیت افزایش می‌یابد

- **کار را ساده کنید**

اگر به جای هدف‌های بسیار بزرگ و کمال‌طلبانه هدف‌های واقعی و به نسبت ساده را اجتناب کنید، کار دشوار ساده می‌شود

- **هر زمان قدری را انجام دهید:** ممکن است از فکر اینکه باید همه کار را فوراً و یکجا انجام دهید گیج و دستپاچه شوید. به جای آن کار را به اجزا کوچکتری

تقسیم کنید و هر زمان به یکی از آنها برسید

- **ساده کردن کار تقسیم‌بندی زمانی است.** هر روز ده تا پانزده دقیقه روی کار بزرگی که پیش رو دارید کار کنید

- **کارهای بزرگ را به کارهای کوچکی تقسیم می‌کنید** که در مدت کوتاه انجام پذیر باشد. با این رفتار دشواری کار کمتر بنظر می‌رسد

- **می‌توانید بلافاصله پس از شروع به کار پانزده دقیقه را تمام کنید.** احساس انجام دادن کار اغلب از شدت تنش شما می‌کاهد و انگیزه بیشتری تولید می‌کند. احساس آرامش و کارآیی بیشتری پیدا می‌کنید

- **اقدام برای به یکباره انجام دادن همه کار** روش مناسبی برای انجام کارهای بزرگ نیست.

- **می‌توانید با کار کردن در فواصل زمانی کوتاه خلاقیت بیشتری به خرج دهید.** به عبارت دیگر با تلاش کمتر بیشتر می‌آموزید و درک می‌کنید

• **مثبت فکر کنید**

وقتی شروع می‌کنید، انگیزه خود به خود پیدا می‌شود. می‌توانید بگویید: لزومی به سر حال بودن نیست، وقتی شروع کنم احتمالاً حال و حوصله پیدا می‌کنم. می‌توانید برخورد با این افکار منفی را بیاموزید تا تحت تأثیر آنها قرار نگیرید

• **به خود امتیاز بدهید**

وقتی کاری را که از انجامش طفره رفته‌اید شروع می‌کنید، بهتر است به جای بی‌ارزش جلوه دادن کار از خود بخاطر کاری که کرده‌اید تشکر کنید

هما به من می‌گفت که از صبح تا غروب بی‌وقفه کار می‌کند. اما سر شب به فکر کارهایی که فرصت انجامش را نداشته است می‌افتد. در نتیجه احساس می‌کند که کاری صورت نداده است. به او پیشنهاد کردم که همه روزه فهرستی از کارهای انجام داده‌اش را تهیه کند. با مطالعه این فهرست در پایان روز احساس بسیار بهتری پیدا کرد زیرا به سادگی فهمید که کارهای زیادی صورت داده است

اگر در قبال کاری که انجام می‌دهید احساس تعهد و هیجان می‌کنید، همین قدر کافیست. لازم نیست که پیوسته شاد و سر حال باشید. اما اگر هدفمند باشید کار سخت چشم انداز دیگری پیدا می‌کند، می‌دانید که با تحمل سختی‌ها سرنوشت خود را می‌سازید. درون ما به هر کیفیتی که باشد همان به جهان برون می‌تابد، اگر در درون تجربه شده، از هم پاشیده، و دچار شقاق و افتراق باشیم تجلیات و ارتباطات برونی ما هم، از هم پاشیده و گرفتار دستخوش از هم گسیختگی و ناهماهنگ است، اما اگر در درون دارای تمامیت و یکپارچگی و اتحاد و یکتایی با خودانگیختی و عملکرد کامل باشیم و به همان نسبت نمود ما به جهان برون کامل، منحصر به فرد، ویژه سرزنده و خلاق می‌گردد و نه سنتی، عرفی، و تصنعی، و در کل شرافتمندانه و یکدست می‌شود و نه ساختگی. یک سالک بودایی از مرشد خود پرسید: "ای پیر این چه نیرویی در شیر است که با چند ضربه طعمه‌ای به بزرگی یک گاو را قطعه قطعه می‌کند؟"پیر پاسخ داد: **"نیرویی ناشی از تمامیت، یکپارچگی، هماهنگی و وحدت با خویشتن".**

احساس اطمینان غلبه بر اضطراب، ترس و فوبیا

افکار منفی و طرز تلقی‌های غیر منطقی موجب اضطراب هستند. تضادهای سرکوب شده تولید اضطراب می‌کنند. احتمالاً در دوران رشد به شما توصیه کرده‌اند که احساسات خود را بروز ندهید. اگر بروز می‌دادید شما را مجازات می‌کردند. ممکن است خانواده شما به این فلسفه اعتقاد داشته‌اند که اشخاص باید همیشه شاد و دوست داشتنی باشند و اگر حرف بدی می‌خواهید بزنید چه بهتر که از خیر گفتنش بگذرید. در نتیجه ممکن است الگویی برای برخورد با مسائل و مشکلات خود نداشته باشید. یکی از نتایج این ذهنیت این است در مواقع ناراحتی نگران چیزی می‌شوید که با مسئله حقیقی بی‌ارتباط است. ممکن است که اصولا ندانید که چنین می‌کنید. شما هم مانند بسیاری از مراجعینم ممکن است دچار سو تفاهم باشید و در جستجوی یافتن بیماری که علت ناراحتی شما از همسرتان باشد، مرتب پزشک عوض می‌کنید ممکن است بترسید که به سرطان یا بیماری قلبی دچار شده باشید. زیرا قویاً به این معتقدید که اشکالی در کار شما وجود دارد. بله حق با شماست. مشکلی در کار شما وجود دارد، اما این مشکلی در زندگی شما و اطرافیان و یا حتی شغل و حرفه شما نیست. مشکل شما این

است که نمی‌دانید چگونه می‌خواهید با مشکل خود برخورد کنید. ممکن است گمان کنید که حق ندارید عصبانی و ناراحت شوید. اضطراب به رویا شبیه است. مسائل واقعی شما به صورت نمادی تغییر شکل می‌دهد، بطوری که شناسایی آنها دشوار می‌شود. راه حل، البته برخورد با مسئله‌ای است که از آن اجتناب می‌کنید. و این معمولا مستلزم ابراز آشکار احساسات شماست. منصور یکی از دانشجو دانشکده پزشکی است وقتی که شنید میترا همسر او می‌خواهد برای شرکت در برنامه فارغ التحصیلان دبیرستان (خواهرش). تعطیل آخر هفته را به منزل والدینش برود ناراحت شد. منصور و میترا با هم صحبت کرده بودند و برنامه بنظر میترا بی‌اشکال رسیده بود. او برای امتحان نهایی دانشگاه باید آخر هفته را در منزل می‌ماند و مطالعه می‌کرد. بنابراین هیچ دلیلی برای بیکار ماندن منصور وجود نداشت. اما با رفتن میترا منصور ناراحت شد روی بازویش لکه کبودی دید، کمی هم سرفه می‌کرد. بدون هرگونه دلیل موثق نگران شد که به بیماری ایدز دچار شده است. نگران شد که در اثر بیماری ایدز جان خود را از دست بدهد. به قدری مضطرب شد که به بخش اورژانس بیمارستانی که در آن کار می‌کرد. مراجعه نمود تا خون خود را آزمایش کند. چند روز بعد نتیجه آزمایش خود را دریافت کرد و در سلامت کامل بود. اما اشکال در چه بود؟ منصور با آنکه منطقاً پذیرفته بود که میترا بهتر است در مراسم فارغ التحصیلات شرکت کند، ته دل از اینکه باید تعطیل آخر هفته را تنها بماند ناراحت بود. احساس تنهایی و حسادت می‌کرد. خود را بی یار و یاور می‌دید، اما احساس می‌کرد که نباید احساساتش را بروز دهد. معتقد بود که حرف منطقی نمی‌زند و حق را به میترا می‌داد که در این مراسم شرکت کند نگران بود که اگر بگوید از تنها به سر بردن تعطیل آخر هفته ناراحت است، در نظر میترا آدم ضعیفی به نظر برسد. معتقد بود که مرد باید قوی و منطقی باشد. از آن گذشته نمی‌خواست که سلطه‌جویی کرده باشد. به همین دلیل به خود خاطر نشان می‌ساخت که نباید برای میترا تعیین و تکلیف کند. اشخاص تقریباً همیشه برای بروز ندادن احساسات خود دلایل موجه دارند. منصور به میترا می‌توانست بگوید: "وقتی تو می‌روی تنها می‌شوم و کمی هم حسادت می‌کنم زیرا به راستی تو را دوست می‌دارم. می‌دانم که شرکت تو در این مراسم کار درستی است، اما بخشی از وجود من آرزو می‌کند که تو نروی." میترا با طرز برخورد شوهرش می‌فهمید. که به ماندن او علاقمند است،

اما سفارش ماندن نمی‌دهد. با این طرز برخورد احتمالاً میترا نزدیکی و صمیمیت بیشتری احساس می‌کرد و منصور هم دچار حمله اضطراب نمی‌شد. ضمن مراجع به من به هر دو گفتم بررسی نشانه‌ای بیماری به این شکل قابل قبول نیست. به منصور پیشنهاد کردم که احساسات خود را با میترا در میان بگذارد. هر دو به تأیید گفتند که طرح آشکار احساسات برای هر دو دشوار است. نگران بودند که احساسات یکدیگر را جریحه‌دار کنند. اما وقتی این کار را شروع کردند خیلی خوب پیش رفت. در پایان جلسه میترا گفت که اضطراب و ترس او از بیماری ایدز بطور اسرارآمیزی به یکباره از میان رفته است و حالا خود را به میترا نزدیکتر می‌داند. آیا این بدان معنا است که منصور در اثر این تجربه بهبود یافت؟ مسلماً نه میل به سرکوب احساسات را می‌توان در اعماق وجود انسان رد پا کرد. برخورد آشکار با احساسات مستلزم تلاش پیگیر برای تقویت مهارت‌های برقراری ارتباط است. که او فرا گرفتن آن را شروع کرده است. مطرح کردن احساسات خشم و دلخوری، چون عزت نفس کسی تهدید نمی‌شود، می‌توانند اسباب نزدیکی آنها شود. هر چند رسیدن به این موقعیت گاه مستلزم صرف وقت طولانی و به خرج دادن حوصله است، اما مطمئنم به آن آرامش و احساس اطمینان درونی که شایسته شماست می‌رسید. چگونه می‌توانیم با خودمان صمیمیت و نزدیکی بیشتری خلق کنیم؟

وقتی از صمیمیت و نزدیکی صحبت می‌کنیم و به یاد صمیمیت و نزدیکی با شخص دیگری می‌افتیم، مهمترین رابطه در سراسر زندگی رابطه‌ای است که با خودمان داریم. هنگامی که با درونیات خود ارتباط نزدیک و صمیمی نداریم، و دیوارها و موانع روحی بسیاری بر سر راه ارتباط خود با خودمان قرار دارد، ارتباط با جهان بیرون نیز مشکل‌تر خواهد شد. قبل آنکه بتوانیم با انسان دیگری صمیمی باشیم، می‌بایست بیاموزیم که با خودمان صمیمی باشیم

هر چه تمرین‌های گفته شده را با دقت و جدیت بیشتری انجام دهیم و روش‌های ارتباطی نظیر: بازگو کردن تمامی حقیقت درباره بیان احساسات و نوشتن نامه‌های محبت آمیز... را بکار ببریم در ایجاد صمیمیت با خودمان قابلیت و توانایی بیشتری خواهیم یافت. صمیمیت و نزدیکی با خودمان به این معناست که در هر لحظه از زمان با احساسات خود در تماس هستیم و می‌دانیم چگونه این احساسات را ابراز کنیم. این همان روشی است که ما در مقاله‌های قبلی به آن پرداختیم. امیدوارم

که کمک بوده و با احساسات خود تماس بیشتری داشته باشیم

* صمیمیت و نزدیکی با خودمان یعنی اینکه با خواسته‌ها و نیازهایمان مطلع هستیم و به درستی می‌دانیم چگونه آنها را برآورده سازیم و با کودک درونمان در تماس باشیم و صدای او را به خوبی بشنویم.

* صمیمیت و نزدیکی بیشتر با خودمان آن است که خواسته‌ها و نیازهای خود را مطالبه کنیم و بدانیم که استحقاقش را داریم

* صمیمیت و نزدیکی با خودمان آن است که خودمان را دوست داشته باشیم. دوست داشتن خودمان بدین معناست که با خودمان خوب باشیم از سلامت فیزیکی، جسمانی و روحی ـ روانی خود مراقبت نماییم. مراقبت احساسات قلبی خود باشیم. دوستان و اطرافیان خود را از میان کسانی برگزینیده که برای ما احترام قائل باشند و با محبت با ما رفتار کنند. خود را دوست داشتن یعنی که از خودمان در مقابل آسیب‌ها، رنجش‌ها، و دل شکستگی‌ها محافظت کنیم و مراقب کودک درون خود باشیم. در حق او والدی مهربان و دلسوز باشیم، آن هم درست همان‌گونه که در حق فرزندان خود مهربان و دلسوزیم. روش‌هایی که مانع صمیمیت و نزدیکی با خودمان می‌شود عبارتند از

۱. اعتیادها، اعتیاد احساسات ما را سرد و کرخت می‌کنند و ارتباط ما را با دنیای درون ما قطع می‌کنند.

۲. پرخوری و نوشابه‌های الکلی و بیش از حد تلویزیون تماشا کردن.

۳. پرکاری، وقتی بیش از حد سرمان شلوغ است و وقت آزاد برای تنها بودن با خودمان نداریم، تماس با درونیامان را به تدریج از دست می‌دهیم. هنگامی که از تنها بودن و خلوت کردن سر باز می‌زنیم نمی‌توانیم با احساسات درونی‌مان گوش دهیم و آنها را درک کنیم.

۴. چهارمین روش (به نظر من یکی از مهم ترین‌هایش است) درگیر شدن در روابطی که خسته کننده و آزار دهنده است روابطی که انرژی‌مان را از بین می‌برد و مطمئن شویم چیزی مزاحممان نشود و دوستان و اطرافیان و همه کسانی را که در زندگی‌مان وجود دارند ارزیابی کنیم و آن‌هایی را که

حامی‌مان نیستند رها کنیم.

۵. انتخاب‌های خود را تغییر دهیم. به چند انتخاب نو و تازه دست بزنیم. دوستانی برای خود برگزینیم که در جهت تعهدهای جدیدمان برای موفقیت در عشق و ازدواج به ما کمک کنند و حامی‌مان باشند.

هر چه خودمان را بیشتر دوست داشته باشیم و با خودمان رابطه صمیمی‌تر و نزدیک‌تر پایه‌ریزی کنیم به همان اندازه عشق و محبت بیشتری از سایر افراد زندگی خود دریافت می‌کنیم و قادر خواهیم بود عشق و محبت بیشتر به آن‌ها بورزیم.

بیژن، مرد میانسالی که در زندگی زناشویی خود سختی‌های زیادی را تجربه کرده بود، به من مراجعه کرد. او بسیار ثروتمند، موفق و پولدار بود. اما زندگی شخصی‌اش از هرگونه احساس خوشحالی و خوشبختی خالی بود. بعد از چندین جلسه شرکت در مشاورت، متوجه شد که قلب خود را سال‌های سال پشت دیوارهای متعدد و محکمی زندانی ساخته است. او هرگز عشق و محبت خود را به همسر و خانواده اش نشان نمی‌داد. احساسات خود را به آن‌ها ابراز نمی‌کرد! یک روز در جلسه‌مان از جا برخواست در حالی که گریه می‌کرد گفت: حالا متوجه شدم چقدر از لحاظ احساسی ـ عاطفی خسیس بوده‌ام. به خانواده و همسرم بی‌توجهی می‌کردم و عشق خود را از آن‌ها دریغ می‌نمودم. از امروز تصمیم دارم عشق، محبت و توجه بیشتری به آن‌ها نشان دهم. در جلسه بعد که با همسر و دو فرزند او نشستی داشتم، آن‌ها گفتند که پسر بزرگ بیژن در سانحه‌ی رانندگی در اروپا جان سپرده است. بعد از نشست با خانواده‌اش به بیژن این خبر تکان‌دهنده را ابراز داشتم، او با شنیدن این خبر، همان جا مقابل من از هم فرو پاشید، در حالی که به زانو در آمده بود گریه می‌کرد. وقتی کمی آرام شد، گفت: می‌خواستم حقیقتی را به همه بگویم: "هرگز آنقدر صبر نکنید که دیگر دیر شده باشد. هرگز آنقدر دست روی دست نگذارید تا همه‌ی فرصت‌ها را از دست بدهید. تمام زندگی‌ام را در بی‌خبری و غفلت سپری کردم. حال وقتی که حقیقت را دریافتم و تصمیم گرفتم که به این وضعیت خاتمه بدهم، خبر آوردند که یکی از پسرانم را از دست داده‌ام. دیگر دیر شده است چطور می‌توانم تصمیمی را که در این جلسات گرفتم در مورد این پسرم اجرا کنم. پس چنانچه شما نیز، عشق، محبت

و توجه‌تان را از عزیزان‌تان دریغ کرده‌اید، بیش از این ادامه ندهید. همین امروز عشق و محبت‌تان را با عزیزان خود در میان بگذارید و احساساتتان را ابراز کنید. بسیار تأسف‌برانگیز است که آنقدر صبر می‌کنیم و صبر می‌کنیم تا بعد عشق و محبت خود را به دیگران نشان دهیم و وقتی زمان آن فرا می‌رسد دیگر بسیار دیر شده است. ممکن است همیشه این فرصت را در اختیار نداشته باشیم." پس چنانچه شما نیز، عشق، محبت توجه‌تان را از عزیزان‌تان دریغ کرده‌اید بیش از این ادامه ندهید. همین امروز عشق و محبت‌تان را با عزیزان خود در میان بگذارید و احساساتتان را ابراز کنید. در مراسم تدفین یکی از دوستانم که به تازگی از سکته فوت شده بود شرکت کردم و شاهد بودم که چقدر دوستان و نزدیکانش سوگواری می‌کردند و می‌گفتند چقدر او را دوست می‌داشتند. همان جا بود که به فکر فرو رفتم و این عادت بدمان را دیدم که چگونه صبر می‌کنیم و صبر می‌کنیم تا کسی را از دست بدهیم و سپس او را عزیز و گرامی بداریم. چرا عشق، محبت و توجه خود را هنگامی که او زنده است ابراز نمی‌کنیم. پس همین الان به عزیزی محبت کنید و عشق و محبت خود را به او نشان دهید و بگویید چقدر دوستش دارید همین الان لحظه‌هایی از نزدیکی و صمیمیت و عشق را در زندگی خود خلق کنید

ایجاد لحظه‌های ناب برای پیوند مهرآمیز

معتقدم هنگامی که با کسی احساس صمیمیت و نزدیکی می‌کنید، دیگر احساس گسستگی و تنهایی نمی‌کنید. وقتی با کسی احساس صمیمیت می‌کنید، به نحوی با او احساس یگانگی می‌کنید و به همین دلیل صلح و امنیت و آرامش درونی را تجربه می‌کنید و به تمام وجود احساس خوشحالی و خوشبختی می‌نمایید.

خواسته‌ها و نیازهای خود را از همسر خود مطالبه کنیم

از جمله متداول‌ترین شکایاتی که می‌شنویم با این مفهوم است: "همسرم فکر می‌کند که همیشه حق با اوست. هرگز حاضر نیست به سخنانم گوش دهد". برای رسیدن به خواسته‌های خود باید با مفهوم تن در دادن آشنا شوید. اگر می‌خواهید حرف شما را بفهمند ابتدا باید حرف آنها را بفهمید. از خود بپرسید که علت سماجت او چیست؟ شاید علت شما هستید که شنونده خوبی نیستید.

در برخورد با انتقاد مهم‌ترین اصولی که باید مورد نظر قرار گیرد عبارتند از:

۱. انتقـاد کننـده را خلـع صـلاح کنیـد. در انتقـاد او نکتـه مثبتـی بیابیـد و حالـت تدافعـی نگیریـد. توجـه داشـته باشـید کـه همیشـه در هـر انتقـادی نـکات مثبتـی وجـود دارد. بـا تصدیـق جنبـه مثبـت سـخن انتقـاد کننـده او را بـا خـود موافـق کنیـد.

۲. از روش‌هـای برخـورد همدلانـه و پـرس و جـو اسـتقاده کنیـد. انتقـاد کننـده را بـه ابـراز انتقـادات و افـکار منفـی خـود تشـویق کنیـد.

۳. احساسـات خـود را بـا عباراتـی کـه مفهـوم "مـن احسـاس می‌کنـم" را تداعـی کنـد ابـراز داریـد.

چگونگی بیان حقیقت احساساتمان

۱. اشـتباه مهلکـی کـه در ازدواج خـود مرتکـب می‌شـویم آن اسـت کـه خواسـته‌ها و نیازهای‌مـان را از همسرمـان مطالبـه نمی‌کنیـم.

۲. فقـدان و یـا کمبـود تعهـد و پاییـندی و بازگـو نکـردن تمامـی حقیقـت دربـاره احساسـاتمان امـری بسـیار مخـرب و مـوذی اسـت. و بـه آرامـی روابـط را از درون می‌خـورد و مضمحـل می‌کنـد.

پریسـا و نـیما را بخاطـر مـی‌آورم کـه سـال‌های پیـش بـه آن‌هـا مشـاوره مـی‌دادم. آنهـا را هرگـز فرامـوش نمی‌کنـم بعـد از پنـج سـال زندگـی مـشترک از هـم جـدا شـدند. طلاق‌شـان هـم نیـز بسـیار زشـت و بـد و غیردوسـتانه بـود. سـال‌های بعـد مجـدداً یکدیگـر را ملاقـات کردنـد. و پـس از آن کـه کمـی بـا هـم صحبـت نمودنـد، تصمیـم گرفتنـد کـه شـام را بـا هـم بخورنـد. بـه هنـگام صرف شـام بـا هـم مکالمـه بسـیار دوسـتانه‌ای داشـتند. پریسـا ناگهـان صحبتـی را بـه میـان کشـید و گفـت: "راسـتش آن روزهـا کـه هنـوز بـا هـم زندگـی می‌کردیـم و زن و شـوهر بودیـم، هیـچ وقـت نمی‌توانسـتم در مـورد خواسـته‌ها و نیازهایـم بـا تـو صحبـت کنـم. هنـوز هـم از اینکـه اعتراف کنـم و بـه تـو بگویـم آن روزهـا هیـچ وقـت از روابـط جنسـی‌مان راضـی نبـودم، می‌ترسـم." نـیما بـا تعجـب پرسـید: "منظـورت چیسـت؟"

پریسا پاسخ داد: "راستش هیچ‌وقت نشد به تو بگویم اما همیشه فکر می‌کردم در رختخواب به اندازه تهاجمی نیستی. البته مهارت‌های تو در عشق‌ورزی بسیار خوب و پذیرفتنی بودند اما گاهی اوقات احساس می‌کردم، زیاد تهاجمی و شروع‌کننده نیستی. این باعث شد که به تدریج فکر کنم که تفاهم کافی نداریم." نیما در حالی که چشم‌هایش گرد شده بود گفت: نمی‌توانم باور کنم. من خیلی هم دوست داشتم بیشتر تهاجمی و شروع کننده باشم خیلی هم از این کار خوشم می‌آمد، اما هیچ وقت نمی‌دانستم که تو چنین خواسته‌ای از من داری. همیشه فکر می‌کردم دوست داری که با تو ملایم‌تر و رمانتیک‌تر برخورد کنم. نیما گفت: "حالا که تو صحبت را شروع کردی بگذار من هم بگویم، من هم از این که تو هیچ وقت در فعالیت‌های دیگری که من شرکت می‌کردم، شرکت نمی‌کردی و هیچ علاقه‌ای از خود نشان نمی‌دادی، خیلی می‌رنجیدم. من به ورزش و فعالیت‌های جسمانی خیلی علاقمند بودم، اما هیچ وقت نشد تو یکبار هم مرا همراهی کنی. هیچ وقت دوست نداشتی با من به کوهنوردی برویم و یا جایی چادر بزنیم و... طوری شد که به این نتیجه رسیدم ما با هم خیلی فرق داریم. اصلا بدرد هم نمی‌خوریم. این بار پریسا از تعجب دهنش وا ماند و گفت: "این مطالب را جدی می‌گویی؟ من همیشه فکر می‌کردم تو دوست داری این کارها را تنهایی انجام بدهی. همیشه فکر می‌کردم نباید آزادیت را بگیرم و خلوت شخصی‌ات را بهم بزنم. من هم عاشق این جور کارها هستم همین الان هر هفته به کوهنوردی می‌روم

نیما و پریسا نمونه زوجی هستند که خواسته و نیازهایشان را با هم در میان نمی‌گذاشتند و در حالی که بسیار با هم تفاهم داشتند ولی هرگز خبردار نشدند و از هم طلاق گرفتند. البته این داستان پایان خوشی داشت و آنان پس از دو سال مجدد با هم ازدواج کردند. زیرا آموختند نیازها و خواسته‌هایشان را به یکدیگر بگویند، توجه کنید ممکن است شما نیز سکوت کنید و بی آنکه بدانید خواسته‌ها و نیازهای خود را از همسرتان مطالبه نکنید. این کار را به روش‌های زیر انجام می‌دهیم.

چنانچه در کودکی نیازها و خواسته‌های‌تان برآورده نشده‌اند این مطلب بیشتر در موردتان مصداق پیدا می‌کند. خواسته‌ها و نیازهای‌تان نادیده می‌گیرید و

یـا خودتـان را متقاعـد می‌سـازید کـه نبایـد ایـن خواسـته‌ها را داشـته باشـید و یـا آنهـا را کـم اهمیـت جلـوه می‌دهیـد. خودتـان را گـول می‌زنیـد کـه "نـه آنقدرهـا هـم مهـم نیسـت و چنـدان نیـز بـه آن نیازمنـد نیسـتم. خیلـی از آدم‌هـای دیگـر هـم ایـن امـکان را در زندگـی خـود ندارنـد چـرا بایـد اینقـدر سـخت بگیـرم. زندگـی همیـن طـوری اسـت." بـه عبـارات دیگـر احساسـات خـود را دسـت کـم آنهـا را مهـم تلقـی نمی‌کنیـد. بجـای همسرتـان عـذر و بهانـه می‌تراشـید. "بـی آنکـه حتـی خـودش بدانـد ممکـن اسـت همسرتـان از اینکـه نیازهـای شما را بـرآورده سـازد، خوشـحال شـود. امـا ایـن خودتـان هسـتید کـه نیازهایتـان را سرکـوب می‌کنیـد و آنهـا را نادیـده می‌گیریـد." فرزنـدان خـود بگوییـم چـه خواسـته و توقعـی دارنـد؟ دربـاره مفـاد آن بـا هـم صحبـت و گفتگـو کنیـم. ایـن روشـی اسـت فوق‌العـاده بـرای آنکـه "ابـزار وجـود" را بـه فرزنـدان خـود بیاموزیـم. ایـن روش بـه مـا کمـک می‌کنـد هارمونـی، هماهنگـی و همـکاری را در خانـواده‌ی خـود افزایـش دهیـم

نگرش نوین در خانواده

من در بی‌انتهای نیروی طبیعت در حرکتم.

من حافظ آتش روح و پاسدار حیات و شفا هستم.

"ریگ ودا"

چنـد بـار از زبـان پـدر و مـادر، پـدر بـزرگ و مـادر بـزرگ یـا افـراد مسـن شـنیده‌ای دربـاره کارهایـی صحبـت می‌کننـد کـه در دوران زندگـی خـود انجـام داده‌انـد؟ بعضی‌هـا بـه قـدری در معـرض ایـن رفتارهـا و عقایـد سـنتی قـرار دارنـد کـه تقریبـاً انـگار مجبورنـد کـه آنهـا را مهـم و منطقـی تلقـی کننـد. در واقـع الگوهـای ارتباطـی بمـرور زمـان بـه گونـه‌ای وحشـتناک متحـول شـده اسـت. بـرای رونـق و شـکوفایی رابطـهمان لازم اسـت در چهارچوب‌هـای خـود زندگـی کنیـم، رضـا تصـور می‌کنـد شـوهر و پـدر خوبـی اسـت. او دورانـی را بخاطـر مـی‌آورد کـه وقتـی پـدرش دیـر از سرکار بـه خانـه برمی‌گشـت، چقـدر برایـش شـوم و نکبت‌بـار بـود. کاری کـه بـرای پـدرش عـادت شـده بـود. او می‌گویـد بنظـر می‌رسـید کـه پـدرش دلـش نمی‌خواسـت بـا همسر و فرزندانـش باشـد و رضـا از اقـرار ایـن مسـأله خجالـت می‌کشـید، چـون خـودش هـم بـه نحـوی دیگـر همیـن کار را می‌کنـد. رضـا می‌گویـد تجربـه او تجربـه رایـج بـوده اسـت. چـون دوسـتانش

می‌گویند، فقط زمانی پدرشان را می‌دیدند که می‌خواست سرکار برود. این نقش پدر خانواده بود. نقش مادر هم به تر و خشک کردن بچه‌ها ختم می‌شد. پدران ایرانی برایشان دشوار بود که عواطف و احساساتشان را نشان دهند. مثلاً به همسرشان بگویند چقدر وجود او برایشان مهم است یا به بچه‌ها بگویند که چقدر به آنان افتخار می‌کنند. بالاخره من سنت‌شکنی کردم تا همه اعضا خانواده در کنارم هم باشند و خوشحال باشیم. رضا می‌گوید: "حالا واژه مرد سالاری برای ما پدران تغییر کرده و کسی مرد واقعی است که مرد خانواده باشد و دلش نخواهد او را تنها بگذارند. مردی در ابراز عشق و علاقه به همسر و بچه‌ها پروا نداشته باشد."

شوخ طبعی برای پیوند مهرآمیز کمکت می‌کند.

یک لطیفه به نوبه خود می‌تواند روزت را درخشان کند و باعث لذت گوینده و شنونده شود. در هر رابطه‌ای، بذله‌گویی کمک می‌کند که روز معمولی با حال‌تر شود و ناراحتی و کسالت روز ناگوار از بین برود. البته این شوخی طبعی باید جنبه مثبت داشته باشد. لطیفه‌ها منفی و نیش‌دار باعث افزایش تنش عصبی می‌شود

آتوسا می‌گوید: "زندگی متأهلی مشکل است و تو باید یاد بگیری چطور با کسی که ویژگی‌هایی دارد، سَر کنی، حمید تمام مدت خلال دندانش را این ور و آن ور می‌اندازد." اما گله‌های آنان زیاد نیست. آتوسا به شوخی به شوهرش حمید می‌گوید: "حمید تو از میمون خوشگل‌تری." آنان بعد از دوازده سال با هم بودن از مصاحبت یکدیگر بسیار لذت می‌برند. آنان مجری برنامه تلویزیونی هستند و اجرای برنامه هم جزئی از دلایل تداوم زندگی‌شان شده است. آتوسا می‌گوید: "برنامه باعث می‌شود نگاه ما به آینده باشد و افق دید تازه‌ای به ما می‌دهد." ما در سن و سال ۶۵ هنوز هم با افرادی جدید آشنا می‌شویم و کارهایی می‌کنیم که هرگز نکرده بودیم، و همه‌اش با خنده و تفریح همراه است. وقتی یکی از زوجین شوخ طبع باشد، میزان تضاد در آنان ۶۷٪ کمتر است

علاقه مشترک را توسعه بدهیم

همه ما دلمان می‌خواهد بخشی مثبت در زندگی همسرمان باشیم و برعکس. به

هر حال، بیشتر اوقات روز ما با پرداختن به کار و الزامات و به دنبال کامیابی سپری می‌شود. به همین دلیل بسیار مهم است که مردم در روابطشان به دنبال علایق مشترک بگردند و آن را گسترش دهند. علایق مشترک باعث تشویق ارتباط مثبت و لذت می‌شود و رابطه زن و شوهر را تقویت می‌کند.

تحقیقات نشان می‌دهد زوج‌هایی که بیش از پنج سال از ازدواجشان می‌گذرد، آنان که علایق مشترک دارند، به میزان ۶۴٪ بیشتر از بقیه زناشویی‌شان دوام دارد

کمتر تلویزیون تماشا کنیم

تلویزیون ما را نمونه‌هایی رویایی و منفی عرضه می‌کند. تلویزیون باعث بروز ناسازگاری در رابطه خانوادگی می‌شود. برای جسم مضر و برای مغز بد است. فضای خارجی و خاکستری رنگ مغز که در روابط شخصی نقشی بسزا دارد، هنگام فعل و انفعال، مغز را به صفر می‌رساند. تلویزیون زمانی را که باید صرف خانواده کنیم، از ما می‌گیرد. بسیاری از ما وقت‌مان را بیشتر پای تلویزیون می‌گذرانیم تا با خانواده. تلویزیون تو را شیفته خودش می‌کند که عادتی است بسیار بد. زمانی را که صرف تماشای تلویزیون می‌کنیم، برای بهبود روابط زناشویی سپری کنیم

ایجاد تعادل

همه می‌دانیم برای ایجاد تعادل باید تلاش کرد و لازم است با اعتدال کاری را انجام داد. اما کاری که ما برای بهبود زندگی‌مان می‌کنیم، بستگی به این دارد که کدام جهت را در پیش گرفته‌ایم. کسانی که ساعات طولانی کار می‌کنند و بیشتر هم و غمشان حرفه‌شان است، بودن با خانواده و برخورداری از رابطه‌ی زناشویی خوب را در الویت قرار دهند. افرادی که هوش و حواسشان متوجه خانواده‌شان است، سرکارشان هم اوقات عالی‌تری دارند، که در حقیقت همین مسئله سلامت روابط و زندگی خانوادگی را بهبود می‌بخشد. عشق و ازدواج می‌تواند هیجان‌انگیز و چالش‌برانگیز باشد؟ لازم می‌دانم یادآوری به دیوارهای روحی ـ عاطفی بکنم.

یادآوری: سفر به دوران کودکی ممکن است احساسات و عواطف بسیاری را در شما ایجاد کند. زیرا در طی آن به منبع و منشأ اصلی احساسات‌تان که همانا کودک درون‌تان می‌باشد، بسیار نزدیک می‌شوید. با تمرین بازنگری، ممکن است

احساسات و عواطف تازه‌ای در خود تجربه کنید.

برای مثال: هنگامی که ذرت بو داده درست می‌کنید، حتی پس از آنکه شعله را خاموش کرده‌اید، دانه‌هایی در ته قابلمه وجود دارد که یکی پس از دیگری منفجر شده و به ذرت باز تبدیل می‌شوند. التیام احساسات و عواطف نیز به همین گونه است. وقتی شما با شخص دیگری که او نیز برنامه‌ریزی روحی ـ احساسی و موانع روحی ـ عاطفی خود را دارد ارتباط برقرار می‌کنید چه اتفاقی می‌افتد. در روابط میان انسان‌ها چه اتفاقی می‌افتد؟ چرا در ابتدا خصوصیات همسرمان جالب و دوست داشتنی به نظر می‌رسد. اما پس از مدتی تمام کارهای او ما را ناراحت و عصبانی می‌کند؟ چه عواملی باعث می‌شود عشق‌مان کم رنگ شود؟ ناگهان روابط‌تان تغییر می‌کند و بر سر هیچ موضوعی اتفاق نظر ندارید. آیا تا بحال شده احساس کنید شما و همسرتان از هر بهانه کوچک برای دعوای بزرگ استفاده می‌کنید؟ و یا واکنش‌های بزرگی نشان دهید؟

بگذارید رازی را با شما در میان بگذارم: عشق احساسات و عواطف را در شما ایجاد می‌کند و مشکلاتی را در روابط‌تان رقم می‌زند که تا وقتی عاشق نشده‌اید در شما و در زندگی‌تان بروز نمی‌کند. این همان قدرت عشق است که همه چیز را بزرگ‌تر و قوی‌تر می‌کند. غذا خوشمزه‌تر، و رنگ‌ها زیباتر و آسمان آبی‌تر بنظر می‌رسد. عشق به طرز مشابهی تمامی احساسات منفی، برنامه‌ریزی احساسی و کارهای ناتمام بجا مانده از دوران کودکی شما را نیز بزرگتر و مشکل‌تر، جلوه خواهد داد. عشق به دو روش، نقش بزرگ‌نمای خود را ایفا می‌کند. ایجاد احساس امنیت روحی ـ عاطفی بیشتر در شما اجازه می‌دهد تا زخم‌ها و درد و رنج‌های عاطفی بجا مانده از دوران کودکی‌تان سریع‌تر و راحت‌تر بروز کنند و خود را نشان دهند. چگونه همه ما زخم‌های التیام نیافته را با خود حمل می‌کنیم که هنوز فرصت التیام نیافته‌اند با هم صحبت کردیم، خشم و انزجار سرکوب شده قدیمی، غم و اندوه همچنین گفتیم که چگونه با دیوارها و موانع روحی ـ عاطفی خود را در مقابل این زخم‌ها محافظت می‌کنیم و از ورود دیگران به دنیای درونی خود جلوگیری می‌کنیم. اتفاقی که به هنگام عاشق شدن می‌افتد، آن است که به تدریج دیوارها و موانع روحی ـ عاطفی خود را فرو می‌ریزیم و درهای قلب خود را به سوی همسر می‌گشاییم تا بتوانیم به قلب‌مان وارد شود. برای نخستین

بـار احسـاس امنیـت می‌کنیـم و دسـت از موانـع خـود برمی‌داریـم. ایـن احسـاس امنیـت فرآینـدی از التیـام روحـی ـ عاطفـی را در مـا آغـاز می‌کنـد. اتفـاق جالبـی کـه می‌افتـد ایـن اسـت هـر چـه بـه هـمسر خـود نزدیک‌تـر بشـویم و احسـاس صمیمیـت بیـشتری بکنیـم، زخم‌هـا رنجش‌هـا، اندوه‌هـا، خشـم‌ها، و انزجارهـای بیـشتری در مـا زنـده می‌شـوند و بـه سـطح می‌آینـد. کـودک تنهـا و ترسـیده درون‌مـان بـرای اولیـن بـار پشـت آن دیوارهـا کسـی را می‌بینـد کـه می‌توانـد بـه او اعـتماد کنـد. کسـی کـه بنظـر می‌رسـد مایـل اسـت تمام کمبودهـای روحـی ـ عاطفـی او را جبران کنـد و بـرای نخسـتین بـار بـه او عشـق بـورزد محکـم بـا مشـت‌هایش بـه دیـوار بکوبـد و بگویـد: **"مرا از این زندان آزاد کن! به احساساتم گوش بده. برایم اهمیت و ارزش قائل باش."** هـر چـه هـمسر خـود را بیـشتر بـا درونیتـان آشـنا کنیـد و احساسـات بیـشتر را بـا او در میـان بگذاریـد، او نیـز بـا زخم‌هـای بیـشتری در شما روبـرو خواهـد شـد. چنانچـه همسرتـان ایـن مطالـب را ندانـد و نتوانـد شما را خـوب درک کنـد، جـا می‌خـورد و احسـاس می‌کنـد بخش‌هایـی از شـخصیت شما را دیـده اسـت کـه ای کاش هرگـز آنهـا را نمی‌دیـد

برای مثال: وقتـی تازگـی بـا هـم آشـنا شـده بودیـد، بسیار گـرم و بـا محبـت جلـوه کـرده بودیـد. حـال سـال‌ها بعـد بـا یکـی از دیوارهـای شما برخـورد می‌کنـد کـه در گذشـته بـرای محافظـت از خـود پیرامـون قلب‌تـان بنـا نموده‌ایـد. دیـواری کـه دیگـران را بـه داخـل راه نمی‌دهـد. دیـواری کـه مـدام از دیگـران ایـراد می‌گیـرد و سرزنش‌شـان می‌کنـد تـا بلکـه آنهـا را از خـود براننـد و بدیـن وسـیله از شما محافظـت کنـد. از طـرف دیگـر بـا شروع عشـق میـان شما و همسرتـان او نیـز شما را بـه درون خـود راه می‌دهـد و درهـای ایـن دیوارهـا را بـه روی‌تـان می‌گشـاید. مصـادف بـا ایـن زمـان احساسـات و عواطـف سرکـوب شـده و قدیمـی در او نیـز بـاز نواخـت می‌شـوند و سـطح می‌آیـد. ایـن بـه نوبـه خـود باعـث می‌شـود بخش‌هایـی از شـخصیت او را ببینیـد کـه بـه مـذاق شما خـوش نمی‌آیـد. "فلـش بک‌هـای احساسـی" در هـر دو شما ایجـاد می‌شـود. دومیـن روش عشـق در درشـت‌نما و بزرگ‌نمـا احساسـات ایـن اسـت کـه احساسـات سرکـوب شـده قدیمـی را مجـدد در شما زنـده می‌کنـد. چنانچـه در گذشـته بـه یکـی عشـق ورزیـده و از آن صدمـه خورده‌ایـد، یـا بعـد نیـز عاشـق شـوید رنجش‌هـا و خاطـرات بعـد آن ایـام بـه سراغ‌تـان خواهـد آمـد. تـا ایـن بـار آن‌هـا را تخلیـه کنیـد و التیام‌شـان ببخشـید.

برای مثال: آیا شده که شما به رستوران چینی رفته باشید و غذا میگوی تند خورده و مسموم شده باشید از آن غذا بطوری که تا صبح خوابتان نبرده باشد و استفراغ کرده باشید؟ چنانچه بعدها مجدد چشم‌تان به میگو بیفتد و یا بوی آن به مشام‌تان برسد، چه احساسی خواهید داشت؟ دوباره حالتان بد خواهد شد اینطور نیست؟ حتی ممکن است فکر میگو نیز احساسات ناخوشایندی در شما ایجاد کند. زیرا فکر و ذهن شما میان میگو و مریضی تداعی معانی ایجاد کرده است. این کار را فلش بک روحی می‌نامند. عشق و روابط این فرصت را در اختیار شما می‌گذارند تا بتوانید اینگونه زخم‌ها را التیام بخشید و از احساسات دردناک گذشته رهایی یابید. البته چنانچه شناخت کافی نداشته باشید، روابط می‌تواند بر دردهای شما بی‌افزایند. خصوصاً هنگامی که احساسات دردناک قدیمی را بر سر همسر بی‌گناه و بی‌دفاع خود خالی کنید. می‌بایست درک کنید که عشق به شما کمک می‌کند که آن چه را "از" شماست و "در" این حال از جنس عشق نیست و با آن فاصله دارد در خود التیام بخشید

عشق بزرگترین شفا بخش در دنیاست!

کسی که کنار او احساس امنیت کافی داشته باشید و بتوانید احساسات سرکوب شده خود را بروز دهید و بدین امید که این بار با پذیرش و محبت رو به رو شوند. کسی که با دیدن این بخش‌های وجودی شما فرار نکند و مایل باشد کمک کند که آن‌ها را التیام بخشد. کسی که شما نیز به او کمک کنید زخم‌های خود را التیام بخشد. در واقع هدف عشق و ازدواج روابط صمیمی و ایجاد پیوند مهرآمیز است. این فرآیند یکسال و دو سال طول نمی‌کشد، بلکه در تمام طول زندگی‌تان ادامه خواهد داشت. هر بار که به سطح بالاتری از عشق و صمیمیت و نزدیکی می‌رسید، سطح عمیق‌تری از احساسات دردناک گذشته آشکار می‌شود تا التیام یابند. هر چه به همسر خود نزدیکتر شوید سوتفاهم‌ها و تنش‌های بیشتری را تجربه می‌کنید. پس نباید از بروز و ظهور احساسات قدیمی بترسید و یا نگران شوید بلکه باید آن‌ها را بزرگ و گرامی بدارید. یعنی روابط‌تان به شما کمک می‌کنند زخم‌های قدیم‌تان را التیام بخشید و برتمامی دیوارهای روحی ـ روانی خود غلبه کنید و موانعی که شما را از عشق ورزیدن باز داشته‌اند، شناسایی کنید.

اریک فرم عنصر اساسی عشق را چهار عنصر می‌داند که عبارتند از:

دلسوزی، احساس مسئولیت، احترام و دانایی.

گاندی می‌گوید: "مخالفان خود را به زانو در نیاورید، آنان را متوجه احساساتشان کنید."

در این راه من و شما خواننده عزیز با یکدیگر برای درک بهتر نقش مثبت عشق در مواجهه با چالش‌های زندگی راه را با گام‌های رقص‌وار همچنان در مقالات آتی با هم خواهیم پیمود.

کتایون شیرزاد

مشاور خانواده در بریتیش کلمبیا ـ کانادا

زن در تداوم هستی ـ کاری از کتایون شیرزاد

پیوند مهرآمیز نام کتاب تازه‌ای از کتایون شیرزاد هم اکنون در دست چاپ می‌باشد. "پیوند مهرآمیز" به عشق ورزیدن و جنبه‌های ارزشی آن نگاهی متفاوت می‌اندازد و با درک متفاوت بودن انسان‌ها راهکارهایی نوین را برای رسیدن به یک کانون آمن و متعهد به خوانندگان معرفی می‌نماید

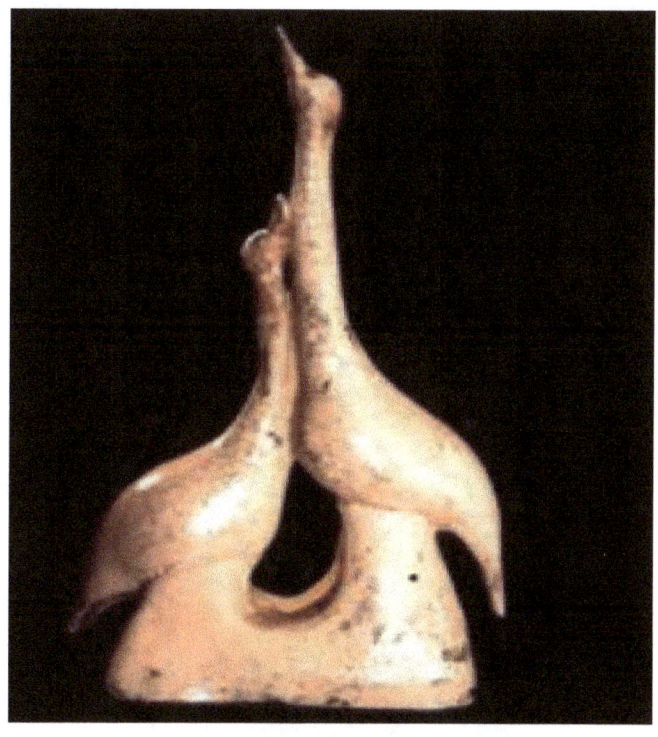

پیوند مهرآمیز ـ کاری از کتایون شیرزاد